Elsebeth Jensen & Helle Jensen

DIALOG mit Eltern

Gelungene Lehrer- Elterngespräche

Mathias Voelchert GmbH Verlag, edition **+ plus**

Impressum

Elsebeth Jensen und Helle Jensen

DIALOG MIT ELTERN

Gelungene Lehrer- Elterngespräche

Professionelle Elternarbeit
von Elsebeth Jensen und Helle Jensen
Titel der Originalausgabe: »Professionelt forældresamarbejde«

Übersetzung: Helene Kern
Lektorat: Andrea Haftel
Verlagsredaktion: Mathias Voelchert GmbH
Umschlaggestaltung: Mathias Voelchert GmbH
Typografische Bearbeitung und Satz: Mathias Voelchert GmbH
Druck und Bindung: BoD
Printed in Germany 2008
ISBN 978-3-935758-12-3

www.mathias-voelchert.de
eMail mvg@mathias-voelchert.de
www.psykologhellejensen.dk

Inhalt

VORWORT

Ein Buch über die Zusammenarbeit zwischen Pädagogen und Eltern. Wie interessant und wie willkommen! Ich wünschte, dass ich als Vater dieses Buch bereits gelesen hätte, als ich vor vielen Jahren an Elternabenden teilnahm. Es gibt vieles, was Eltern, aber auch Fachkundige nicht wissen. Der gute Erzieher und der gute Lehrer sind ja nicht notwendigerweise auch guter Gesprächspartner und vielleicht überhaupt nicht dazu imstande, schwierige oder sehr sensible Gespräche zu führen. „Kann man das denn lernen?", könnte man fragen. Und ich bin mir sicher, dass die Antwort lautet: „Ja, man kann immer besser werden, zum Teil durch Übung, und zum Teil durch Lesen und Reflexion." Deswegen kommt dieses Buch wie gerufen. Es ist in erster Linie ein Buch, das sich an Eltern und Pädagogen gemeinsam wendet (ein einziges Kapitel richtet sich direkt an die Eltern): Alle können ihren Nutzen aus diesem Buch ziehen.

Kinder sind wichtig, oft das Wichtigste für ihre Eltern. Und Kinder sind das Wichtigste, was die Gesellschaft hat. Darüber lässt sich natürlich streiten, aber so sehe ich es. Auf jeden Fall ist es wichtig, wie wir mit Kindern umgehen. Eltern, Erzieher und Lehrer sind wichtig für die Kinder - ungeheuer wichtig. Kinder sind sehr beeinflussbar, und deswegen trägt alles, was ihnen begegnet oder widerfährt, dazu bei, sie zu formen und zu bilden. Je mehr Sie dies bejahen, desto größer ist die Verantwortung der Erwachsenen. Die Feststellung, dass die Erwachsenen eine Verantwortung tragen und dass diese Verantwortung wichtig ist, ist schon fast eine Trivialität. Dennoch sehe ich diese Verantwortung in dem Bewusstsein, dass sich die Welt auf eine Weise entwickelt, die ganz enorme Anforderungen an die Bürger der Zukunft stellen wird, als etwas ganz Besonderes an. Schließlich werden die heutigen Kinder die Bürger der Zukunft sein.

Die Kinder von heute werden gegen Ende dieses Jahrhunderts in Pension gehen; sie werden jahrzehntelang auf die Entwicklung der Gesellschaft achten müssen, die große Herausforderungen, Unglücke, Konflikte und selbstverständlich auch viele Chancen bereithält. Wir sollten uns bis bei ihrer Erziehung, Entwicklung, Bildung und Ausbildung die allergrößte Mühe geben. Dafür benötigen wir alle Ressourcen.

Das Gespräch zwischen Eltern, Erziehern und Lehrern ist eine solche Ressource. So sehen es die beiden Verfasserinnen dieses Buches, und dies ist ein wichtiger Zugang zum Thema, dem stimme ich zu. Wir haben es mit einer Ressource zu tun - mit etwas, was potenziell zur kindlichen Entwicklung beitragen kann - und im weiteren Sinne zum Verständnis der Gesamtsituation der Schule und der Kinder, der Herausforderungen und der Chancen. Das Elterngespräch ist keine Pflicht; Es ist keine formelle oder rituelle Handlung, die durchgeführt werden soll oder die es zu überstehen gilt - es ist eine mögliche Quelle zur Entwicklung, Bildung und Erziehung des Kindes. Eine mögliche Ressource, die die tägliche Arbeit mit dem Kind in der Schule und in der Kindertagesstätte unterstützen kann. Ich sage bewusst „möglich" und „potenziell", weil es natürlich von den beteiligten Menschen abhängt, ob diese Ressource genützt wird bzw. ob sie sich entfalten kann.

Das Elterngespräch kann mehr oder weniger bewusst und mehr oder weniger kompetent durchgeführt werden. Was soll denn daran schwierig sein? Auch das ist eine mögliche, unreflektierte Haltung vieler Menschen - sowohl von Eltern als auch von Pädagogen-, wenn es darum geht, an einem Elternabend teilzunehmen oder ein Elterngespräch zu führen. Kann es so schwer sein, ein Gespräch zu führen? Und kann man sich selbst nicht daran erinnern, so zeigen die Beispiele und die Analysen und Erklärungen der Autoren in diesem Buch, dass es praktisch doch sehr schwer sein kann, solche Gespräche zu führen. Auf jeden Fall, wenn man sie ernst nimmt. Und das sollte man!

Was weiß man über Interaktion zwischen Menschen, was weiß man über Beziehungen zwischen Menschen, was weiß man über kindliche Entwicklung, bloß weil man Elternteil, Erzieher oder Lehrer ist? Als Lehrer weiß man etwas und als Elternteil weiß man natürlich auch etwas. Beim Lesen dieses Buches wird jedoch klar, dass es zahlreiche neue Erkenntnisse aus Forschung und Praxis gibt, auf die man vielleicht bisher nicht aufmerksam geworden ist oder von denen man überhaupt nichts gehört hat. Dieses Buch vermittelt sie pädagogisch klar und ausgewogen. So kann man die wissenschaftlichen Erkenntnisse und neu gewonnenen Einsichten in diese sensiblen, wichtigen und deswegen oft schwierigen Gespräche mitnehmen. Sie können die Gespräche verbessern, d.h. sie helfen dabei, die Ressourcen auszuschöpfen, die potenziell im Gespräch vorhanden sind. Dass Elterngespräche eine Ressource bilden, bedeutet, wie erwähnt, nicht unbedingt, dass diese Ressourcen auch automatisch ausgeschöpft werden. Das werden sie lediglich, wenn die Gespräche von bedachten und kompetenten Menschen vorbereitet, durchgeführt und weiterverfolgt werden.

Der Fokus in diesem Buch liegt auf den Kindern, dem Unterricht, dem Lernen, der Entwicklung, der Erziehung und auf einer Reihe von spezifischen Themen in diesem Zusammenhang, wie z. B. Beziehungen. Es geht dabei in hohem Maße um soziale Beziehungen, darunter um Gespräche und Konflikte zwischen Pädagogen und Eltern. Die Eltern sind genauso unterschiedlich wie die Gesellschaft; und auch Lehrer und Erzieher sind sehr unterschiedlich, auch wenn sie gemeinsame fachliche Schwerpunkte haben. Das Buch wendet sich an alle, die ein Interesse daran haben, Elternabende und Elterngespräche zu verstehen, und zu ihrer Verbesserung beitragen wollen, um ihr Potenzial zum gemeinsamen Wohl der Kinder ausschöpfen zu können. Ich persönlich bin sehr froh darüber, dieses Buch gelesen zu haben. Es gibt viel Wissen und Erfahrung in einer komprimierten und doch klaren und überschaubaren Form wieder, deswegen empfehle ich dieses Buch.

Aarhus, den 6. Februar 2007
Steen Hildebrandt
Professor für Organisationstheorie und Management, Universität Aarhus

Einleitung

Eine schwierige Aufgabe - eine einzigartige Chance

Dieses Buch handelt von der Zusammenarbeit zwischen den Pädagogen in Schulen und Kindertagesstätten und den Eltern. Dies ist ein ganz besonders wichtiger Bereich, der großen Einfluss auf den Alltag sowohl der Kinder als auch der Eltern und Pädagogen hat. Aber es ist auch ein Bereich, der viele Schwierigkeiten bereithält. Ein Lehrer brachte dies während eines Kurses folgendermaßen zum Ausdruck: „Wir sind mit den Kindern stundenlang zusammen, und wir verwenden den größten Teil unserer Zeit darauf, den Unterricht vorzubereiten und durchzuführen, aber es sind die eine Stunde Elternabend einmal pro Jahr oder die 20 Minuten Elterngespräch, die den größten Einfluss auf den Respekt der Eltern vor unserer Arbeit haben." Ein anderer Lehrer sagt: „Einmal kam in der ersten Klasse eine junge Mutter zu einem Schule-Elternhaus-Gespräch und sagte: ‚Es ist, als ob man geprüft würde. Und ich dachte daran, dass auch ich neu war und eigentlich das Gleiche fühlte!"
Die Zitate unterstreichen, dass bei der Elternarbeit viel auf dem Spiel steht, und dass es für alle Parteien schwierig sein kann. Dennoch kann man sich Hilfe holen. Dieses Buch bringt die Darstellung der neueren Forschung über Interaktion, Beziehungen und kindliche Entwicklung mit unserer eigenen praktischen, aus vielen Unterrichtstagen resultierenden Erfahrung in diesem Bereich zusammen. Wir hoffen, dass es eine gute Grundlage bildet und konkrete Ideen dafür vermittelt, wie Elternarbeit zu einer Ressource wird, die die tägliche Arbeit mit Kindern in Schule und Kindertagesstätte unterstützt.

Der Ausgangspunkt für professionelle Zusammenarbeit

Das 20. Jahrhundert ist das Jahrhundert, in dessen Verlauf Kinder allmählich als Menschen respektiert und verstanden worden sind. Heutzutage haben Kinder auf vielen Gebieten dieselben Rechte wie Erwachsene. Dies schlägt sich in den Familien und in der Erziehung der Kinder nieder, man kennt z. B. Verhandlungsfamilien und Verhandlungskinder. Zahlreiche Wissenschaftler [1] haben beobachtet, dass Kinder heute im Vergleich zu früher kompetenter, reflektierter, argumentierender und selbstständiger sind. Viele Kinder kommen mit der Erwartung in die Schule und Kindertagesstätte, dass auch ihre Meinung zählt und dass über alles argumentiert und verhandelt werden kann. Es ist eine Ressource in der professionellen Zusammenarbeit, dass alle Teilnehmer als kompetent und teilnehmend verstanden werden, aber es ist auch eine Herausforderung, wenn man nicht dazu erzogen worden ist, sich selbst als kompetenten Kooperationspartner anzusehen.
Im gleichen Zeitraum kann man eine ansteigende Tendenz zur Individualisierung beobachten, die oft als eine Negativtendenz angesehen wird, da Individualisierung und Selbstzentriertheit als ein und dasselbe betrachtet werden: Die

„Projektkinder" der Eltern sehen sich selbst im Zentrum und haben nur geringes Verständnis dafür, dass die anderen Kinder auch da sein sollen. Diese Kinder und ihre Eltern werden als fordernde und asoziale Verbrecher angesehen, die nur Augen für ihre Rechte haben und keine Pflichten wahrnehmen. Eine Untersuchung, die im Wochenbrief A4 [2] veröffentlicht wurde, zeigt, dass diese Auffassung unter Lehrern verbreitet ist. Zitate: „Man hat bei einem Teil der Schüler das Gefühl, dass sie Projekte ihrer Eltern sind, sehr verhätschelt, sehr egoistisch ...". „Viele Kinder betrachten den Unterricht des Lehrers als Verhandlungsvorschlag, der diskutiert werden kann und soll." „Viele Eltern betrachten die Schule als einen pädagogischen Supermarkt, in dem man sich nach Belieben bedienen kann."
Diese Haltung wird zurzeit politisch von Initiativen unterstützt, die immer mehr Aspekte der Gesellschaft den Verhältnissen des Marktes unterwerfen möchten, und z. B. freie Schulwahl und Schulrankings propagieren. Gleichzeitig öffnen die multikulturelle Gesellschaft und die Globalisierung mehrere Zugänge zum Leben und zum Verständnis des Lebens. Das früher Selbstverständliche wird zunehmend in Frage gestellt. Die Ähnlichkeiten unter den Kindern in einer Gruppe - und unter deren Eltern - sind oft geringer und anders als früher. Die Verschiedenheit der Kinder eröffnet viele Verständnis- und Deutungsmöglichkeiten im täglichen Zusammensein und im Unterricht. Gleichzeitig ist das Universum an Wahlmöglichkeiten anscheinend gewachsen und in diesem Universum müssen die Pädagogen sowohl mit Kindern als auch mit Eltern zusammenarbeiten, um den Kindern den bestmöglichen Nutzen aus dem pädagogischen Zusammensein zu sichern.

Es gilt sowohl für die einzelnen Familien als auch für Schulen und Kindergärten, dass man nicht länger von einem bestimmten Satz an Werten ausgehen kann, wenn es um das Lernen und die Entwicklung des Kindes geht. Das Umfeld ist jahrelang von einem Wertepluralismus geprägt worden, aus dem die einzelnen Familien auswählen, welche Werte sie für geeignet halten, um das Aufwachsen ihres Kindes zu sichern. In den einzelnen Schulen und Kindertagesstätten sind die Wertvorstellungen auch nicht eindeutig, aber glücklicherweise oft dem Dialog ausgesetzt, wenn Betriebspläne u.ä. erstellt werden sollen. Zurzeit scheint es, als ob viele der Richtlinien, die politisch abgesteckt werden, schwer mit dem zu vereinbaren sind, was wir sowohl theoretisch als auch praktisch über die Schaffung konstruktiver Lern- und Entwicklungsmilieus wissen. Das vergrößert die Herausforderung im Dialog über Werte unter Lehrern, Erziehern und Eltern.

Wie es ist, heutzutage Lehrer oder Erzieher zu sein?

Wir befinden uns in einer Umbruchphase, in der mit der Rolle des Lehrers oder Erziehers nicht länger selbstverständlich Autorität verbunden ist. Das bedeutet, dass sich die Pädagogen ganz neue Kompetenzen aneignen müssen, um ihren Beruf ausüben zu können. Wenn die Autorität nicht länger mit der Rolle einhergeht, muss der Einzelne Autorität entwickeln und in sich selbst stärken. Das ist das, was wir persönliche Autorität nennen. Dieses Schrumpfen der Autorität, die mit der Rolle einhergeht, lässt sich eigentlich schon ziemlich lange beobachten. Aber erst seit ungefähr einem Jahrzehnt beschäftigt sich die Pädagogik sowohl theoretisch als auch praktisch mit der Frage, wie persönliche Autorität und Beziehungskompetenz entwickelt werden können. Aus unserer Sicht muss der professionelle Erzieher und Lehrer Kompetenz auf drei Gebieten haben, um mit den Herausforderungen unserer Zeit umgehen zu können: Beziehungen, Rahmengebung und Reflexion.

Beziehung

Pädagogische Tätigkeit kann als Teilnahme an einer kulturellen Praxis charakterisiert werden, in der der Lehrer oder Erzieher Beziehungen eingeht, die fördernd für das Kind und für den Lehrer selbst sein sollen. Lehrer und Erzieher müssen ganz besondere Einsicht in die Verhältnisse haben, die die Beziehungen betreffen. Vor allem, wenn es um Folgendes geht:

- einen Rahmen zu schaffen für das eigene und gegenseitige Lernen der Kinder
- die gegenseitige Analysearbeit und pädagogische Planung
- die Räume zu schaffen, in denen Kinder und Eltern sich entfalten können.

Rahmengebung - die Leitung übernehmen

Sowohl für Erzieher als auch für Lehrer gilt, dass sie Leiter von Gemeinschaften sind, die aus Gruppen von Kindern gebildet werden, die zusammen sein und in der Regel auch etwas lernen sollen. Was das Verhältnis der Zusammenarbeit in der Gemeinschaft betrifft, ist der Pädagoge die ganze Zeit über Leiter, der Ethik und Qualität in allen Prozessen gewährleistet. Der Pädagoge soll in seiner Rahmengebung klar und autoritativ sein. Es soll zu verstehen sein, was vorgeht und vorgegeben wird, und die Schüler sollen das Ziel des Unterrichts erkennen können.

Reflexion

Die Praxis in Schule und Kindertagesstätte ist durch Spontaneität, Komplexität und Handlungszwang geprägt. Der Kern der Tätigkeit eines fähigen, professionellen Lehrers oder Erziehers besteht darin, ein qualifiziertes Urteil in Situationen vornehmen zu können, in denen hier und jetzt gehandelt wird. Seine Urteilskraft beruht auf theoretischer Einsicht und auf Erfahrungen und baut vor allem auf Reflexionen über die eigene Praxis auf.

Aufbau des Buches

Wir hoffen, mit diesem Buch dazu beizutragen, die Kompetenzen von Erziehern und Lehrern zu entwickeln, um die professionelle Zusammenarbeit mit den Eltern in Schule und Kindertagesstätte zu vertreten. Wir haben über Jahre an diesem Thema aus zwei verschiedenen Blickwinkeln gearbeitet - die eine überwiegend theoretisch, die andere überwiegend praktisch, aber unsere theoretischen Vorstellungen sind dieselben.
Der Paradigmenwechsel in der Entwicklungspsychologie und der neueren Beziehungsforschung hat entscheidende Bedeutung für das Verständnis davon gehabt, wie Kindern in ihrer Entwicklung und beim Lernen begegnet werden soll, und somit auch davon, worauf es in der Elternarbeit ankommt. Das ganze Buch hindurch konzentrieren wir uns darauf, einerseits unser Wissen über Elternarbeit mit Eltern zu vermitteln, um hoffentlich das Verständnis davon zu vertiefen, und andererseits geben wir konkrete Beispiele und Anregungen, wie Praxis entwickelt werden kann. Die vielen Fallbeispiele sind anonymisierte und modifizierte Beispiele, denen wir in der Praxis begegnet sind. Jedes Kapitel schließt mit Fragen zur Überlegung ab. Die durchgehenden Fragen lauten:

- Wieso ist die Elternarbeit so wichtig?
- Worum geht es eigentlich?
- Wie kann sie durchgeführt werden?

Wir gebrauchen im Buch die Bezeichnung „Kinder“, wenn wir von Kindertagesstätten sprechen, während wir überwiegend das Wort „Schüler“ benutzen, wenn wir über Kinder in der Schule sprechen. Das in erster Linie, um die besondere Position der Kinder in der Schule zu unterstreichen. Wir finden es aber sehr wichtig, auch hervorzuheben, dass von Kindern in der Schule gesprochen wird, weil der Lehrer die ganze Schulzeit hindurch auch ein Auge auf das Gedeihen der Schüler haben muss.

In mehreren Kapiteln nimmt die Schulperspektive mehr Platz ein als die Kindertagesstätte-Perspektive - primär aus drei Gründen: Erstens nimmt die Schulzeit weit mehr Raum im Leben eines Kindes ein. Zweitens ist die Rede von stabileren Kindergruppen. (Die Kinder nehmen vom ersten bis zum letzten Schultag überwiegend gemeinsam an den Stunden teil.)

Drittens ist die Zusammenarbeit in Kindertagesstätten oft leichter, weil täglicher Kontakt zwischen Eltern und Pädagogen besteht. Trotzdem meinen wir, dass es sowohl für Lehrer als auch für Erzieher relevant ist, das ganze Buch zu lesen, da die Problemstellungen generell die professionelle Zusammenarbeit betreffen.

Wir beginnen mit dem Wichtigsten: Kapitel 1 handelt von Erziehern und Lehrern als Kooperations- und Gesprächspartnern. Kompetenzentwicklung ist mit wachsender Einsicht und wachsendem Können im Hinblick auf die Arbeit in einer kollegialen Gemeinschaft verbunden. Es kann schmerzhaft sein, Kooperationspartner in Beziehungen mit den Eltern zu sein, weil man als Mensch deutlich auftreten muss. Was hat das zur Folge und wie kann man daran arbeiten, sich selbst als Fachperson zu entwickeln?

Kapitel 2 handelt von den Eltern als Kooperationspartner. Hier rücken wir v.a. die Zusammenarbeit mit den Eltern in den Mittelpunkt, deren Sicht auf das eigene Kind völlig verschieden von der des Pädagogen ist.

In Kapitel 3 beschreiben wir, worum es bei der Zusammenarbeit geht: Was ist das, woran die Pädagogen mit den Eltern zusammenarbeiten sollen? Welche Verhältnisse werden gesetzlich vorgegeben? Was bedeuten Erziehung, Sozialisierung, Lernen und Entwicklung? Was steht in der Kindertagesstätte im Mittelpunkt - und was in der Schule?

In Kapitel 4 beleuchten wir unterschiedliche Formen von Zusammenarbeit in Schule und Kindertagesstätte näher, sowohl das Alltägliche, den Elternabend, als auch Elternveranstaltungen: Wie wird eine gute Zusammenarbeit eingeleitet? Können Vorurteile nicht geradezu nützlich sein? Wie können Elternabende vorbereitet und durchgeführt werden?

In Kapitel 5 werden die Begriffe „Zusammenarbeit“ und „Dialog“ als ganz zentrale professionelle Zugangsweisen untersucht: Was heißt es, einen Dialog zu führen? Was ist professionelle Gastgeberschaft? Wie kann sich ein gleichwertiger Dialog in einem professionellen Gespräch abspielen?

Kapitel 6 richtet den Fokus auf die gewöhnlichen Elterngespräche: Wie können sie geplant werden und welche Form und Struktur unterstützen die Absichten? Wie können die Gespräche differenziert werden, sodass unterschiedliche Kinder und Eltern den größtmöglichen Nutzen daraus ziehen?

In Kapitel 7 behandeln wir das schwierige Elterngespräch tiefer gehend: Wie kann man als Pädagoge besser darauf vorbereitet sein, schwierige Gespräche zu führen?

Kapitel 8 handelt davon, wie man einen problematischen Elternabend mit einer Gruppe von Eltern leiten und strukturieren kann, wenn sich beispielsweise die Gruppe von Eltern gänzlich uneinig ist oder wenn ein bzw. mehrere Kinder gemobbt werden.

Kapitel 9 konzentriert sich auf die Elternarbeit in Verbindung mit Krisen, wie z. B. Todesfällen, Scheidung und Verlust.

Kapitel 10 ist ein Kapitel nur für Eltern, das Anregungen gibt, wie Eltern konstruktiv auf die professionelle Zusammenarbeit eingehen können.

Kapitel 11 ist ein theoretisches Kapitel für Sie, wenn Sie etwas mehr über die theoretischen Überlegungen, die hinter unserem Verständnis liegen, erfahren möchten. Es kann auch als Inspiration zum Weiterlesen dienen.

Kapitel 1

Erzieher und Lehrer als Kooperationspartner

Das Fundament für eine gute Elternarbeit mit Eltern ist die Fähigkeit der Fachperson, eine gleichwertige Beziehung herzustellen und sich klar bezüglich fachlicher Problemstellungen ausdrücken zu können. Hier stehen die allgemeinmenschlichen Ressourcen und Entwicklungspunkte der Fachperson und ihre Art, mit jemandem in Beziehung zu treten, wieder im Mittelpunkt.
Es kann sehr schmerzhaft sein, als Kooperationspartner der Eltern zu fungieren, weil man als Mensch deutlich auftreten muss. Auf eine gewisse Art und Weise ist man erst dann professionell, wenn man dazu im Stande ist, sowohl die fachlichen als auch die persönlichen Ressourcen und Kompetenzen bei der Arbeit anzuwenden. Das heißt auch, dass man es wagen muss, zu seinen eigenen dunklen Punkten und den wenig geschätzten Seiten Stellung zu nehmen, um seine Fähigkeiten entwickeln zu können und um Kontakt zu den Eltern aufzubauen, denen gegenüber man sich nicht unmittelbar offen, empathisch und anerkennend verhalten kann. Man ist quasi aus Gründen der Arbeit dazu gezwungen, eine Beziehung mit ihnen einzugehen.

Während der Ausbildung erfährt man als Erzieher oder Lehrer eine ganze Menge über Kinder und das Lernen an und für sich, aber man hat keine Möglichkeit, sich Erfahrungen darüber anzueignen, was persönlich mit einem selbst passiert, wenn man z. B. Botschaften vermitteln soll, die von den Eltern nur schwer angenommen werden, oder wenn es sich um Botschaften handelt, bei denen das Wohlbefinden und der Lernerfolg des Kindes davon abhängen, wie man diese vermittelt. In der Ausübung des professionellen Wirkens ist man auch ein ganz gewöhnlicher Mensch mit ganz gewöhnlichen Reaktionen auf die Beziehungen, die man eingeht. Das kann die Zusammenarbeit oft schwierig machen, und es ist daher notwendig, über gute Kenntnisse des menschlichen Reaktionsverhaltens im Allgemeinen und seines eigenen Verhaltens im Besonderen zu verfügen. Dies erfordert jedoch das Wagnis, sich mit Aspekten seiner eigenen Persönlichkeit auseinanderzusetzen, mit denen man sich vielleicht in vielen anderen Berufen nicht beschäftigen muss.

Existenzielle Aspekte

In jeder Beziehung gibt es zwei grundlegende existenzielle Umstände, die von großer Bedeutung sind. Da sind einerseits unsere grundlegenden existenziellen Bedürfnisse, und andererseits ist da der grundlegende existenzielle Konflikt zwischen unserem Bedürfnis zusammenzuarbeiten und unserem Bedürfnis, unsere Integrität zu wahren. Wir wissen heutzutage, dass der Mensch als sozial kompetentes Wesen geboren wird, d.h. mit einer Bereitschaft, soziale Bindungen einzugehen, aber auch mit dem unabänderlichen Bedürfnis, diese Bindungen einzugehen, um sich entwickeln zu können (Sommer 1996). Dieses Bedürfnis kann auch als das Bedürfnis des Einzelnen, sich in denjenigen Beziehungen, die er eingeht, wertvoll fühlen zu wollen, bezeichnet werden; und es ist natürlich am wichtigsten in privaten Beziehungen, in denen die emotionalen Bande stark sind. Außerdem ist es ebenfalls von großer Bedeutung für die beruflichen Beziehungen, da sehr viele von uns sehr viel Kraft und Energie in sie stecken. Deswegen erwerben wir uns oft auch einen großen Teil unserer Identität im Berufsleben, und wir reagieren empfindlich in Situationen, in denen unserem Bedürfnis nach Wertschätzung nicht Rechnung getragen wird.

Die Bedeutung von Anerkennung

Das Bedürfnis nach Wertschätzung ist oft entscheidend für die Reaktionen des Pädagogen in der Begegnung mit den Eltern. In dem Augenblick, in dem die Eltern die Botschaft der Fachperson annehmen, ist es verhältnismäßig einfach, im Dialog weiterzukommen.

Schwierig wird es dagegen in den Fällen, in denen man an die Eltern nicht herankommen kann. Hier wäre es natürlich, so zu reagieren, wie man es sich während des eigenen Heranwachsens und des übrigen Lebens angeeignet hat, um mit den Frustrationen fertig zu werden, die entstehen, wenn man sich in einer Beziehung minderwertig oder wertlos fühlt. Ein Minderwertigkeitsgefühl entsteht oft in Zusammenhang mit Zurückweisung. Während des Heranwachsens und im Laufe des Lebens überhaupt wird es viele Situationen geben, in denen sich der Einzelne zurückgewiesen fühlt oder zurückgewiesen wird, weil es ganz einfach nicht möglich ist, eine Beziehung zu führen, in der die Bedürfnisse beider oder aller Personen jederzeit erfüllt werden können. Das ist im Übrigen auch nicht wünschenswert, denn selbst wenn wir oft nach Harmonie streben, so sind Unterschiedlichkeit und Konflikte die Triebkräfte, die Dynamik und Entwicklung in die verschiedenen Gemeinschaften bringen, die wir eingehen.

Aber halten wir uns trotzdem kurz dabei auf, wie das Muster herausgebildet wird, mit Zurückweisung und Minderwertigkeitsgefühl fertig zu werden. So sieht es typischerweise aus: Erlebt ein Kind Zurückweisung, spürt das gesunde, kompetente Kind einen Schmerz. Das ist ganz natürlich und ungefährlich, und es gehört zur Entwicklung von Persönlichkeit, Selbstgefühl, Selbstverständnis und Empathie dazu (siehe im Übrigen Kap. 7). Es ist also nicht die Zurückweisung an sich, die das Ganze für uns später im Leben schwierig gestaltet, sondern die Art und Weise, wie die Umgebung uns gegenüber reagiert, wenn wir als Kinder unseren Schmerz infolge einer Zurückweisung ausdrücken. (Natürlich spielen auch die Häufigkeit und die Intensität der Zurückweisungen eine Rolle.)

Zuerst werden Kinder auf die Zurückweisung mit Weinen reagieren und das Kind ist darauf angewiesen, dass die Umgebung diese Reaktion anerkennt und das Weinen des Kindes ernst nimmt. Das heißt nicht, dass das Kind dann das bekommen soll, was zum Gefühl der Zurückweisung geführt hat, sondern d.h., dass

seine daraus resultierende Traurigkeit anerkannt und angenommen werden soll. Viele Menschen, natürlich auch Lehrer und Erzieher, haben nicht erlebt, für die Gefühle anerkannt zu werden, die das unerfüllte Bedürfnis, sich wertvoll zu fühlen, hervorbringt. Das bedeutet, dass sie zu einem früheren Zeitpunkt im Leben dazu genötigt waren, sich einige Strategien anzueignen (auch Überlebensstrategien genannt, Juul & Jensen 2002), die sie von dem Schmerz, mit dem ein Kind nicht allein fertig werden kann, ablenken konnten. Diese Strategien sind von Person zu Person verschieden, aber der gemeinsame
Zweck ist es, den Schmerz, zu vermeiden, den man bei Zurückweisung spürt oder wenn man sich minderwertig oder wertlos fühlt. Eine weitere Gemeinsamkeit ist, dass meist eine solche Intensität in diesen frühen Erlebnissen steckt, dass man auch noch als längst Erwachsener reagiert, als sei es noch immer eine Frage von Leben und Tod (oder Überleben), in allen Beziehungen als wertvoll zu gelten. Das heißt, dass die Reaktionen auf mangelnde Wertschätzung oder erlebte Zurückweisung im Verhältnis zu unserem übrigen Funktionsniveau häufig als kindisch erscheinen. Wir werden im Folgenden einige dieser Strategien und, wie sie in beruflichen Beziehungen zum Ausdruck kommen, betrachten.

Sich selbst verlieren

Tina ist Klassenlehrerin in der ersten Klasse. Den meisten Eltern der Klasse liegt sehr viel am Wohlergehen und am Lernerfolg ihres eigenen Kindes. Tina liegt das Wohlergehen, die Entwicklung und der Lernerfolg der gesamten Klasse am Herzen. Sie arbeitet seit ein paar Jahren als Lehrerin, nun ist sie zum ersten Mal Klassenlehrerin. Tina hat ihr Heranwachsen hindurch gelernt, anderen gefallen zu wollen. Sie bekam meistens dann Anerkennung, wenn sie die Seiten von sich gezeigt hat, die in das Bild ihrer Eltern vom ordentlichen und süßen Mädchen gepasst haben. Längst hat sie selbst die Auffassung der Eltern übernommen und fühlt sich am wohlsten, wenn sie die erwachsene Ausgabe von „süß und ordentlich" verkörpert, deren Aufgabe es ist, ihre Arbeit perfekt zu machen (das Wohlbefinden und die Entwicklung aller Kinder zu sichern) - und noch dazu zur Zufriedenheit aller. Tinas Strategie, um den Schmerz durch Zurückweisung zu vermeiden, wenn sie diese Kriterien nicht erfüllen kann, ist es, einfach härter zu arbeiten, um auf diese Art und Weise Situationen, in denen sie sich für die Beziehung wertlos fühlt, gänzlich zu vermeiden.
Als Klassenlehrerin der ersten Klasse funktioniert diese Strategie nicht mehr. Gleich, wie viel Zeit Tina auf die Vorbereitung des Unterrichts verwendet, und egal, wie sehr sie sich anstrengt, allen Eltern zuzuhören und all deren Ansichten in das Klassenleben mit einzubeziehen, ist es ganz unmöglich für sie, dies zur Zufriedenheit aller zu erledigen. Tina ist auf dem besten Weg, sich selbst aufzureiben. Sie ist müde und angespannt, bei der Arbeit wie ihrer Freizeit, und sie fängt an, häufige Krankentage aufgrund von Übelkeit und Kopfschmerzen einzulegen. Tina kann den Druck nicht länger bewältigen, und sie ist dazu gezwungen, etwas

Neues über sich selbst und ihre eigenen Überlebensstrategien zu lernen, um sich im Job wieder wohlzufühlen.
Tina muss lernen, sich zuzutrauen, dass sie es nicht allen Eltern recht machen kann. Das ist oft leichter gesagt als getan. Sie hat nie gelernt, diese Gefühle, zu denen sie Stellung nehmen muss, mit jemandem zu teilen; und bis jetzt kam sie damit klar, ohne dies zu tun. Das war für sie auf mehreren Ebenen von Bedeutung. Sie arbeitete hart, und der Schmerz der unterdrückten Gefühle zeigte sich in somatischen Symptomen. Sie gab auch hinsichtlich ihrer fachlichen und persönlichen Werte nach und ging allzu oft Kompromisse ein, die bei näherer Betrachtung ihrer eigenen Werteskala nicht standhielten.
Wenn Tina sich in ihrem Beruf wohlfühlen und entwickeln soll, muss sie die Gefühle und ihr Selbstbild, die vor vielen Jahren das Prädikat „wertlos" erhalten haben, in sich selbst integrieren können. Sie muss erkennen und anerkennen, dass sie auch im Beruf zu kurz kommen kann, dass sie sich machtlos, traurig und verärgert fühlen kann, und dass sie es nicht allen Eltern recht machen kann, aber dass sie trotzdem ihren Platz ausfüllen kann und ein wertvoller Kooperationspartner ist, wenn sie sich traut, mit ihrem ganzen Selbst anwesend zu sein.

Möglichkeiten zur fachpersönlichen Entwicklung

Für die meisten Fachleute ist es ungewohnt, bei der Arbeit den Blick auf sich selbst und ihre eigenen Reaktionen zu richten. Stattdessen ist man mit den Kindern, den Eltern und deren Reaktionen beschäftigt. Es fühlt sich merkwürdig und für viele auch grenzwertig an, dass sie sich für sich selbst interessieren sollen. Wir wissen, dass wir durch das Schaffen einer Subjekt-Subjekt-Beziehung ein Fundament für den gleichwertigen, fördernden Dialog schaffen können. Um den Dialog entwickeln zu können, muss man als Fachperson mit größtmöglicher Authentizität und Geistesgegenwärtigkeit anwesend sein. Genau das erfordert jedoch eine gute Kenntnis des eigenen Selbst, weil vieles, von dem wir glauben, dass es authentischer Ausdruck unseres Selbst sei, stattdessen das Phänomen ist, das Stern Repräsentationen (Stern 1997) nennt. Diese können, etwas vereinfacht ausgedrückt, als Teile des menschlichen Verhaltens bezeichnet werden, die nicht dem eigentlichen „Ich" entsprechen, sondern stattdessen ein Resultat unserer Zusammenarbeit mit unseren primären Bezugspersonen während des Heranwachsens ist. Die Repräsentationen machen zusammen mit unseren unbewussten Gedanken, Gefühlen und Reaktionen unsere Überlebensstrategien aus. Wenn diese in einer Beziehung zum Ausdruck kommen, misslingt die authentische Anwesenheit und damit die Gelegenheit, einen gleichwertigen Kontakt mit der Möglichkeit, die unterschiedlichen und evtl. gegensätzlichen Betrachtungswinkel des Themas zu etablieren. Wir halten an unseren Überlebensstrategien fest, weil sie unsere treuen und unentbehrlichen Begleiter zu bestimmten Zeitpunkten in unserem Leben gewesen sind, zu denen uns keine anderen Möglichkeiten offenstanden. Das Problem dabei ist, dass wir fortwährend glauben, den Schmerz durch Zurückweisung nicht aushalten zu können, dass wir dazu gezwungen sind, es anderen ständig recht machen zu müssen oder andere Umgangsweisen finden zu müssen, den Schmerz und die Frustration nicht zu spüren. Deswegen ist es oft eine große Erleichterung, wenn wir zu dem Punkt kommen, an dem wir merken, dass es in Ordnung ist, man selbst zu sein und daran zu arbeiten, sich selbst auszudrücken - auch in beruflichen Beziehungen. Man findet nämlich heraus, dass das Zusammensein mit anderen - entgegen allen Erwartungen - dadurch einfacher wird!

Wenn Tina an diesen Punkt kommen will, muss sie beobachten, was mit ihr passiert, wenn z. B. die Eltern von Andreas nicht der Ansicht sind, dass sie Andreas den Unterricht und die Ansprache zukommen lässt, die er benötigt. Tinas erste Gedanken kreisen um Andreas und um all das, was sie für ihn getan hat.

Wie viele Male hat sie ihm geholfen, wenn er mit anderen Konflikte ausgetragen hat, und wie viel Zeit hat sie darauf verwendet, ihm in kollektiver Durchnahme neuen Stoff zu vermitteln! Sie versucht, die Eltern davon zu überzeugen, dass sie alles getan hat, aber sie hören nicht zu! Tinas Drang, die Eltern davon überzeugen zu wollen, entspringt ihrem Bedürfnis, wertvoll sein zu wollen. Sie kann es nicht ertragen, dass die Eltern ihre Leistung nicht anerkennen und nicht als wertvoll erachten. Das ist ihr größtes Problem im Verhältnis zu Andreas Eltern, aber Tina denkt, dass es das größte Problem ist, dass die Eltern nicht zuhören.

Eigentlich ist es ein großer Vorteil, dass ein Teil des Problems bei Tina selbst liegt, weil sie so etwas dagegen unternehmen kann! Aber es bedarf einiger Übung, sich mit sich selbst und seinen eigenen Reaktionen zu beschäftigen. Deswegen benötigt Tina einen Supervisor oder einen Kollegen, der daran festhält, dass sie sich zunächst einmal darauf konzentrieren soll, was mit ihr selbst passiert, während sie ein Gespräch mit Andreas Eltern führt. Sobald Tina einsieht, wie sehr es sie frustriert, dass sie mit ihrer Botschaft nicht durchdringen kann und sich deshalb nicht wertvoll fühlen kann, geschieht es oft, dass sie auch imstande dazu wird, empathisch und anerkennend gegenüber den Eltern von Andreas zu sein; und Anerkennung und Empathie sind wirklich wichtige Zutaten, wenn es darum geht, den Kontakt zu etablieren (siehe Kap. 4, 7 und 11). Oft sieht es nicht unmittelbar danach aus, als ob durch einen Supervisor oder ein supervisionsähnliches Gespräch so viel zu erreichen wäre, aber in der Regel macht sich das schon beim nächsten Elterngespräch bemerkbar.

Sich zu erkennen geben

Verwundbarkeit kann auf viele unterschiedliche Arten zum Ausdruck kommen. Sowohl die Eltern als auch die Kinder brauchen den Pädagogen als einen deutlichen Kooperationspartner. Das ist für viele Fachleute schwierig. Viele sind nicht darauf trainiert, mit Konflikten und Meinungsverschiedenheiten umzugehen und sind vielleicht sowohl fachlich als auch persönlich unsicher, wenn sie sich bezüglich eines Themas oder einer Problemstellung äußern sollen. In den meisten Kindertagesstätten und Schulen wird Offenheit als eine der Qualitäten betrachtet, die die Zusammenarbeit mit den Eltern prägen sollen. Das hat Sinn, da es am leichtesten wird, über die Dinge zu sprechen, wenn die Gesprächspartner geradeheraus sagen können, was sie meinen.

Anja ist Pädagogin im Kindergarten von Lotte. Anja spricht täglich mit verschiedenen Eltern und ist selbst der Meinung, dass sie guten Kontakt hat, auch zu den Eltern von Lotte. Deshalb ist sie sehr überrascht, als Lottes Vater eines Tages sehr wütend wird, als er Lotte abholt. Er ist verärgert, dass er Lottes Sachen nicht finden kann und dass sie nicht die Mütze aufhat, die die Eltern ihr mitgegeben haben. Außerdem hatten sie die Erzieher darum gebeten, darauf zu achten, dass Lotte die Mütze aufhat, wenn sie draußen ist. Anja versucht, sich zu verteidigen, aber Lottes Vater bleibt ärgerlich, und Anja ist traurig, verärgert und frustriert, nachdem Lotte und ihr Vater gegangen sind. Sie fühlt sich ungerecht behandelt und findet nicht, dass er auf solche Weise mit ihr sprechen sollte. Als Anja nachfolgend über dieses Ereignis spricht, hat sie ihre gesamte Aufmerksamkeit auf Lottes Vater gerichtet und auf das, was er sagte und tat. Auch hier bedarf es der Beharrlichkeit, Anja dazu zu bringen, zu erkennen, was es in ihr ausgelöst hat, dass er sie auf die Weise angegangen ist. Es ist schwierig für sie, sich dem anzunähern, was sie ihm sagen soll, teils um den gleichwertigen Kontakt wiederherzustellen, teils um die Offenheit in der Praxis zu zeigen, für die sie und die anderen in der Kindertagesstätte gerne stehen wollen.

Wir haben von vielen verschiedenen Versuchen gehört, zu vermeiden, sich in einer solchen Situation nochmals an den Elternteil zu wenden, wie z. B. „Lotte kommt nach den Sommerferien sowieso in die Schule, da muss ich mit ihm dann auch überhaupt keinen Kontakt mehr haben", oder „Ich beschäftige mich mit etwas anderem, wenn er kommt, und überlasse es den anderen, mit ihm Kontakt zu haben". Falls Anja eine dieser „Lösungen" wählt, verliert sie ihren Selbstrespekt und mit der Zeit wird sich dies auch auf ihr Selbstgefühl und auf ihre Authentizität auswirken. Etwas dramatischer ausgedrückt: Dies kann einer der Wege sein, die zu Stress und Ausgebranntheit führen. Anja lässt sich selbst im Stich, insofern sie keine eigene Grenze bezüglich des Umgangstons setzt, den sie tolerieren will. Sie muss es wagen, als Pädagogin offen zu sein und mitteilen, wie es ihr geht und was sie will und nicht will. Dies hat nicht zur Folge, dass sie automatisch alles so geschieht, wie sie es haben will, aber das ist auch nicht das Entscheidende für Anjas Selbstrespekt und Selbstgefühl. Von Bedeutung für sie ist, dass sie es schafft, sich in einer persönlichen und authentischen Sprache, die ihrer Wahrnehmung der Situation gerecht wird, über sich selbst auszudrücken (siehe z. B. Kritik und Konflikte S. 81).

Auf seine fachpersönliche Integrität achten

Man kann sagen, indem sie dies tut, achtet Anja auf ihre fachpersönliche Integrität. Wir haben zuvor den Begriff Integrität als einen der Pole des

Begriffpaares Zusammenarbeit und Integrität gebraucht, das den Konflikt zwischen unserem Wunsch nach Zusammenarbeit mit unserer Umgebung und unserem Wunsch, unsere Integrität zu bewahren, als einen existenziellen Grundkonflikt bezeichnet. [3]

Von den Definitionen im Psychologisch-pädagogischen Wörterbuch und im Nudansk-Wörterbuch ausgehend, verstehen wir die Integrität eines Menschen als eine Erfahrung von Ganzheitlichkeit und den Zusammenhang zwischen innerer und äußerer Verantwortlichkeit. Wir sehen die innere Verantwortlichkeit als die Verantwortung an, die der einzelne Mensch sich selbst gegenüber hat, und die äußere Verantwortlichkeit als die Verantwortung, die ein Mensch im Verhältnis zu den sozialen und kulturellen Werten trägt, die innerhalb der Gesellschaft vorherrschen. Die persönliche Integrität wird als die aktuelle Erfahrung des Individuums von Komplementarität zwischen innerer und äußerer Verantwortlichkeit angesehen (Juul & Jensen, 2002). Fachpersönliche Integrität ist demnach die aktuelle Erfahrung des Pädagogen von Komplementarität zwischen innerer und äußerer Verantwortlichkeit in dessen professionellem Wirken. Das bedeutet, dass Anja, wenn sie mit fachpersönlicher Integrität handelt, auf sich selbst als Person achtet und gleichzeitig die Verantwortung dafür übernimmt, dass die fachlichen Werte, die sie und ihre Organisation verkörpern, auch wahrgenommen werden.

Allzu oft wird man als Lehrer oder Erzieher in seiner fachpersönlichen Integrität nachgeben. Manchmal, weil man sich fachlich nicht stark genug fühlt oder es auch nicht ist, aber auch, weil man persönlich nicht gelernt hat, zu sich selbst zu stehen. Wir können wieder auf das grundlegende existenzielle Bedürfnis nach Wertschätzung zurückkommen, da es genau das ist, was viele Menschen dazu veranlasst, oft weit über ihre eigenen Grenzen hinauszugehen und zu kooperieren. Wenn dies häufig geschieht, wird man unsicher darüber, wo die Grenze verläuft, und ob man seiner eigenen Wahrnehmung, dass die Grenze nun überschritten ist, nun auch trauen kann? Viele in Anjas Situation werden erst ernsthaft bemerken, dass ihre Grenzen übertreten worden sind, wenn sie am Abend nach Hause kommen oder sogar einen Tag später. Das kommt in Rationalisierungen wie „Ich hätte ihn dazu auffordern sollen, sich etwas zu beruhigen" oder „Ich war kurz davor zu sagen, dass ich mich auch um andere Kinder als um Lotte kümmern muss" zum Ausdruck. Wenn eine Situation jemanden auf diese Weise vereinnahmt, so ist es immer eine gute Idee, Worte zu finden, die den gegenwärtigen Zustand der eigenen fachpersönlichen Integrität am besten beschreiben können. Das will anders ausgedrückt heißen, einen persönlichen und authentischen Ausdruck von sich selbst zu geben, wie im oben gezeigten Beispiel mit Anja erwähnt wird.

Wenn Vorurteile sich mit dem Bedürfnis nach Wertschätzung vermischen

Auf eine große Schule mit sowohl normalen als auch Förderklassen gehen alle fünf Kinder von Heidi und Jörgen. Die Familie ist wirtschaftlich gut gestellt, aber gefühlsmäßig eher verarmt. Heidi missbraucht immer wieder Tabletten und Alkohol. Die sozialen Behörden arbeiten mit der Familie, und die Kinder leben zuhause, drei von ihnen gehen in normale Klassen und zwei in Förderklassen. Die zwei Kinder in der Förderklasse haben die Diagnose FAS (fetales Alkoholsyndrom), was bedeutet, dass ihre Schwierigkeiten auf Schäden durch den Alkoholmissbrauch der Mutter während der Schwangerschaft zurückzuführen sind.
Es sind oft Besprechungen zwischen Schule und Elternhaus anberaumt, die häufig abgesagt werden, aber wenn sie stattfinden, dann mit Heidi als Teilnehmerin, weil Jörgen seine Arbeit wahrnimmt und nicht an Besprechungen teilnimmt, die die Kinder betreffen. Martin ist der Klassenlehrer von Henrik, der in die Förderklasse geht. Martin ist der Ansicht, dass es sehr schwierig ist, mit Heidi zusammenzuarbeiten. Er ist ein fähiger und ambitionierter Klassenlehrer und er hat viele Vorschläge zum Unterricht von Henrik, die auch die Eltern mit einbeziehen. Heidi sagt meistens Nein zu den Vorschlägen, und Martin ist allmählich kurz davor, die Zusammenarbeit mit Heidi aufzugeben. Er sieht sie als Versagerin und als gleichgültig an und sieht in ihren Missbrauchsproblemen die Hauptursache für ihre mangelnde Kooperationsbereitschaft.

Eines Tages beobachtet Martin zufällig, dass der Lehrer der Vorschulklasse sich mit Heidi unterhält. Martin ist gerade dabei, etwas in der Nähe zu erledigen und hört das Gespräch mit an. Er ist sehr erstaunt darüber, dass Heidi ganz anders und sehr viel verantwortungsbewusster antwortet, als er es selbst erlebt hat. Das gibt ihm zu denken. Bis zu diesem Zeitpunkt hat er Heidi als das Problem angesehen. Aber nun bemerkt er, dass es vielleicht auch etwas mit seiner eigenen Kooperationsleistung zu tun hat, und er beschließt, dem nachzugehen. In der Supervisionsgruppe wird im Rahmen der Arbeit mit der Problemstellung ein Rollenspiel durchgeführt, in dem Martin sich selbst spielt und einer der Kollegen Heidis Rolle übernimmt. Das Gespräch soll sich um den Einsatz für Henrik während des nächsten halben Jahres drehen.

Martin schafft es gerade einmal, ein paar Minuten lang zu reden, bevor der Kollege ganz spontan ausbricht: „Ich glaub's nicht, wie herablassend du mit mir sprichst!" Martin reagiert erstaunt, aber hat im selben Augenblick ein „Aha-Erlebnis". Er erkennt, dass er wirklich empört darüber war, dass Heidi ihr Leben auf eine Art und Weise gelebt hat, die ihren Kindern geschadet hat. Er hat Heidi auf gewisse Weise als Mensch und gleichwertigen Kooperationspartner ausrangiert, weil sie unverantwortlich gehandelt hat. Martin muss die Dinge voneinander trennen. Er

soll Stellung zu einer Handlung nehmen und seine Meinung darüber ausdrücken können, ohne den ganzen Menschen zu verurteilen.
Gleichzeitig realisiert Martin in der nachfolgenden Supervision, dass es für seine Auffassung von sich selbst als fähigen Lehrer und Kooperationspartner ganz schön hart gewesen ist, dass es ihm nicht gelungen ist, sich Heidi anzunähern. Martin konzentrierte sich darauf, wie unmöglich Heidi sich verhielt. Deshalb merkte er gar nicht, wie sehr es ihn schmerzte, dass er mit seiner professionellen Botschaft nicht zu ihr durchdrang, und dass er sich deshalb in der Zusammenarbeit nicht wertvoll fühlen konnte.

Die unausgesprochenen und zum Teil unbewussten Vorurteile haben Martin in der Zusammenarbeit fern und unpersönlich gemacht. Seine Arbeit, sich dessen bewusst zu werden, wird hoffentlich positiven Einfluss auf seine Gegenwärtigkeit haben, und auf seine Fähigkeit, sich persönlich auszudrücken. Es scheint, als ob unausgesprochene Vorurteile und unerfüllte Bedürfnisse durchsickern und sich mit den Worten vermischen, die gesagt werden. Martin verwendete während des Rollenspiels mit seinem Kollegen zwar die „richtigen" Worte, aber der Tonfall und das Ungesagte ließen alles herablassend wirken. Was ebenfalls herablassend wirkte, war seine Distanz, da ein Teil von Martins Schmerz darüber, dass er sich nicht annähern konnte, in Korrektheit á la „Hier spricht der Experte, der gründlich und korrekt alles untersucht hat, und seine Ausführungen sind glaubhaft!" umgewandelt wurde.

Martins Überlebensstrategie ist vielen wohlbekannt. Es passiert oft, dass ein Lehrer oder Erzieher die Schilderung einer Problemstellung damit beginnt, die unmöglichen Eltern zu beschreiben. Als Pädagoge ist es wichtig, den Blick auf sich selbst als Teil der Beziehung richten zu können, weil man sich ansonsten in eine Position begibt, in der es kaum eine Möglichkeit gibt, die Dinge zu verändern. Wer kann schon die Eltern umkrempeln? Das ist eine unlösbare Aufgabe! Es wird sofort ein kleines bisschen leichter, einen Ausweg zu finden, wenn man nur etwas an seinem eigenen Handeln verändern muss, auch wenn das nicht immer einfach ist!

Sich trauen, zu sich selbst zu stehen

Viele Lehrer und Erzieher haben Probleme damit, zu ihrem Fachwissen zu stehen, wenn es darum geht, mit gebildeten Eltern oder mit Eltern, die eine ähnliche oder die gleiche Ausbildung wie sie selbst haben, zusammenzuarbeiten.
Das kann sich darin äußern, dass der Pädagoge unsicher wirkt und gegenüber den Eltern undeutlich wird. Das gilt auch für Karen.

Karen ist Pädagogin in einer Kindertagesstätte und soll zusammen mit dem Klassenlehrer der ersten Klasse, in die Johan geht, an einem Gespräch mit den Eltern teilnehmen. Johans Vater ist Leiter einer anderen Tagesstätte und seine Mutter Psychologin. Karen würde den Eltern gerne mitteilen, dass es schwierig für

sie ist, mit Johan zusammen zu sein, und dass er oft mit den anderen Kindern in Konflikt gerät. Sie sieht ihn als emotional unreif an und findet nicht, dass die Eltern altersgerechte Anforderungen an ihn stellen.
Wir werden in Kapitel 8 auf Karens Beschreibung von Johan zurückkommen, aber hier geht es um Karens Verhalten. Karen ist bezüglich der Reaktion der Eltern unsicher und hofft, wenn sie die richtigen Fragen stellt, würden die Eltern eine Antwort geben, die zeigt, dass sie mit ihr einer Meinung sind.
Das tun sie aber nicht! Wenn sie nach Johans Leben zu Hause, sein Zusammensein mit den Eltern und anderen Kindern fragt, bekommt sie von den Eltern nicht zu hören, dass er unreif ist, und dass sie Hilfe benötigen, um mit ihm auf eine andere Art und Weise zusammensein zu können. Sie bringt sie nicht einmal dazu, etwas zu sagen, dass nur annähernd in diese Richtung geht! Karen glaubt, dass sie den Eltern, die auch Fachleute sind, durch ihre Fragen eine Vorstellung davon vermittelt haben muss, welchen Eindruck sie von ihrem Sohn hat. Aber das hat sie nicht. Sie hat stattdessen den Grundstein zu einer Elternarbeit gelegt, die in Zukunft richtig schwierig werden kann.

Das ist natürlich nicht Karens Absicht. Aber es kommt dazu, weil sie zu ihrer eigenen Unsicherheit nicht nüchtern und akzeptierend Stellung genommen hat. Karens Problem kann weitgehend durch das existenzielle Phänomen Selbstgefühl erklärt werden. Das Selbstgefühl lässt sich am besten beschreiben, wenn man es als Phänomen betrachtet, das aus zwei Dimensionen besteht, nämlich aus einer quantitativen und einer qualitativen. Die quantitative Dimension sagt aus, wie gut wir uns selbst und unsere eigenen Reaktionen kennen, und die qualitative besagt, wie wir uns zu dem, was wir über uns selbst wissen, verhalten. Karen muss sich zuerst darüber klar werden, was sie davon abhält, sich Johans Eltern gegenüber klar auszudrücken. Sie muss sich vor Augen führen, wovor sie sich fürchtet, welche Folgen es haben könnte, wenn sie ihre Meinung preisgibt; und sie muss dazu stehen, dass sie unsicher ist, wenn sie mit Eltern zusammentrifft, die eine pädagogische oder psychologische Ausbildung haben. Das ist schwierig, weil sie weiß, dass sie sich als Pädagogin nicht unsicher fühlen darf, und genau das führt uns zur qualitativen Dimension: Karen betrachtet ihre Unsicherheit als eine unwillkommene, anstrengende Seite von sich selbst, die ihr peinlich ist und die sie verstecken möchte. Deswegen versucht sie, das Gespräch zu führen, ohne sich zu dem großen unsicheren Teil von sich selbst zu bekennen. Das lässt sie weniger authentisch wirken und schwächt ihre pädagogische Integrität. Eine Alternative dazu wäre es, wenn Karin ihre Unsicherheit ernst nähme und zu ihr stände, während sie den Eltern ihre Botschaft vermittelte. Dies könnte sich z. B. so anhören: „Ich werde immer etwas unsicher, wenn ich Eltern gegenübersitze, die selbst Fachleute sind und eventuell obendrein mehr Wissen und größere Erfahrung haben als ich. Deshalb kann es vorkommen, dass ich mich etwas unbeholfen ausdrücken werde. Nun sind Sie darüber informiert, wenn ich im Folgenden zu schildern versuchen werde, was ich bezüglich Johan auf dem Herzen habe …" Das wäre eine Version, in die Karen auf eine nüchterne, akzeptierende Art und Weise den Teil von sich selbst mit einschließt, den sie selbst anstrengend findet. Das würde ein deutlicheres Bild von ihr abgeben. Den Beteiligten würde es leichter fallen, mit ihr zusammenzuarbeiten, und das würde auch ihr die schwierige Situation leichter machen.

Organisationskultur und fachpersönliche Entwicklung

Es gibt auch andere Gründe, weshalb es für Tina, Anja, Martin, Karen und andere schwierig ist, sich mit sich selbst und den eigenen Reaktionen auf die Elternarbeit mit Eltern zu beschäftigen. Es ist weder in der Schule noch in der Kindertagesstätte - als Institutionen betrachtet - der Brauch, dass die Mitarbeiter sich mit der persönlichen Seite ihres Jobs beschäftigen sollen. Das gilt sowohl im Verhältnis zu den Kindern als auch im Verhältnis zu den Eltern. Trotz des Paradigmenwechsels und des Verständnisses für die Bedeutsamkeit der Beziehung hinsichtlich der kindlichen Entwicklung (s. Kap. 7 und 11) braucht es Zeit, Wissen in Praxis umzusetzen, und wir handeln weiterhin, als ob die persönliche Disposition des Pädagogen, seine Ressourcen und Reaktionen, für die Qualität der Beziehung eine untergeordnete Rolle spielen. Oder vielleicht wissen viele von uns, dass diese Qualitäten Bedeutung haben, aber wir halten es noch immer für tabubeladen, über unsere persönlichen Eigenschaften im fachlichen Zusammenhang zu sprechen und an ihnen zu arbeiten.

Dieses Tabu muss gebrochen werden, wenn sich die Elternarbeit radikal verbessern soll. Jetzt bleibt es allzu oft bei Klischees guter oder schlechter Lehrer bzw. Erzieher oder unmögliche Kinder und querulierende Eltern. Wir fordern, dass allgemein erkannt und anerkannt wird, dass die genannten grundlegenden existenziellen Phänomene ein Teil aller unserer Beziehungen sind.
Die Zusammenarbeit wird einfacher und dynamischer, wenn man sich gegenüber der Existenz dieser Phänomene offen verhält. Das wäre eine Auseinandersetzung mit dem Richtig-Falsch-Denken, das besonders in der Welt der Schulen vorherrscht, aber das man auch in der Welt der Kindertagesstätten finden kann, und das sich u. a. in der Tendenz zeigt, einen Sündenbock zu finden: „Wenn ich hier bloß einen anderen Erzieher zum Kollegen hätte, wäre alles viel einfacher." „Wenn bloß Mathias' Eltern einsehen könnten, dass sie ihn dazu erziehen, ein kleiner Egoist zu werden, so wäre das Ganze sehr viel leichter." In diesen Situationen könnte der Erzieher stattdessen den Blick nach innen richten und sich selbst fragen: „Was macht das mit mir, dass ich nicht zu Mathias' Eltern durchdringen kann?"

Es erfordert jedoch ziemlich viele Ressourcen auf vielen Ebenen, um mit den oben stehenden Fragen ernsthaft arbeiten zu können. Zuerst muss eine Kultur des Umgangs geschaffen werden, die es ermöglicht, seine verwundbaren Seiten zu zeigen, ohne zu Schaden zu kommen, und in der man sich mit sich selbst auseinandersetzen kann, ohne unangebrachter Nabelschau beschuldigt zu werden.

Hier ist besonders die Leitung, aber auch die kollegiale Gemeinschaft von großer Bedeutung. In Schulen und Kindertagesstätten ist es nicht Tradition, die eigenen Entwicklungspunkte oder schwachen Seiten zur Schau zu stellen. Man wird ja angestellt, um einen Job zu erledigen, und sollte am besten zeigen, dass man ihn beherrscht. Oft handeln wir, als ob wir glauben, dass unsere pädagogische Ausbildung es ermögliche, vom ersten Tag an alle Facetten dieses Berufs zu bestreiten. In Wirklichkeit wissen wir ganz genau, dass es sich ganz anders verhält;
dass der Kern unseres Faches die Kunst der Vermittlung, das Wissen über und die Erfahrung mit dem relationalen Handwerk ist, und dass es deswegen erst dann erlernt werden kann, wenn man sich am „Tatort" befindet.

Deswegen sollte es eher eine Regel als eine Ausnahme sein, dass sowohl die Lehrer als auch die Erzieher das Angebot erhalten, an Supervisionsgruppen oder kollegialen Reflexionsgruppen teilzunehmen, in denen man an seiner fachpersönlichen Entwicklung und an der Entwicklung seiner Beziehungskompetenz arbeitet (Definition s. Kapitel 11). Die Leitung hat große Verantwortung, was die Etablierung solcher Gruppen betrifft. In vielen Schulen und Kindertagesstätten ist es immer noch so, dass die „gute" Fachperson die ist, die ihren Tag ohne Konflikte mit Eltern, Kindern oder Kollegen hinter sich bringt. Wenn das zum Kriterium für Erfolg wird, ist es sehr schwierig, die Situationen zu bekunden, in denen man sich im Konflikt befunden hat oder es nicht geschafft hat, Kontakt aufzunehmen und mit seiner Botschaft durchzudringen.

„Die neue Sicht auf die Kinder"

Einige Schulen und Kindertagesstätten haben diese Haltung abgelegt, indem sie ganz bewusst daran gearbeitet haben, die neue Sicht auf die Kinder zu implementieren und die Bedeutung der Beziehungen sowohl in der Arbeit mit den Kindern als auch in der Elternarbeit zu gewichten. Es wurde Zeit abgezweigt, um in Supervisions- oder Reflexionsgruppen zu arbeiten, und an einigen Institutionen wurde sogar Zeit abgezweigt, um sich gegenseitig bei der Arbeit zu beobachten, z. B. kann ein Kollege als Beobachter an Elterngesprächen teilnehmen, nach deren Ende über seine Beobachtungen berichten und mit dem Kollegen ein Gespräch führen. Wenn es an der Schule, an der Tina Lehrerin ist, diese Möglichkeiten zur Supervision und kollegialen Unterstützung und Reflexion gibt, wird sie daran arbeiten können, das Verständnis von sich selbst als Fachperson zu entwickeln. Wenn man wie Tina relativ neu im Fach ist, ist es wichtig, dass einige der Älteren, Gestandenen vorangehen und zeigen, dass es durchaus möglich ist, seine Unsicherheit zur Schau zu stellen, ohne dabei zu Schaden zu kommen. Das heißt, dass Tina erst mal Zuhörer in der Gruppe ist und beobachtet, wie die anderen arbeiten und sich gegenseitig unterstützen.

Einige Schulen und Kindertagesstätten mit etablierten kollegialen Reflexionsgruppen beziehen die neuen Kollegen mit ein, indem sie Berichte darüber geben, was kollegiale Reflexion ist und indem sie solch eine kollegiale Reflexion oder Supervision demonstrieren. Dies kann sich z. B. so abspielen, dass einer der erfahrenen Lehrer oder Erzieher sich selbst und seine Problemstellung der gesamten Personalgruppe zur Verfügung stellt, um zu demonstrieren, was Supervision ist. So bekommen Lehrer und Erzieher auf unglaublich effektive Weise gezeigt, dass es in Ordnung ist, seine Unsicherheit offen zu zeigen! Das macht es für Tina und andere junge Kollegen sehr viel leichter, die Hilfe zu suchen, die sie als Neulinge im Fach natürlich benötigen.

Entwicklungsforen wie diese sollten in der Tat ein Muss an Schulen und Kindertagesstätten sein, deren Kernleistungen ja gerade Lernen und Entwicklung sind. Beim Lernen überhaupt ist es wichtig, seine Unsicherheit zeigen zu dürfen. Das ist der Weg, um Neues zu lernen, klüger zu werden, und gleichzeitig ist es genau, was wir wünschen: dass unsere Kinder ihre Unsicherheit zu zeigen wagen, um lernen zu können. Deswegen wirkt es paradox, dass es so schwierig ist, im kollegialen Forum dieselben Qualitäten zu implementieren. Wir wissen, dass es notwendig ist, im Zusammensein mit Kindern Übereinstimmung zwischen dem, was wir sagen, und dem, was wir tun, herzustellen.

Trotzdem schaffen es die wenigsten, das zu tun, was sie selbst jeden Tag von den Kindern verlangen - nämlich ihrer Unsicherheit und ihrer Unwissenheit offen gegenüberzutreten und dies mit den anderen zu teilen.

Fachpersönliche Entwicklung erfordert aktiven Einsatz

Bewusst an seiner fachpersönlichen Entwicklung zu arbeiten ist etwas, was der Einzelne für sich beschließen muss. Aber es ist notwendig, dass vonseiten der Leitung organisatorisch der richtige Rahmen geschaffen wird, um an sich selbst als Fachperson zu arbeiten. Außerdem muss mit einer Haltung gearbeitet werden, die Wohlbefinden und Entwicklung im Beruf ermöglicht. Wir haben diese Prozesse an diversen Schulen und Kindertagesstätten in Gang gebracht. Und wenn wir sie skizzieren, wie wir es oben getan haben, so ist unsere Erfahrung, dass die Beteiligten sich oft schnell mit den unterschiedlichen Dilemmas identifizieren. Sehr viele Lehrer und Erzieher kennen die Reaktionen, die in den Beispielen beschrieben werden. Es erfordert aber sowohl kontinuierliches Training und über einen längeren Zeitraum hinweg Hilfe von außen, wenn man mit kollegialer Reflexion oder Supervision als Methode etwas erreichen will. Manche Kindertagesstätten und Schulen lassen einige ihrer Lehrer oder Erzieher in der Methode fortbilden, sodass diese die Kollegen unterrichten können, andere bieten einer größeren Gruppe von Angestellten die Möglichkeit, Training in einer

Supervisionsgruppe oder in Gruppen, in denen kollegiale Reflexion geübt wird, zu erhalten. Dabei ist es wichtig, dass die ganze Schule oder Kindertagesstätte über diese Möglichkeit informiert ist und z. B. auf einem pädagogischen Tag über die Methode aufgeklärt wird, aber dass die Teilnahme freiwillig bleibt. So kann jeder für sich entscheiden, ob er teilnehmen will.

Es würde zu weit führen, die Methode hier zu beschreiben, aber es gibt andere Literatur zum Thema, u.a. Juul & Jensen 2002. Auf jeden Fall können Sie Nutzen daraus ziehen, an sich selbst als Kooperationspartner zu arbeiten, indem Sie sich diese Fragen stellen:

1. Was gelingt Ihnen bei der Elternarbeit besonders gut?
2. Was fällt Ihnen schwer?
3. Wie reagieren Sie, wenn es für Sie schwierig wird?
4. Kennen Sie einige der Reaktionen in den oben aufgeführten Beispielen - wenn ja, welche?
5. Worüber müssen Sie noch mehr lernen, worin besser werden?

Sehen Sie sich jede einzelne Frage an. Setzen Sie sich danach mit einem oder zwei Kollegen zusammen und erzählen Sie abwechselnd von sich selbst. Die Kollegen sollen zuhören, evtl. klärende Fragen stellen und Ihnen dabei helfen, zu formulieren, was Sie lernen müssen. Sie dürfen einander auch gerne sagen, wie Sie über die Ressourcen und Entwicklungspunkte des jeweils anderen denken. Studierende, die noch keine Erfahrung mit der Elternarbeit haben, müssen die Fragen von anderen Situationen ausgehend betrachten, in denen sie schon als Kooperationspartner tätig waren.

Kapitel 2

Die Eltern als Kooperationspartner

Als Pädagoge muss man mit allen Eltern zusammenarbeiten können, und in allen Institutionen repräsentieren die Eltern viele verschiedene soziale, ökonomische und kulturelle Gruppen - vom Direktor bis zum Sozialhilfeempfänger. Es gibt Eltern, die an Gott, Allah, Thor oder gar nichts, an Weihnachten oder den Kreationismus glauben, den eigenen Geburtstag feiern oder diesen Tag unbemerkt verstreichen lassen. Alle diese Unterschiedlichkeiten erfordern von Seiten des Pädagogen große Offenheit, Vorurteilsfreiheit und Toleranz. Diese Eigenschaften bauen teils auf Selbsteinsicht, teils auf der Einsicht auf, dass es viele mögliche Variationen von Lebenssituationen und -weisen gibt, und viele Arten, das Dasein zu interpretieren. Sowohl Selbsteinsicht als auch Weitblick sollen es ermöglichen, auf Unterschiede und Gemeinsamkeiten aufmerksam zu werden und dadurch den Eltern und Kindern so weit wie möglich entgegenzukommen. Davon ausgehend, wollen wir in diesem Kapitel Eltern vorstellen, die, anstatt an stereotypen Kategorien festzuhalten, sich für Dialog und Zusammenarbeit öffnen.

Eltern in der postmodernen Gesellschaft - einige zeittypische Tendenzen

Eltern werden von Soziologen auf unterschiedliche Art und Weise beschrieben. Wir wollen unser Augenmerk auf drei Tendenzen richten, die für das Zusammentreffen von Eltern und Pädagogen heutzutage von Bedeutung sind, nämlich die Demokratisierung in der Erziehung, die Vermarktung des öffentlichen Sektors und schließlich die multikulturelle Gesellschaft. Diese drei Tendenzen manifestieren sich im Verhältnis zu den Eltern und Kindern, z. B. in Begriffen wie: Verhandlungsfamilien, Eltern als Verbraucher und schließlich Integration und Kampf der Kulturen.

Die Demokratisierung der Erziehung

Das 20. Jahrhundert ist das Jahrhundert, in dem Kinder schrittweise als Menschen verstanden und respektiert wurden und in vielen Bereichen dieselben Rechte wie Erwachsene erhielten. Kinder werden (wie in der Einleitung erwähnt) im Vergleich zu früher als kompetenter, reflektierter, argumentativer und selbstständiger beschrieben. Die Erziehung hat sich in vielen Familien von einem autoritären Prozess mit dem Vater als Familienoberhaupt zu einem demokratischen Prozess, in dem nicht nur Vater und Mutter Einfluss haben, sondern auch die Kinder gehört werden, verändert. Das wird von einigen Forschern als das Phänomen der Verhandlungsfamilien bezeichnet [4]:

„Miteinbeziehung und abgestufte Mitbestimmung sind lebendige Merkmale der Familien, die hier als Verhandlungsfamilien bezeichnet werden.“ (Sommer 1996, S. 112). Kinder, die in einer Verhandlungskultur aufwachsen, werden „eher dazu neigen, im öffentlichen Raum als neugierig, sozial motiviert, lernwillig, leicht undiszipliniert, diskussionsfreudig, mit einer Ich-will gesehen-und-gehört-werden-Haltung und begrenztem Respekt gegenüber Autoritäten aufzutreten.“ (Sommer 1996, S. 117). Untersuchungen über pädagogische Werte in der Familie zeigen, dass dänische Eltern, wenn sie bestimmten Eigenschaften Priorität zuweisen sollen, am meisten Wert auf Selbstständigkeit des Kindes legen (Sommer 2002, S. 44 f.). Aber auch soziale Kompetenzen wie Verantwortungsgefühl und Rücksichtnahme fallen ins Gewicht: „Das generelle Bild zeigt, dass in dänischen Familien mit Kindern einer Mischung von Individualismus und Kollektivismus gehuldigt wird.“ (Sommer 2002, S. 44) [5]. Im Verhältnis zu Familien mit anderem ethnischen Hintergrund stellt man oft die individualistische Lebensanschauung über die kollektivistische, wobei letztgenannte dadurch charakterisiert ist, dass die Familie (nicht das Individuum) der Dreh- und Angelpunkt ist.

Die kollektivistische Familie

Die kollektivistische Familie ist hierarchisch aufgebaut, mit verteilten Rollen, die die Position und Funktion jedes Familienmitglieds bestimmen. Rechte und Pflichten sind hier nach Rang und Rolle aufgeteilt (Skytte 2001, S. 433). Dieses Verständnis gewichtet das Individuum nicht auf dieselbe Weise, wie es in der so genannten postmodernen Familie geschieht. Nach der kollektivistischen Familienauffassung ist es wichtiger, der äußeren, gegebenen Autorität zu gehorchen, als seine eigene innere Verantwortlichkeit aufzubauen. In Kapitel 11 beschäftigen wir uns mit der Veränderung der Sichtweise auf Kinder und Kindererziehung in Dänemark, die vom Paradigmenwechsel in der Entwicklungspsychologie und den Verhaltenstheorien geprägt ist, mitsamt der Entwicklung von einem einzigen geltenden Satz von Werten für die Kindererziehung, Familienbildung und das Familienleben zu einem noch nie zuvor gesehenen Wertepluralismus. Diese Entwicklung ist für Skandinavien einzigartig und es bleibt anzumerken, dass wir eine recht avantgardistische Sicht auf Kinder haben. In vielen anderen Kulturen, z. B. in den mediterranen Ländern, existieren die alten, festen Werte immer noch und eine Bewegung von der Rollen- zur persönlichen Autorität gibt es nicht. Kindererziehung geht auf ungefähr auf dieselbe Art und Weise vor sich wie vor 50 Jahren.

Es gibt natürlich auch dänische Familien, die immer noch nach diesen Prinzipien erziehen, genauso wie es Pädagogen gibt, die auf die alten Gehorsamkeitsideale und festgefahrenen Werte zurückgreifen, obwohl sich das Gesamtbild radikal geändert hat.

Die individualisierte Familie

Die Individualisierung [6] beschreibt die Tendenz, dass sich das Individuum in vielen Bereichen nicht länger früheren Traditionen und Gewohnheiten unterwerfen muss, sondern sein Leben anscheinend frei interpretieren und formen kann. Man muss nicht dasselbe wie seine Eltern werden oder in der „Heimat" wohnen bleiben. Man kann selbst seinen Körper verändern lassen, und im Prinzip herrscht die freie Entscheidung von Ernährung bis Urlaubsgewohnheiten in allen Bereichen[7]. Immer mehr Ebenen werden individuellen Entscheidungen unterworfen, und gleichzeitig bedeutet die Demokratisierung, dass sowohl Eltern als auch Kinder eine berechtigte Erwartung betreffs Dialog und Verhandlung haben, wenn Entscheidungen in Schule und Kindertagesstätte getroffen werden sollen.
Es gibt nicht mehr länger blindes Vertrauen in die Autoritäten, was z. B. bedeutet, dass die Eltern wie selbstverständlich auf den Gedanken kommen, die Wahl des Lehrers zu hinterfragen, anstatt ihm wie früher blind zu vertrauen. Eine große Gruppe von Eltern verhält sich zum Leben ihres Kindes aktiv und beteiligt sich daran. Sie treffen Entscheidungen und können sich sowohl um professionellen pädagogischen Rat bemühen, als auch sich zu professionellen Entscheidungen von Pädagogen durchaus kritisch verhalten und äußern. Ein Lehrer sagt über die heutigen Eltern: „Die Eltern sind kritischer - und manche im Namen ihrer eigenen Kinder geradezu kriegerisch. Zwar sind es wenige, aber die können sich bemerkbar machen." Ein anderer Lehrer sagt: „Früher verlief die Kommunikation oft nur in einer Richtung, vom Lehrer aus. Heute stellen die Eltern gerne Fragen und nehmen an Diskussionen teil." [8] Beide Aussagen untermauern die Erfahrung, dass sich Eltern heutzutage aktiv zum Leben ihrer Kinder verhalten. Wenn man als Pädagoge diesem Zugang der Eltern konstruktiv begegnen kann, ergeben sich große Ressourcen, wenn man sie von vornherein abweist, wird es anstrengend.

Kinder als Projekte

Der deutsche Pädagogikprofessor Thomas Ziehe [9] spricht davon, dass Kinder heutzutage die „Projekte" ihrer Eltern und somit auf ganz andere Art und Weise sowohl formbarer als auch bedeutungsvoller seien als früher. In einer Untersuchung, die im Wochenbrief A4 [10] veröffentlicht wurde, sagen die Lehrer, dass sie die Eltern als in hohem Maße auf ihr eigenes Kind fixiert ansehen (85 Prozent stimmen dieser Aussage zu), aber gleichzeitig sind 62 Prozent der Meinung, dass die Zusammenarbeit nicht schwieriger geworden sei als zuvor. In derselben Untersuchung drücken die Lehrer aus, dass es große Unterschiede unter den Eltern gebe: Die sozial Gutgestellten sind sehr engagiert und nehmen an der Zusammenarbeit teil, während die sozial weniger Gutgestellten und einige der Eltern mit Migrationshintergrund sehr schwer zu erreichen sind. Wiederum müssen wir vor Verallgemeinerungen warnen:

Wie die einzelne Familie mit Migrationshintergrund an der Elternarbeit teilnimmt, wird nicht allein vom kulturellen Zugehörigkeitsgefühl bestimmt. Die soziale, ökonomische und bildungsmäßige Situation der Familie spielt ebenfalls eine wesentliche Rolle, genauso wie es von Bedeutung ist, wo die Eltern aufgewachsen sind (Land, Großstadt usw.).
Die Aufteilung in individualistische und kollektivistische erzieherische Werte soll auf unterschiedliche Auffassungen aufmerksam machen, aber nicht dazu dienen, von vornherein z. B. Eltern aus dem Nahen Osten als Menschen zu kategorisieren, die auf kollektivistische Werte in der Erziehung Wert legen.

Vier Erziehungstypen

Die amerikanische Psychologin Diane Baumrind hat von empirischen Untersuchungen ausgehend vier verschiedene Erziehungstypen dahingehend beschrieben, ob die Eltern ihren Kinder gegenüber teilnehmend oder desinteressiert sind und ob der Kontakt autoritär oder autoritativ (Anforderungen stellend) oder nicht teilnehmend und nachgiebig (Anforderungen vermeidend) ist (Sommer 1996, S. 98). Der autoritative und fordernde Erziehungsansatz gibt dem Kind die besten Entwicklungsmöglichkeiten, da er zur Folge hat, dass man den Kindern zuhört, Einfühlungsvermögen aufweist, aber gleichzeitig die Verantwortung für die Führung und somit die Verantwortung auf sich nimmt, derjenige zu sein, der den Rahmen für das Zusammensein und eventuelle Verhandlungsbereiche absteckt. Ein autoritärer Erziehungsstil gewichtet das Recht der Erwachsenen, zu bestimmen und Grenzen zu setzen, ohne dem Kind zuzuhören und es mit einzubeziehen.

In Modellform sieht das Ganze so aus:

	VERANTWORTLICH	**NICHT VERANTWORTLICH**
Stellt Anforderungen	**Autoritativer Stil**	**Autoritärer Stil**
Vermeidet Anforderungen	**Nachgiebiger Stil**	**Nicht teilnehmender Stil**

Das Modell ist ein nützliches gedankliches Werkzeug, um zu erfassen, worauf Eltern Wert legen, und wie man an den Erziehungsprozess herangehen soll. Untersuchungen zeigen, „dass das Familienleben in den skandinavischen Ländern sehr auf die Kinder konzentriert - um nicht zu sagen von den Kindern definiert -gelebt wird - auch in den Familien, in denen Kinder täglich außerhalb von Zuhause betreut werden." (Dencik 2006, S. 105). Wenn man in der Familie die Kinder ins Zentrum rückt und ausübt, was Baumrind einen permissiven (nachgiebigen) Erziehungsstil nennt, wird es problematisch. Man kann von Familien sprechen, die von den Kindern geleitet werden, was weder für Kinder noch für Eltern gut ist.

Wenn wir heute von Verhandlungsfamilien sprechen, bedeutet das nicht, dass alles die ganze Zeit zur Verhandlung stehen soll: Der Erwachsene kann und muss eine Reihe von Entscheidungen treffen, ohne dass die Kinder eingeladen sind, daran teilzunehmen. Die Demokratisierung der Erziehung heißt nicht, dass Erziehung zu einer Abstimmungssache gemacht werden soll, sondern dass die Eltern den Kindern beibringen, Verantwortung für ihre eigenen Erlebnisse und Gefühle zu übernehmen, und dass die Eltern diese in der Folge ernst nehmen.

In Erwartung eines Dialogs

Generell können wir sagen, dass Kinder im Allgemeinen ihren Eltern viel bedeuten, aber dass es doch große soziale Unterschiede dahingehend gibt, in welchem Umfang sich die Eltern am Leben ihrer Kinder beteiligen: Einige beteiligen sich zu viel, andere sind passiv, aber die meisten nehmen an Elternarbeit teil und finden sie wichtig. Viele Bereiche in der Familie und im Verhältnis zu den Institutionen werden zum Gegenstand von Reflexionen und Wahlen gemacht. Zu Recht erwarten Eltern und Kinder Dialog und Verhandlung mit den Pädagogen über Gegebenheiten, die sie betreffen.

Die zweijährige Tochter von Hans und Solveig geht in die Kinderkrippe, womit sie generell sehr zufrieden sind. Hans und Solveig möchten alles so gut wie möglich für Julie machen, und sie prüfen alles, ehe sie sich dafür entscheiden, was das Richtige ist: Welche Windeln und Schnuller die besten sind, und welches Spielzeug das beste ist. Sie wollen z. B. nicht, dass Julie mit Plastikspielzeug spielt, wegen eventuell hormonbelasteten Inhaltsstoffen. Die Krippe hat sowohl Holzspielzeug als auch Stoffpuppen, aber auch etwas Spielzeug aus Plastik. Hans und Solveig sprechen mit Pädagogin Jytte darüber. Jytte erklärt, dass sie sehr darauf bedacht sind, nur geprüftes Spielzeug zu kaufen, und dass sie deshalb nicht der Meinung ist, dass ihr Spielzeug gefährlich ist. Sie verspricht trotzdem, dass das Personal versuchen wird, Julies Kontakt mit Plastikspielzeug einzuschränken. Trotzdem passiert es zweimal, dass Julie vor dem Puppenherd sitzt, als ihre Mutter sie abholt, und damit ist die Mutter unzufrieden. Jytte sagt, dass sie in der Kinderkrippe vielleicht zu viel versprochen haben, und dass es wirklich schwierig ist, das vollstän-

dig sicherzustellen, und dass es vielleicht auch nicht das Beste für Julie ist, wenn sie ein Spiel abbrechen muss. Das Gespräch endet damit, dass Solveig fordert, dass die Krippe das gesamte Plastikspielzeug entsorgt, und sie wendet sich an die Leitung, um einen prinzipiellen Beschluss hinsichtlich dieser Frage zu erreichen.

Solveig und Hans wollen das Beste für Julie und sind wirklich wegen der gesundheitsschädlichen Stoffe im Plastik besorgt. Es ist gleichzeitig nicht schwer zu verstehen, dass das Personal der Kinderkrippe sich an die offiziellen Richtlinien und Vorschriften halten will. Hier wollen wir lediglich konstatieren, dass das Personal die Besorgnis der Eltern ernst nehmen und diese als Ausdruck der Fürsorge für deren Kinder verstehen muss. Das ist nicht dasselbe wie sich nach dem Wunsch der Eltern zu richten, aber die Ausgangssituation für eine gute Zusammenarbeit ist viel besser, wenn die Eltern ernst genommen werden und man Verständnis zeigt, anstatt auf seinem guten Recht zu beharren und die Korrektheit über alles zu stellen, indem man sich auf die offiziellen Richtlinien beruft.

Die Unterwerfung des öffentlichen Bereichs unter die Marktgesetze

Der öffentliche Bereich in Dänemark wurde während der letzten 20 Jahre einer Veränderung unterzogen: von zentraler Verwaltung der Regeln über dezentrale Ziel- und Rahmenverwaltung zu einer Form von zentralisierter Dezentralisierung. Aktuell sind Kindertagesstätten und Schulen einer dezentralen Rahmenverwaltung untergeordnet, gefolgt von immer mehr zentralen Forderungen in Form von gemeinsamen Zielen, Lehrplänen, Prüfungen und Dokumentationen. Die Änderungen haben auch freie Benutzerwahl in einer Reihe von Bereichen mit sich gebracht, die öffentliche Institutionen zueinander in ein Konkurrenzverhältnis bringt und die Benutzer in die Position von Verbrauchern stellt.

Dieser Gedanke erscheint erstmals in pädagogischen Diskursen der 1990er Jahre und floriert seitdem (Løvlie 2001/2003, S. 159). Es geht um Effektivität, Qualitätssicherung und Evaluationen, in denen die Benutzer (Eltern, Kinder, Schüler) in Zufriedenheitsumfragen z. B. die Lehrer und Erzieher beurteilen sollen. Betreuung und Ausbildung werden zunehmend zur Ware, und Eltern, Kinder und Schüler zu Verbrauchern. Betreuung und Ausbildung werden primär nach Effektivität und Verbraucherzufriedenheit beurteilt. Ein Lehrer berichtet: „Viele Eltern betrachten die Volksschule als einen pädagogischen Supermarkt, wo man sich nach belieben bedienen kann.“ [11] Das ist eine Praxis, die von der aktuellen Bildungspolitik gefördert wird, und deshalb ist es den Eltern kaum zu verdenken, dass sie einem solchen Verständnis verfallen. Dieser Ansatz ist jedoch wenig förderlich. Unserer Meinung nach steht die Unterwerfung von Schulen und Kindertagesstätten unter die Gesetze des Marktes einer Entwicklung von gegenseitiger Zusammenarbeit im Wege, die alle Parteien aktiv mit einbezieht und

Teilnahme erfordert. Wenn Eltern aufgefordert werden, Bildungsangebote für ihre Kinder als Ware zu beurteilen, weckt das Assoziationen an die Rechte eines Kunden statt an die Pflicht des Bürgers, ein gegebenes Verhältnis dazu zu bringen, zu funktionieren. Dennoch ist die zunehmende Marktorientierung ein Umstand, dem man als Lehrer und Erzieher Rechnung tragen muss, wenn man Wert darauf legt, Erwartungen und Vereinbarungen zur Zusammenarbeit zu klären (s. auch S. 68).

Brigitte ist Lehrerin einer fünften Klasse einer größeren städtischen Schule, in die Daniel geht. Daniels Eltern (Jens und Signe) nehmen an Elternabenden und Elternsprechstunden teil. Besonders Jens hat sehr viele Ideen und Vorschläge für die Lehrer, wie z. B. mehrere lustige Projekte im Unterricht oder eine experimentellere Form des Unterrichts. Es sind gute Vorschläge, über die Brigitte froh ist, und die das Interesse von Jens an Daniels Unterricht zeigen. Aber gleichzeitig hat Brigitte über die Jahre hinweg erlebt, dass Jens und Signe nicht so gut darin sind, zu kooperieren, wenn es konkret um Daniel geht, z. B. dafür zu sorgen, dass er sein Federmäppchen in Ordnung bringt und die Hausaufgaben macht, genauso wie sie fast immer die Kenntnisnahme von Zetteln und Bescheiden anmahnen muss. Brigitte ist der Meinung, dass die Eltern mehr einfordern, als sie tatsächlich zusammenarbeiten. Das ist eine Tendenz, die Brigitte öfters bei den Eltern dieser Klasse beobachtet: Sie sind fordernd, aber nicht selbst darauf eingestellt, etwas zu leisten. Brigitte und das Lehrerteam entschließen sich dazu, einen Punkt über Verantwortung, Zusammenarbeit und aktive Teilnahme auf die Agenda des nächsten Elternabends zu setzen. (s. S. 68: ein Vorschlag für einen Elternabend mit diesem Inhalt).

Eltern mit einer anderen Kultur

Wir messen dem Kulturbegriff eine zentrale Bedeutung in der Elternarbeit zu, und wir verstehen Kultur als „das, wodurch man sein Dasein interpretiert und wonach man handelt." (Jensen, I. 2005, S. 22). Kultur wird so zum Sammelbegriff für das Wissen, die Werte und Dinge, denen wir Bedeutung zumessen, wenn wir handeln, aber es ist auch ein dynamischer Begriff, der sich stetig durch Dialog in den Gemeinschaften weiterentwickelt. Wenn man als Person über längere Zeit hinweg Mitglied einer stabilen Gruppe war, nimmt man die Kultur möglicherweise nicht besonders wahr, da sie als das Gewohnte und die Tradition auftritt, die man nicht unmittelbar infrage stellt. Aber wenn die Gemeinschaft um Mitglieder erweitert wird, die z. B. in anderen Gruppen mit anderen Kulturen aufgewachsen sind, treten die Unterschiede hervor und die Kultur wird sichtbar. Der Kulturbegriff wurde ursprünglich auch verwendet, um ein Volk gegenüber einem anderen abzugrenzen und Unterschiede darzustellen. Das bedeutet, dass man sich für das Allgemeine, für das, was die Kultur ist, interessiert hat, mit Schwerpunkt auf der Vergangenheit, also dem, was einmal war.[12] In einem solchen Verständnis wird Kultur zu etwas verhältnismäßig

Unveränderlichem und Ultimativem, das Trennung anstelle eines Dialogs hervorhebt. Der komplexe Kulturbegriff öffnet sich dagegen dafür, dass Kultur zwischen den Menschen verhandelt und verändert werden kann, dass die Werte für Mitglieder in einer gegebenen Kultur unterschiedlich sein können und dass die Kultur ihren Fokus auf die Zukunft statt auf die Vergangenheit richtet - darauf also, was die Kultur werden kann.
In den meisten Gesellschaften gibt es eine dominante Majoritätskultur, deren quantitative Überlegenheit oft die Definitionsmacht gegenüber verschiedenen Minoritätskulturen bedingt. Wenn unterschiedliche Kulturen aufeinandertreffen und von den Minoritätskulturen erwartet wird, dass sie sich transformieren, sodass sie den Majoritätskulturen möglichst ähneln, spricht man von Assimilation, während der Begriff Segregation verwendet wird, wenn Minoritätsgruppen in Ghettos leben und ihre Kultur von der Majoritätskultur unbeeinflusst aufrechterhalten. Integration bedeutet, „dass man ein Teil der Gesamtheit, z. B. der dänischen Gesellschaft, ist, aber nicht in der Majoritätskultur verschwindet, sondern an seiner eigenen kulturellen Eigenart festhält (im Gegensatz zur Assimilation).“ (Jensen, I. 2005, S. 93). Dänemarks Verfassung präzisiert das Recht des Individuums, den Gott anzubeten, den man will, seine Gedanken frei auszudrücken (innerhalb der Schranken des Gesetzes) und legale Vereine zu gründen. Die Verfassung in Dänemark stützt sich auf eine demokratische Staatsform und macht die Integration insoweit möglich, dass die Bürger das Recht haben, in Unterschiedlichkeit zu leben.
Vor diesem Hintergrund sind wir der Meinung, dass Kultur als etwas Lebendiges aufgefasst werden soll, das sich die ganze Zeit über in einem gleichwertigen und gegenseitigen Zusammenspiel zwischen Menschen in Veränderung befindet. Trotz dem Gesagten kann es in der Praxis, z. B. der Elternarbeit, schwierig werden, herauszufinden, was zur Verhandlung steht, was verändert werden kann, wann und durch wen.

Verschiedene Integrationsstrategien

Eltern mit Migrationshintergrund können auch sehr verschiedene Haltungen bezüglich der Integration ihrer Kinder in die dänische Gesellschaft haben.
Die Psychologin Tatiana Jessen (in: Skytte 2001) formuliert vier verschiedene, typische Integrationsstrategien:

- Die Assimilationsstrategie, die zum Ziel hat, sich so schnell und so viel wie möglich von der Majoritätskultur anzueignen - also so dänisch wie möglich zu werden. Im Gegenzug erwarten die Eltern, dass ihre Kinder schmerzfrei in die Gesellschaft integriert werden. Sie können ihre Strategie ändern, wenn sie herausfinden, dass das - entgegen ihrer Erwartung- nicht passiert.

- Die defensive Strategie, mit der die Eltern an ihren eigenen Wertnormen festhalten und möglicherweise etwas Kontrolle ausüben, um sicherzuge hen, dass ihre Kinder dies auch tun.

- Die passiv-aggressive Strategie, der zufolge sich die Eltern in ihre Familie zurückziehen und versuchen, die Majoritätskultur auszuschließen. Sie wünschen, in jeder Hinsicht den Einfluss der Majoritätskultur, z. B. auf die Kinder, zu minimieren. Sie sprechen über die Majoritätskultur auch negativ.

- Die Synthesestrategie, der zufolge die Eltern die Kinder am Angebot der Majoritätsgesellschaft teilnehmen lassen: „Familien mit einer Synthesestrategie werden das kulturelle Pendeln ihrer Kinder zulassen und die Entdeckungen und Erfahrungen mit dem neuen Leben in der Familie diskutieren.“ (Skytte 2001, S. 430).

Die letzte Strategie bietet die beste Möglichkeit für die Entwicklung der Kinder, da sie hier die Möglichkeit erhalten, Lebensformen und Auffassungen der beiden Arenen, zwischen denen sie sich bewegen, zu kombinieren. Wir unterstreichen, dass die Kategorisierungen nicht dazu benutzt werden sollen, abzustempeln und festzuhalten, sondern um Auffassungen zu begegnen, Dialoge und Bewegung in der Zusammenarbeit möglich zu machen.

Kultur und unterschiedliche soziale Gruppen

Der Begriff Kultur ist jedoch auch wesentlich, wenn es um Zusammenarbeit mit den Eltern geht, die bereits seit Generationen in Dänemark leben. Weil es auch innerhalb einer national gleichartigen Gruppe große Unterschiede gibt und soziale, Ausbildungs- und ökonomische Verhältnisse eine große Rolle für die Kultur spielen, die eine Gruppe entwickelt. Untersuchungen, auf welche erzieherischen Werte die Eltern Wert legen, zeigen Tendenzen zu Unterschieden zwischen sozialen Gruppen: „Auch wenn das nicht für alle gilt, so sind klare Unterschiede bei den erzieherischen Werten, Sanktionen und bei der Sicht auf die Kinder zu konstatieren; Unterschiede, die mit Ausbildungstyp und -niveau in Zusammenhang stehen.“ (Sommer 2002, S. 67).
Als Pädagoge muss man sehr darauf achten, dass die eigenen Werte und Normen nicht die einzig gültigen sind, und dazu imstande sein, Verständnis für die Kultur der anderen zu zeigen. Gleichzeitig ist es wichtig, nicht eine bestimmte Gruppe von Eltern und Kindern zu stigmatisieren, indem man z. B. Gleichheitszeichen zwischen Ungelernten und autoritärer Erziehung setzt, ohne zuerst zu untersuchen, ob notwendigerweise ein Zusammenhang zwischen beidem besteht, der eine generelle Tendenz nahelegt. Das heißt auch, dass man als Lehrer oder Pädagoge nicht automatisch erwarten kann, dass all die Verhältnisse, die man selbst für selbstverständlich hält, auch anderen so erscheinen.

Dieses Verhältnis wird sehr wichtig, wenn von Eltern mit Migrationshintergrund die Rede ist. Eine Frau aus Bosnien sagt: „Früher habe ich nie etwas gesagt, weil ich sozusagen die Spielregeln nicht kannte.“ [Anmerkung 13] Die Frau weist darauf hin, dass sie einen Lehrer an der Schule ihres Kindes kontaktiert hat, und das ist etwas, was sie früher vermied, da sie die Spielregeln nicht kannte. Viele Eltern mit Migrationshintergrund haben Erfahrungen mit Schulsystemen, die vom dänischen sehr verschieden sind. Die Eltern legen die Priorität auf das Schule-Elternhaus-Gespräch, u.a. weil es eine Gesprächsform ist, die leichter zu handhaben ist (als z. B. ein Elternabend), wenn man die Sprache nicht so gut beherrscht (Schul- und Gesellschaftsstudie, S. 20). Die Eltern berichten auch, dass Schule-Elternhaus-Gespräche in den Ländern, aus denen sie kommen, fast nicht angewandt werden. Viele sind daran gewöhnt, Mitteilungen über die schulischen Leistungen ihrer Kinder lediglich dem Zeugnis zu entnehmen. Deswegen kommen leicht Zweifel über das Ziel der Gespräche, über deren Form und Inhalt auf. Das bedeutet, dass bei der Elternarbeit Zeit darauf verwendet werden muss, sich sorgfältig in die Gedanken der Eltern bezüglich Kindererziehung und schulischen Werdegang hineinzuversetzen.
Besonders für viele Flüchtlingsfamilien, aber auch für einige der Familien, die vor Jahrzehnten als Gastarbeiter hierher gekommen sind, gilt, dass sie so vieles hinter sich lassen mussten, dass sie Gefahr laufen, ihre Identität zu verlieren. Es hilft ihrem Selbstrespekt und Selbstgefühl, wenn ihnen als Menschen begegnet wird, an denen der Pädagoge Interesse zeigt und die kennenzulernen er Lust hat. Das macht es auch leichter, als gleichwertiger Kooperationspartner in die Beziehung hineinzugehen. Es kann z. B. schwierig sein, wenn man aus einer Kultur kommt, in der der Lehrer eine Autorität ist, vor der man sich beugen muss, und es hilft, wenn über die unterschiedlichen Auffassungen vom Lehrerberuf gesprochen wird.
Deswegen ist es auch wichtig, einen guten Dolmetscher zu haben, bis die Eltern mit der dänischen Sprache und Kultur so vertraut sind, dass sie selbst fragen können, wenn es etwas gibt, das sie nicht verstehen.

Kultureller Unterschied und existenzielle Gleichheiten

In der Zusammenarbeit mit Eltern anderen ethnischen Ursprungs werden oft die kulturellen Unterschiede und die verschiedenen Sprachen in den Brennpunkt gerückt. Manchmal so sehr, dass die Tatsache verdeckt wird, dass es für alle Menschen zu allen Zeiten grundlegende existenzielle Bedürfnisse und Konflikte gibt, die -unabhängig von Hautfarbe, Sprache, Religion und Kultur- existieren. Ein Bedürfnis ist zum Beispiel, in Beziehungen, die man eingeht, Wertschätzung zu erfahren, und auch der Konflikt zwischen dem Drang, mit der Umgebung zusammenzuarbeiten, um besagtes Bedürfnis erfüllt zu bekommen, und dem Wunsch, seine Integrität bewahren zu können, ist existenziell und gilt auch, wenn man aus einer anderen Kultur kommt. Deswegen sind die Werte, die eine gute Elternarbeit ausmachen, im Allgemeinen auch für die Zusammenarbeit mit

Familien anderen ethnischen Ursprungs gültig. Es ist wichtig, dies im Kopf zu behalten, da man ansonsten leicht dazu neigen kann, diese Zusammenarbeit zu etwas zu machen, das so schwierig und speziell ist, dass man praktisch schon von Anfang an aufgeben muss.
In den Fällen, in denen der Pädagoge aufgegeben hat, wird der Kontakt, der den Kern einer guten Elternarbeit ausmacht, nicht etabliert. Das ist ärgerlich, weil viele Eltern aus anderen Kulturen gerade den guten Kontakt zu den Erziehern und Lehrern benötigen, da er ein wesentlicher Teil der Begegnung dieser Eltern mit der dänischen Gesellschaft ist.
Wenn wir unterstreichen, dass es der Pädagoge ist, der interessiert und in der Lage sein muss und mit den kulturellen Unterschieden, wie die Eltern sie mitbringen, umzugehen, geschieht dies wieder einmal im Hinblick auf die übergeordnete Verantwortung des Pädagogen für die Qualität der Beziehung. Offenheit, Gleichwertigkeit und Respekt werden u. a. durch dieses Interesse vermittelt.

Man soll dieses Interesse nicht vortäuschen. Wenn man die Notwendigkeit, die Eltern als gleichwertige Kooperationspartner mit einzubeziehen, nicht einsehen kann, sollte man stattdessen besser überlegen, ob man überhaupt Lehrer oder Erzieher sein sollte! Es wird im Übrigen oft so sein: Falls die Stimmung im Gespräch okay ist, werden die Neugierde und das Interesse in beide Richtungen ausschlagen, und als Lehrer oder Erzieher wird man den Eltern wertvolle Informationen über ihre Rolle während des Heranwachsens ihrer Kinder in der dänischen Gesellschaft geben können.

In der Kinderkrippe „Globus“ hat es einige Probleme mit einem Elternpaar mit anderem ethnischen Hintergrund gegeben: Es fühlt sich dabei nicht wohl, dass der Kinderpfleger Jesper ihre Tochter Hama wickeln darf. Hanne, die Erzieherin in der Gruppe ist, und Jesper berufen die Eltern zu einem Gespräch mit Dolmetscher ein, da sie wissen, dass es oft sprachliche Schwierigkeiten gibt. Sie erkundigen sich nach den Sorgen der Eltern, die primär darauf gründen, dass es eine sehr ungewohnte Situation für sie ist, dass Männer auf kleine Kinder aufpassen, und dass sie in ihrer Heimat einige Beispiele von Vergewaltigung von selbst ganz kleinen Kindern kennen. Hanne und Jesper hören zu und laden die Eltern anschließend dazu ein, in der nächsten Zeit jeden Tag einige Stunden in der Krippe zu verbringen. Sie wollen ihnen gerne zeigen, wie der Alltag in der Institution abläuft. Das nehmen die Eltern an und die Besuche haben zur Folge, dass ihre Sorgen verschwinden.

Lise ist Lehrerin der 4. Klasse in einer Schule, in der 25 Prozent der Kinder einen Migrationshintergrund haben. Dieses Jahr soll die Klasse eine Klassenfahrt unternehmen, und es gab früher öfter Schwierigkeiten, weil ein Teil der Mädchen von ihren Eltern aus nicht teilnehmen durfte. Letztes Mal löste Lise das Problem, indem sie mit den betreffenden Eltern sprach und fragte, was unternommen werden muss, damit die Mädchen die Erlaubnis zur Teilnahme bekämen.

Für zwei Mädchen war die Lösung, dass sie und zwei andere Mädchen ihren eigenen Schlafraum bekamen, abgetrennt von den Schlafplätzen der Jungen. Für ein drittes Mädchen gab es die Lösung, dass ihre Eltern sie jeden Abend abholten und sie am nächsten Morgen zur Hütte begleiteten. Das bedeutete, dass die Hütte sich in einem überschaubaren Abstand zur Schule befinden sollte. Für Lise ist es das Wichtigste allen Kindern ein gemeinsames Erlebnis und Unterricht in Verbindung dazu zu ermöglichen. Deswegen findet sie mit den Eltern Lösungen, die die Verhältnisse geringfügig modifizieren.

Auf der „Sonnenschule" beträgt die Anzahl der Kinder mit Migrationshintergrund ca. 20 Prozent. Das hat dazu geführt, dass die Lehrer die letzten Jahre darüber diskutiert haben, ob die Weihnachtsfeier geändert werden soll. Die Schule hatte bisher immer die örtliche Kirche besucht, aber immer mehr Kinder melden sich von dieser Unternehmung ab. Die Lehrer diskutieren dies bei einer pädagogischen Versammlung und anschließend beschließt die Schulleitung, diese Tradition zu ändern. Die Begründung ist, dass die dänische Kultur zwar von der christlichen Tradition geprägt ist und die Mehrzahl der Dänen Christen sind, die Wahl der Religion aber Privatsache ist und allein der Verantwortung der Eltern unterliegt. Die Schule unterrichtet christliche Religionskunde, aber Teilnahme am Gottesdienst wird nur verlangt, soweit es Teil eines Unterrichtsverlaufs ist, wo auch auf andere Formen von Religionsausübung eingegangen wird. Stattdessen will die Schule eine gemeinsame kulturelle Weihnachtsveranstaltung mit Gesang und Unterhaltung mit/von den Klassen abhalten, die dazu beitragen möchten.

Fragen:

- Was sind Ihre positiven und negativen Erfahrungen mit der Elternarbeit?
- Wenn Sie noch keine Erfahrungen haben, wie lauten Ihre positiven und negativen Erwartungen?
- Was glauben Sie, sind die größten Herausforderungen einer Zusammenarbeit mit Eltern, die einen Migrationshintergrund haben?

Kapitel 3

Worum geht es bei der Elternarbeit?

In erster Linie arbeiten Pädagogen, Eltern und Kinder mit der Absicht zusammen, den qualitativen Nutzen der Teilnahme des Kindes am institutionellen Angebot zu verbessern. Diese Zusammenarbeit ist eine Voraussetzung, um das Beste für das Kind zu erreichen, und sie hat deswegen sowohl in Schulen als auch in Kindertagesstätten einen sehr hohen Stellenwert. [14]
Dennoch gibt es wesentliche inhaltliche Unterschiede, was die Zusammenarbeit in Kinderkrippe, Kindergarten, Hort oder Schule betrifft. Deswegen werden wir uns zuerst die Ziele der verschiedenen Institutionen genauer ansehen.

Das Ziel der Kindertagesstätte

Kinderkrippen, Kindergärten und Horte erbringen alle eine „soziale Dienstleistung", die von generellen Richtlinien geprägt wird. Die Gemeinden müssen dafür sorgen, diese Richtlinien bezüglich der einzelnen Institutionen zu präzisieren, z. B. durch die Arbeit mit lokalen Wertegrundsätzen und Lehrplänen. In den allgemeinen gesetzlichen Bestimmungen und Zweckparagrafen kann man nachlesen, für welche Aufgaben die Gesellschaft den Erziehern die Verantwortung übertragen hat. [15]

In den generellen Bestimmungen des dänischen Gesetzes heißt es: Die Gemeinde und der Kreis sorgen dafür, dass die Aufgaben und Angebote, die Kinder, Jugendliche und deren Familien betreffen, in Zusammenarbeit mit den Eltern ausgeführt werden, und zwar auf eine solche Weise, dass es die Entwicklung, das Gedeihen und die Selbstständigkeit der Kinder und Jugendlichen fördert. (Dänisches Sozialgesetz, § 4, Abs. 1)

Hier wird die Zusammenarbeit mit den Eltern hoch eingestuft, und das Ziel ist, die Entwicklung und Selbstständigkeit des Kindes oder Jugendlichen zu fördern und sein Gedeihen zu sichern. Über das Ziel der Tageseinrichtungen heißt es weiter: Die Tageseinrichtungen sollen in Zusammenarbeit mit den Eltern den Kindern Fürsorge vermitteln, die Aneignung und Entwicklung sozialer und allgemeiner Fertigkeiten beim Kind mit der Absicht unterstützen, die ausgewogene Entwicklung und den Selbstwert des Kindes zu stärken, und dazu beitragen, dass Kindern ein gutes und sicheres Aufwachsen gewährleistet wird. (Dänisches Sozialgesetz, § 8, Abs. 2)

Außerdem sollen die Tageseinrichtungen Erlebnisse und Aktivitäten ermöglichen, die die Phantasie, Kreativität und sprachliche Entwicklung des Kindes anregen und dem Kind die Möglichkeit bieten, zu spielen und zu lernen, sich physisch zu entfalten und die Umgebung zu erforschen.

Die Tageseinrichtungen sollen auch daran mitwirken, die Mitverantwortung und Mitbestimmung des Kindes zu entwickeln, sein Demokratieverständnis und Zusammengehörigkeitsgefühl mit der Gesellschaft zu unterstützen sowie sein Verständnis für kulturelle Werte und das Zusammenwirken mit der Natur zu entwickeln [16]. Die Pädagogen nehmen also an der Erziehung der Kinder teil, und sie sollen in Zusammenarbeit mit den Eltern dafür sorgen, dass die Kinder sich demokratische und kulturelle Werte aneignen.
Seit Neuestem (2003) sollen die einzelnen Tageseinrichtungen pädagogische Lehrpläne für die Kinder ausarbeiten - sowohl für die Kinderkrippe als auch für den Kindergarten. In diesem Lehrplan soll Platz sein für Spiel, Lernen und Entwicklung.
Die Institution soll ihr Lernziel beschreiben, samt der Methoden und Aktivitäten, die sie einsetzen will, um diese Ziele zu erreichen. Im Erlass über die pädagogischen Lehrpläne werden sechs Themen beschrieben, die im Lehrplan der jeweiligen Institution berücksichtigt werden müssen (lokal darf man sie gerne durch weitere ergänzen): die ausgewogene Persönlichkeitsentwicklung des Kindes (persönliche Kompetenzen), soziale Kompetenzen, Sprache, Körper und Bewegung, die Natur und Naturphänomene und schließlich kulturelle Ausdrucksformen und Werte.
Aus der Anlage des Erlasses geht hervor, dass die Pädagogen sowohl an die Bedürfnisse der Kinder denken müssen als auch an die Erwartungen der Gesellschaft an die heranwachsende Generation.
Es geht außerdem aus den Gewichtungen hervor, dass die persönliche und soziale Entwicklung des Kindes sowie ungezwungenes/spontanes Lernen im Mittelpunkt stehen, während die Aneignung von Kenntnissen und das formelle Lernen im Hintergrund bleiben. Die eigene Zeit des Kindes, spontanes Spielen, qualifiziertes Zusammensein und Erziehung durch Zusammensein mit anderen Kindern und professionellen Erwachsenen sind am wichtigsten.

Der wesentliche Arbeitsinhalt der Kindertagesstätten ist also Erziehung und sozialisierendes Zusammensein mit Gruppen von gleichaltrigen Kindern. Die besonderen Voraussetzungen von Kinderkrippen, Kindergärten, und Schulhorten sind folgende: Zusammensein, Aktivität und Spiel mit Gruppen von gleichaltrigen Kindern unter festen Rahmenbedingungen, tägliche Routine mit Freiraum in meist guten Innen- und Außenräumen und eine große Auswahl an Spielzeugen unter Leitung und Aufsicht von Erwachsenen.
Im Allgemeinen kann man sagen, dass in den Kindertagesstätten das freie, spontane Spiel die Zeit mehr ausfüllt als das strukturierte und zielgerichtete Zusammensein.

Auf der Basis der Gesetzestexte können wir drei wichtige Bereiche ableiten, mit denen sich die Kindertagesstätten befassen müssen: Gedeihen (Fürsorge), Entwicklung (physische und psychische) und Lernen (wir vertiefen diese Begriffe weiter unten).

Sozialisierung, Erziehung, Entwicklung, Lernen und Unterricht

Zuerst definieren wir die zwei Begriffe Sozialisierung und Erziehung. Jens Rasmussen spricht von intendierter und nicht-intendierter Erziehung: „Die intendierte Seite nenne ich Erziehung in Übereinstimmung mit der Tradition, während ich die nicht-intendierte Seite als Sozialisierung bezeichne - beide Seiten vom sozialen Erziehungssystem aus gesehen.“ (Rasmussen 2004, S. 211).

Das heißt, dass die Erzieher erziehen, wenn sie Ziele setzen und bestimmte Intentionen bei einem Zusammensein oder einer Aktivität haben, während nicht-intendierte Effekte eines Zusammenseins als Sozialisierung bezeichnet werden.
Erziehung wird in der Enzyklopädie so definiert: „Erziehung, Entwicklung der Persönlichkeit u. a. durch Weitergeben von bestimmten Normen für Verhalten, Einsicht, Werte und Haltungen von einer Generation zur nächsten.“ (Encyklopædien, S. 491). Erziehung handelt also vom Weitergeben (und auch Entwickeln) von Werten und Normen von einer Generation zur anderen. Die Persönlichkeit steht im Fokus und es ist eine normative Absicht vorhanden. Im dänischen Sozialgesetz wird die normative Absicht im rechtlichen Ziel für Kindertagesstätten breit formuliert und hinterlässt einen großen Spielraum für eine lokale Präzisierung in Wertgrundlagen und Lehrplänen. Historisch betrachtet ist Erziehung als einseitiger Prozess verstanden worden, in dem der Erwachsene es in jeder Hinsicht am besten wusste und das Kind mit allen Mitteln (Strafe, körperliche Züchtigung usw.) gemäß den von vornherein festgelegten Zielen (Normen und Werte) erziehen sollte. In diesem Prozess war das Kind traditionell passiv und hatte keinen Einfluss auf Ziel oder Prozess [17]. Gegenwärtig werden sowohl die Stabilität der normativen Erziehungsziele als auch die Passivität des Kindes in Frage gestellt.

Heutzutage wird es unserer Auffassung nach nützlicher sein, den Begriff Miteinbeziehung zu gebrauchen und den Erziehungsvorgang als einen wechselseitigen Prozess anzusehen, in den das Kind in immer stärkerem Maße mit einbezogen wird. Die Erziehung wird somit ständig verhandelt und entwickelt. Der Begriff Erziehung lässt sich jedoch so leicht nicht ersetzen. Wir schlagen stattdessen vor, Erziehung als wechselseitigen Entwicklungsprozess in einer Gemeinschaft quer durch die Generationen zu definieren, in dem Normen für Handlungen, Einsichten, Werte und Haltungen zwischen den Generationen ver-

handelt und entwickelt werden. Aufgrund der unterschiedlichen Rollen kommt jedoch - und das ist sehr wichtig - in der Gemeinschaft der Rolle der Erwachsenen die größere Verantwortung als den Kindern zu.
Das allgemeine Ziel „Erziehung und Sozialisierung" bedeutet also etwas spezifischer: „Gedeihen, Entwicklung und Lernen", wobei generell Gedeihen und Fürsorge am stärksten gewichtet werden, je kleiner die Kinder sind, und das Lernen mit zunehmendem Alter der Kinder an Gewicht gewinnt.
Alle drei Ziele müssen jedoch von den Erziehern und Lehrern ständig bedacht werden, genauso wie verschiedene Umstände eines der drei Ziele in den Vordergrund rücken können.

Entwicklung und Lernen

Es ist unbedingt notwendig, die Begriffe Entwicklung und Lernen im Verhältnis zueinander zu definieren. Entwicklung behalten wir der biologischen Entwicklung vor (was man auch manchmal Reifen nennt), also den Prozessen, die das Kind im Allgemeinen motorisch, sprachlich und psychisch durchmacht. Lernen definieren wir als die (Re-)Konstruktion von Wissen, Fertigkeiten und Haltungen durch das Individuum. Lernen heißt Veränderung und ist in sich selbst kein normativer Begriff, sondern lediglich ein beschreibender. Lernen wird hiermit zum Resultat, aber wohlgemerkt ein Resultat, das immer kontextuell und in Relation zu jemandem oder etwas verstanden werden muss. Das heißt, dass das, was ein Kind weiß, immer gemäß einer Situation verstanden werden kann und wird, und somit als etwas, das vorläufig und veränderlich ist. Das hat zur Konsequenz, dass die Erzieher, wenn sie die dazugelernten Fertigkeiten der Kinder beschreiben, diese kontextuell beschreiben müssen, wie z. B.: „Peter kann jetzt, wenn er mit Markus spielt, ein Spiel draußen auf dem Spielplatz planen und durchführen." Folglich ist es zum Beispiel möglich, dass die Fertigkeiten eines Kindes und sein Können zwischen dem Zuhause und der Kindertagesstätte variieren können.

Lernen, Erziehung und Unterricht

Schließlich werden wir Lernen, Erziehung und Unterricht im Verhältnis zueinander definieren. Unterricht ist eine intentionale Handlung und eine Aktivität, die zum Ziel hat, das Zufällige vom menschlichen Lernprozess zu entfernen, mit der Absicht, ihn mit einem „rational begründeten und offen erkennbarem Ziel" zu realisieren (Winther-Jensen 1994, S.14). Ein weiteres Merkmal von Unterricht ist, dass er stets eine Sache, einen Inhalt oder einen Gegenstand zum Zentrum hat: Es gibt also etwas, was man jemandem gerne beibringen möchte.

Und wiederum wird am häufigsten die Rede von einer asymmetrischen Beziehung sein, aber nicht immer: Kinder können sich unter Anleitung des Lehrers oder Erziehers gut gegenseitig unterrichten. Unterricht kann als eine kooperative Meinungsbildung in einer Gruppe definiert werden, die nach dem gemeinsamen Ziel strebt, etwas zu lernen.

Zusammenfassend können wir sagen, dass sowohl Erziehung als auch Unterricht intentionale Phänomene sind: Jemand will jemandem etwas beibringen! In der Erziehung steht oft die Person im Mittelpunkt. Es gibt z. B. ein Kind, das lernen soll, am Tisch zu essen, an einem Spiel teilzunehmen, mit einer Gruppe einen Spaziergang zu machen usw.. Im Unterricht gibt es einen gemeinsamen Nenner, einen Stoff, einen Bereich außerhalb des Kindes, über den es etwas lernen soll, z. B. die Jahreszeiten, Malerei, ein Lied oder ein Projekt durchzuführen. Im Unterricht existiert immer eine Sache als Zwischenglied zwischen dem Kind und dem Erwachsenen, während es in der Erziehung meist keine solche gibt - hier geht es allein um die Beziehung zwischen Kind und Erwachsenem oder zwischen den Kindern.
In den Kindertagesstätten füllt Lernen bezogen auf Gedeihen, Entwicklung und Erziehung die meiste Zeit aus, während Lernen in Verbindung mit Unterricht eine geringere Rolle spielt. In der Schule ist das Verhältnis meist umgekehrt, doch erinnert die Lehrerwirksamkeit in den niederen Klassen (Einschulung) selbstverständlich eher an die Kindertagesstätten, während die Gewichtung sich meistens im Schulverlauf ändert, sodass in den höheren Klassen der Unterricht klar fokussiert wird.

Die Begriffe Entwicklung, Sozialisierung, Lernen und Unterricht können im Verhältnis zueinander folgendermaßen illustriert werden:

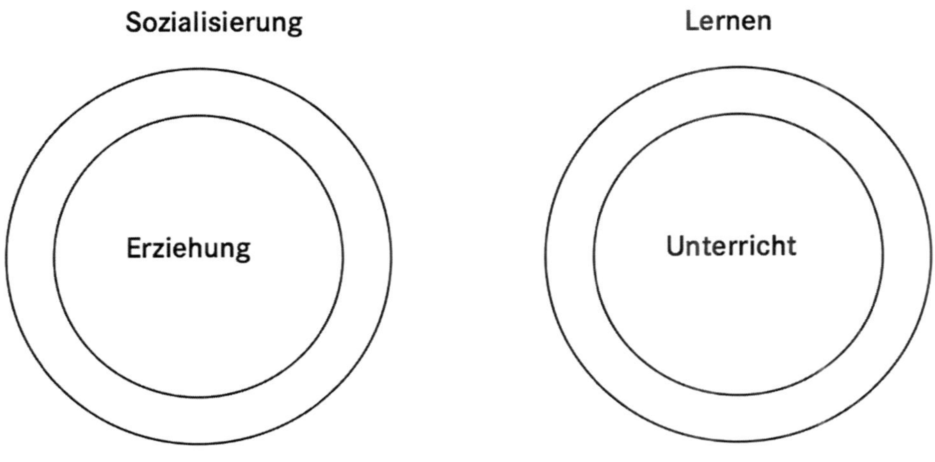

Sozialisierung beschreibt die Prozesse, in denen Kinder miteinander und mit den Erwachsenen interagieren und sich oft unreflektiert Fertigkeiten, Auffassungen und Wissen aneignen. Das, was man mit dem Begriff von Mads Hermansen habituelle Prozesse nennen kann [18]. Der Begriff Erziehung beschreibt so gesehen dieselben Prozesse, jedoch mit dem Unterschied, dass sich z. B. Pädagogen Überlegungen gemacht und bestimmte Ziele für das Zusammensein gesetzt haben, die Prozesse also reflektiert und intendiert sind. Auf dieselbe Art und Weise bezeichnet der Begriff Unterricht den Teil der menschlichen Lernprozesse, in dem z. B. Erzieher und Lehrer bestimmte Ziele gesetzt haben und den Kindern etwas Bestimmtes beibringen wollten, während Lernen an und für sich die ganze Zeit vor sich gehen kann - auch unreflektiert.

Inhalt der Zusammenarbeit in Kindertagesstätten

In den Kindertagesstätten arbeitet man für das Gedeihen, die Entwicklung und das Lernen von Kindern zusammen. Der Inhalt ist in einem übergeordneten Plan festgelegt, eingerahmt von den gesetzmäßigen Bestimmungen und in der konkreten Praxis durch den Alltag der betreffenden Institution, Kinder- und Elterngruppe, Erzieher, Wertegrundsätze, Lehrpläne usw. bestimmt. Die schriftlichen Dokumente in den Kindertagesstätten helfen dabei, zu verdeutlichen, worauf sich die Zusammenarbeit bezieht, und damit sind sie wichtig für die konkrete Zusammenarbeit.

Eltern und Erzieher können in allen Bereichen, die das Kind betreffen, zusammenarbeiten, um das Gedeihen des Kindes, seine Entwicklung und sein Lernen zu fördern.

Inhaltlich besteht ein sehr großer Teil der Zusammenarbeit aus dem Austausch von Informationen über das Leben des Kindes in den zwei Welten Kindertagesstätte und Elternhaus, und es geht darum, herauszufinden, welche Informationen für den Austausch relevant und notwendig sind. Vonseiten der Eltern können das z. B. Informationen über Änderungen von wesentlichen Verhältnissen zuhause sein, die auf das Verhalten des Kindes einwirken können (Scheidung, Krankheit, Umzug, Perioden mit außerordentlicher Arbeitsbelastung usw.). Vonseiten der Erzieher können es Informationen über größere Konflikte, Traurigkeit oder Unpässlichkeit, kleinere oder größere Verletzungen usw. sein. Manchmal erfordern oben genannte Beispiele mehr als nur den Austausch von Informationen, sie erfordern vielleicht Koordination und eigentliche Zusammenarbeit zwischen der Institution und den Eltern. Unter Zusammenarbeit verstehen wir einen wechselseitigen Prozess, in dem sowohl Eltern als auch Erzieher nach einem Gespräch und gemeinsamen Vereinbarungen darauf eingestellt sind, ihr Verhalten und ihre Handlungen in Bezug auf das Kind anzupassen.

Eltern und Erzieher als gegenseitig wertvolle Partner

Wenn man zusammenarbeitet, geschieht das (wie zuvor erwähnt), um die Qualität und den potenziellen Ertrag des Kindes zu mehren. Erzieher und Eltern arbeiten zusammen, weil beide Seiten füreinander wertvoll sind. Der Erzieher hat durch seine Ausbildung und seine Erfahrung Wissen über kindliches Verhalten, Entwicklung und Erziehung. Gleichzeitig ist der Erzieher viele Stunden lang mit dem Kind zusammen, während sich das Kind in Gruppen von Gleichaltrigen und in vielen variierenden Situationen befindet. Der Erzieher arbeitet in einer Gruppe von Pädagogen, die alle Erfahrungen mit dem Kind im Alltag haben (und mit vielen anderen Kindern, worauf sie Bezug nehmen können), und seine Aufgabe besteht im wesentlichen darin, für das Gedeihen, die Entwicklung und das Lernen des Kindes förderlich zu sein. Aus der Perspektive des Erziehers gibt es alle Kinder in der Kindertagesstätte, und er hat deshalb auch einen großen Blick auf die Gemeinschaft.

Die Eltern haben großes Wissen über ihr Kind. Sie kennen es seit seinen ersten Tagen und in vielen verschiedenen Zusammenhängen, d.h. sowohl allein als auch beim Zusammensein mit einem oder mehreren Erwachsenen, in kleineren Gruppen mit Geschwistern oder Bekannten, auf einem Ausflug oder im Urlaub, und wenn das Kind krank oder sehr müde ist usw. Die Eltern haben Werte und Normen, die sie durch ihre Erziehung an das Kind weiterzugeben versuchen. Die Eltern haben auch mehr oder weniger zu den Bereichen Gedeihen, Entwicklung und Lernen Stellung genommen. Aus der Perspektive der Eltern gibt es zunächst einmal nur ihr eigenes Kind.

Das Kind existiert und lebt in beiden Perspektiven. Deswegen ist es wesentlich, die Perspektiven wechseln und ehrlich zusammenzuarbeiten, d.h. in der Bedeutung: „Ich glaube daran, dass du kompetent bist und etwas zur Zusammenarbeit beitragen kannst, womit ich allein große Probleme hätte.“ Aber auch in der Bedeutung von reeller Teilnahme, d.h.: „Ich übernehme Verantwortung und nehme aktiv teil.“ In diesem Verständnis sprechen wir von Zusammenarbeit im Sinne einer demokratischen Teilnahme, nicht im Sinne eines demokratischen Rechts des Verbrauchers auf Einflussnahme. Damit möchten wir unterstreichen, dass die zunehmende Verbraucherorientierung, wie sie sich zum Beispiel in Zufriedenheitsrankings von Bildungseinrichtungen niederschlägt, nicht dazu führen darf, dass Pädagogen ausschließlich mit den Eltern zusammenarbeiten, weil Eltern ein Recht darauf haben. Nicht weniger wichtig ist es, dass die Mitarbeit der Eltern nicht aus einem Anspruch auf Mitsprache heraus motiviert ist, sondern dass sie durch aktive Teilnahme und Verantwortung Einfluss auf die Zusammenarbeit gewinnen. So wie es einen großen Unterschied macht, ob die schriftlichen Dokumente einer Kindertagesstätte als Richtlinie für die Ziele angesehen werden, über die Eltern und Erzieher zusammenarbeiten, oder als eine Checkliste der Ansprüche, die man als Eltern an die Institution und die Erzieher stellen kann.

Worum geht es in der Zusammenarbeit?

Im Folgenden geben wir eine Reihe von Beispielen dafür, in welchen Bereichen man normalerweise in den Kindertagesstätten zusammenarbeitet. Anliegen und Fragen von Eltern, die Zusammenarbeit erfordern, können sein:

- „Kann Kristian evtl. in der Kinderkrippe etwas weniger schlafen? Ich finde, er braucht allzu lange, um abends müde zu werden, wenn er in der Krippe drei Stunden geschlafen hat. Was denken Sie darüber? Könnten Sie ihn nach zwei Stunden wecken?“
- „Alma sollte damit aufhören, Schnuller zu benutzen. Denken Sie, dass es am besten wäre, von einem Tag auf den anderen aufzuhören, oder sie lieber langsam daran zu gewöhnen?“
- „Ich hätte gerne, dass Søren am Wochenende einige Verabredungen zum Spielen hat. Würden Sie mir helfen, das zu regeln?“

Anliegen und Fragen vonseiten der Erzieher, die Zusammenarbeit erfordern, können sein:

- „Peter kommt oft sehr spät in den Kindergarten. Dann sind die meisten Kinder schon mitten im Spiel, und für Peter wird es schwierig, mit zu spielen. Wir denken, es wäre eine gute Idee, wenn Sie ihn früher brächten. Lässt sich das machen?“
- „Mona wirkt traurig und ist oft für sich allein. Sie stört niemanden, ist aber auch nicht fröhlich. Was halten Sie davon? Glauben Sie, dass das ein Grund zur Besorgnis ist?“
- „Sanne will oft nicht aus dem Kindergarten nach Hause, wenn Sie sie abholen. Das bringt lange Unruhe in die Gruppe, und diesen Zustand würden wir gerne ändern.“

Die Erzieher in den Kindertagesstätten sehen täglich die Eltern und auch deren Zusammenspiel mit den Kindern, wenn sie gebracht oder abgeholt werden. Die Erzieher beobachten mehr Situationen mit Kindern und Eltern als z. B. Lehrer und können es deswegen öfter für nötig erachten, Verhältnisse anzusprechen, die vielleicht Anlass zum Nachdenken geben.
Ein Teil der Zusammenarbeit findet als laufende und tägliche Gespräche über Verhältnisse oder Situationen, wie sie oben beschrieben wurden, statt. Andere Male bilden eigentliche Elterngespräche den Rahmen und wieder andere Male sind es Elternabende oder gesellige Veranstaltungen, bei denen Personal und Eltern zusammenarbeiten, um den Kindern eine schöne Weihnachtsfeier, ein Faschingsfest oder Ähnliches zu organisieren. (Das vertiefen wir in Kapitel 6).

Das Ziel der Schule

Die Volksschule unterliegt dem Volksschulgesetz und einer langen Reihe von Beschreibungen der Ziele, Teilziele sowie Endziele in den Fächern, (wichtige Kenntnis- und Fertigkeitsbereiche) und dem Ziel der vielseitigen persönlichen Entwicklung. Hinzu kommen richtungweisende Lesepläne, die die kommunalen Behörden als gültig festlegen können, oder sie können lokal eigene Lesepläne innerhalb der zentral abgesteckten Rahmen anfertigen. Außerdem sollen die Schulen jedes Jahr landesweite Tests in ausgewählten Fächern und Klassenstufen durchführen.
Die Tendenz der gesetzlichen Bestimmungen ging in den letzten Jahren in Richtung einer erhöhten Zentralisierung und Einschränkung des didaktischen Spielraums des Lehrers. Die meisten Bestimmungen sind jedoch überwiegend in weiten Zielformulierungen gehalten, die auf lokaler Ebene einen Spielraum lassen. Es liegen zurzeit keine ausreichenden Erfahrungen vor, die eine Aussage über die Auswirkungen der gestiegenen Anzahl von einheitlichen Tests auf das Verhältnis von Eltern und Pädagogen zulassen.
Im Zweckparagraphen der Schule kann man etwas über die Aufgaben [19] lesen, die die Schule gegenüber der Gesellschaft wahrnimmt. Der Paragraph ist vor kurzem geändert worden und lautet nun so:

§1. Die Volksschule soll in Zusammenarbeit mit den Eltern den Schülern Kenntnisse und Fertigkeiten vermitteln, die sie auf eine weitere Ausbildung vorbereiten und ihnen Lust darauf machen, mehr zu lernen, die sie mit der dänischen Kultur und Geschichte vertraut machen, ihnen Verständnis für andere Länder und Kulturen vermitteln, zu ihrem Verständnis des menschlichen Zusammenspiels mit der Natur beitragen, und die allseitige Entwicklung des einzelnen Schülers fördern. [20]

Außerdem soll die Schule den Unterricht so gestalten, dass er den Schülern die Möglichkeit gibt, ihre Phantasie zu entwickeln, ihnen Vertrauen in die eigenen Fähigkeiten und die Grundlage vermittelt, Stellung zu beziehen und zu handeln, sowie die Schüler auf die Teilnahme an der freiheitlich-demokratischen Gesellschaftsordnung Demokratie vorbereiten. Im Verhältnis zum ehemaligen Zweckparagraphen wird mehr Gewicht auf den qualifizierenden Aspekt gelegt (der Satz: die sie auf eine weitere Ausbildung vorbereiten ist neu), die persönliche Entwicklung verliert an Gewicht (früher hieß es: „die allseitige persönliche Entwicklung, und alle Bestrebungen im Verhältnis zur Aneignung von Wissen und Fertigkeiten sollen mitwirken an der persönlichen Entwicklung“), und schließlich soll die Schule nun Wissen und Kenntnis an die Schüler vermitteln, wo die Schule früher die Aneignung von Wissen und Fertigkeiten fördern sollte - die Auffassung vom Lernen wird also passiver. (Das Wissen kann an die Schüler weitergegeben werden.)

Die Aufgabe der Schule besteht vor allem darin, den Schülern Kenntnisse und Fertigkeiten zu vermitteln, ihnen zusätzlich Gesellschafts- und Kulturverständnis beizubringen, und sie zu weiterer Ausbildung und als Bürger in einer demokratischen Gesellschaft mit Rechten und Pflichten zu qualifizieren.
Diese Aufgabe soll die Schule dadurch bewältigen, dass sie eine ganze Reihe von Fächern, fachüberbgreifenden Themen, Problemstellungen und Projekten unterrichtet. Außerdem soll die Schule in den nicht an feste Stunden gebundenen Fächern den Schülern u. a. beibringen, wie man sich im Verkehr verhält und gesund lebt. [21]

Seit Neuestem sollen die Schulen außerdem (seit 1. August 2006) einen Schülerplan für alle Schüler in allen Klassenstufen (auch für die Vorschulklasse) ausarbeiten.[22] Der Schülerplan soll Informationen über die Resultate der laufenden Evaluation des Unterrichts in allen Fächern beinhalten (und den nationalen Tests, wenn diese durchgeführt werden), damit Schüler, Lehrer und Eltern die Resultate verfolgen und dazu beitragen können, dass der Schüler die vorgegebenen Ziele erreicht. Der Schülerplan kann Informationen darüber enthalten, welchen Beitrag die Eltern allgemein zum schulischen Erfolg ihres Kindes leisten können, aber auch über die übrigen Verhältnisse und das Verhalten des Schülers in der Schule. Die Schulen waren schon früher dazu verpflichtet, laufend Evaluationen durchzuführen, und die Eltern darüber zu unterrichten, aber mit der Einführung von Schülerplänen wird der Bereich weiter formalisiert, umfassender und zielgerichteter gestaltet als früher.
Insgesamt wird das fachliche Lernen des Schülers stärker in den Mittelpunkt gerückt. Der Lehrer soll den Schülern zu bestimmten Fachbereichen Wissen und Fertigkeiten vermitteln, weil es Fachbereiche sind, in denen Tests durchgeführt werden.
Wir stehen den Veränderungen im Volksschulgesetz, die nationalen Tests große Bedeutung beimessen und die Qualität des fachlichen Unterrichts anheben sollen, kritisch gegenüber. Die Arbeit mit den Tests könnte den Unterricht auf eine Art und Weise dominieren, welche die Arbeit u. a. am Wohlbefinden der Schüler in der Klasse und deren persönliches Gedeihen unverhältnismäßig in den Hintergrund drängt (s. z. B. Skaalvik & Skaalvik 2007). Das Verständnis vom Lernen, wie der Zielparagraph es formuliert, stimmt nicht mit der neueren Forschung und dem Wissen über Lernprozesse überein. So kann der Lehrer in seiner Arbeit in einen Konflikt zwischen den politischen Absichten des Gesetzes und seinem professionellem Wissen und seinen Kompetenzen geraten.

Fokus auf den Unterricht

In der Schule finden sowohl Sozialisierung als auch Erziehung und Unterricht statt, aber im Mittelpunkt steht der Unterricht. Unter Unterricht versteht man die gemeinsame Beschäftigung mit einer Sache oder einem Fach, mit einem Lehrer als Leiter der Lernprozesse und den Schülern als Teilnehmern.

Traditionell wird Unterricht durch das didaktische Dreieck definiert:

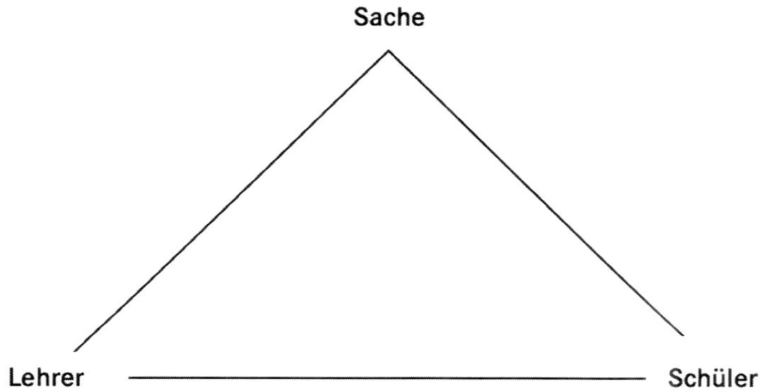

Das Dreieck soll illustrieren, dass es im Unterricht immer eine zu vermittelnde Sache oder ein Fach zwischen den Teilnehmern des Unterrichts gibt - ein gemeinsamer Nenner, zu dem sie sich verhalten. Die Beziehungen Lehrer - Schüler, und die der Schüler untereinander haben weiterhin entscheidende Bedeutung, aber sie sind der Arbeit an der Sache untergeordnet. Das, was im schulischen Zusammenhang für den Lehrer von größtem Interesse ist, ist das Verhältnis des Schülers zum Inhalt des Unterrichts. Die Art des Lehrers, sein Verhältnis zum Thema, zu jedem einzelnen Schüler und zu dem gegenseitigen Verhältnis der Schüler untereinander wirken sich auf das Verhältnis des Schülers zur Sache und auf seine Lernmöglichkeiten im konkreten Zusammenhang aus.
Die Kernleistung der Schule ist der Unterricht, aber ein optimales Lern- und Entwicklungsmilieu kann nur geschaffen werden, wenn der Lehrer auch am Gedeihen der Schüler und den wechselseitigen Beziehungen arbeitet.

Inhalt der Zusammenarbeit zwischen Schule und Elternhaus

In der Schule bezieht sich jede Zusammenarbeit klar auf primär auf das Lernen des Schülers. Gesetzlich vorgegeben ist außerdem, dass auch die Eltern in diese Zusammenarbeit miteinbezogen werden.
In § 8, Absatz 4 des Volksschulgesetzes heißt es: In jeder Klassenstufe und in jedem Fach arbeiten Lehrer und Schüler laufend an der Festlegung der Ziele, die erreicht werden sollen, zusammen. Die Arbeit des Schülers wird unter der Berücksichtigung dieser Ziele festgelegt. Die Festlegung von Arbeitsformen, Methoden und Stoffwahl soll in größtmöglichem Umfang (unsere Hervorhebung) aus der Zusammenarbeit zwischen Lehrern und Schülern hervorgehen.

Die Lehrer sollen in hohem Maße mit den Schülern und außerdem mit den Eltern zusammenarbeiten. Ein Teil der Elternarbeit wird in der Schule als „Dreiecksarbeit“ zwischen Eltern, Lehrern und Schülern vor sich gehen. Im Folgenden unterscheiden wir nicht, wann alle drei Parteien teilnehmen, und wann es nur die Erwachsenen sind - darauf kommen wir in Kapitel 6, S. 118 zurück. Hier konzentrieren wir uns in erster Linie darauf, viele Bereiche aufzuzeigen, in denen zusammengearbeitet werden kann oder soll. Wieder wollen wir festhalten, dass der Lehrer durch seine Einstellung (und Ausbildung) und Kraft seiner Rolle als Lehrer der Leiter dieser Zusammenarbeit ist, und damit den Rahmen vorgibt. Es ist nicht die Rede von einer gleichen Zusammenarbeit im Sinne von gleich großem Einfluss und gleichen Aufgaben, sondern von einer gleichwertigen Zusammenarbeit: Alle Parteien repräsentieren eine relevante und prinzipiell unentbehrliche Perspektive in der Zusammenarbeit, und die Zusammenarbeit ist auf ein Ziel gerichtet, bei dem es darum geht, den Nutzen des Schülers aus dem Unterricht zu optimieren.

Bei der Elternarbeit geht es also primär um das Lernen des Schülers und seinen Nutzen aus dem Unterricht, aber auch um Gedeihen und Entwicklung des Schülers. Beim Gedeihen des Schülers geht es z. B. darum, wie der Schüler in das Sozialleben einbezogen ist, ob er/sie Freunde hat und froh ist. Bei der Entwicklung des Schülers geht es z. B. um die biologische Entwicklung in Bezug auf die Lesefähigkeit oder inwieweit er/sie in die Pubertät gekommen ist, die Regel bekommen hat o. ä.

Manchmal soll der Lehrer lediglich dafür sorgen, dass eine Zusammenarbeit zwischen den Eltern etabliert wird, damit sie sich z. B. über die Einnahme von Alkohol in der Freizeit und auf Partys verständigen können.

In Bezug auf den fachlichen Unterricht können die Eltern primär an der Zusammenarbeit teilnehmen, um die Ziele zu realisieren, die der Lehrer für den Unterricht angesetzt hat, und die in der Zusammenarbeit mit dem Schüler für dessen Lernfortschritt gesetzt wurden. Hierbei können die Eltern den Schüler unterstützen und fordern. Manchmal können die Eltern als Ressourcen im fachlichen Unterricht auftreten, wenn sie z. B. durch ihre eigene Arbeit Besuche bei Betrieben arrangieren oder in Teilbereichen (als Gastlehrer) selbst unterrichten können.

Betrachtet man die gesamte Volksschulzeit eines Kindes, so dreht sich das Verhältnis Eltern - Lehrer in der Zeit der Einschulung (der Integration des Schülers in die Schule) vor allem um das Gedeihen und die Entwicklung, während das Fachliche in der Mittelstufe im Zentrum stehen wird, und das entwicklungsbezogene Fachliche und Pläne nach der Volksschule die wichtigsten Themen am Ende des Volksschulbesuchs sein werden (die weitere Integration des Schülers in die Gesellschaft).

Wieder wird sich, wie bei der Elternarbeit in den Kindertagesstätten, ein großer Teil der Zusammenarbeit darum drehen, die notwendigen und relevanten Informationen zwischen Schule und Elternhaus auszutauschen (das vertiefen wir in Kapitel 4).

Typische Situationen bei der Zusammenarbeit

Wenn die Eltern sich an die Lehrer wenden, kann es z. B. um Folgendes gehen:

- Bente braucht täglich mehrere Stunden für ihre Hausaufgaben. Da sie in die 4. Klasse geht, findet ihre Mutter das zu extrem.
- Sofie will beim Sport nicht mitmachen, weil sie als erste in ihrer Klasse die Regel bekommen hat, und sie es den anderen nicht sagen will.
- Mads will nicht zur Schule, weil er einen Streit mit Morten hatte.
- Signe hat ihrer Mutter erzählt, dass sie findet, dass ihr Mathematiklehrer sie „auf dem Kieker“ hat und dass sie ihm nie etwas recht machen kann. Signe hat ihren Eltern zufolge gänzlich die Lust an Mathematik verloren.
- Mette ist jeden Tag traurig, wenn sie in die Schule muss. Sie hat Bauchweh und manchmal weint sie. Mettes Mutter glaubt, dass es daran liegt, dass Mette zu einer Gruppe von drei Mädchen gehört, in der fast die ganze Zeit über eine von ihnen ausgeschlossen wird.

Wenn die Lehrer sich an die Eltern wenden, kann es um Folgendes gehen:

- Jonas hat beinahe nie sein Sportzeug dabei. Er möchte sehr gerne mitmachen, und ist deswegen sehr traurig.
- Jörgen hat Schwierigkeiten beim Lesen und der Lehrer schätzt, dass es in erster Linie an mangelnder Übung liegt. Die Abmachung mit der gesamten Klasse ist, dass alle Schüler jeden Tag 20 Minuten zuhause lesen sollen, aber Jörgen schafft das nicht.
- Pia kommt oft in sehr schmutziger Kleidung in die Vorschulklasse. Unmittelbar bereitet das keine Probleme im Verhältnis zu ihren Kameraden, aber es bedrückt den Lehrer, teils aus Rücksichtnahme auf Pia selbst, teils weil ihr das im Laufe der Jahre Probleme bereiten kann.
- Mette schwänzt immer wieder die Schule. Sie hat in der 7. Klasse damit angefangen, und seit den Sommerferien kommt es sehr viel häufiger vor. Darüber hinaus ist sie unvorbereitet, wenn sie in die Schule kommt.

Die Beispiele zeigen, dass man in die Zusammenarbeit sehr viel Fragen und Themen einbeziehen kann, wenn es sich um Dinge handelt, die konkret Bedeutung für das Gedeihen des Kindes, dessen Entwicklung und Lernen haben, und die das Wohl des Kindes berücksichtigen. Die Eltern wählen den Glauben, politische Überzeugung, Werte, Normen usw. selbst. Diese muss der Pädagoge respektieren - egal wie sehr sie ihn auch kränken mögen - solange das Wohl des Kindes nicht in Gefahr ist. Das bedeutet jedoch nicht, dass die Pädagogen es unterlassen sollen, den Eltern mögliche Konsequenzen ihrer Wahl zu verdeutlichen, wie sie im Schulalltag auftreten können. Wenn Bent z. B, weil seine Eltern Zeugen Jehovas sind, jedes Mal traurig wird, wenn er nicht auf eine Geburtstagsfeier gehen kann, so soll der Lehrer das den Eltern mitteilen.

Doch die Eltern müssen selbst entscheiden, wie sie mit dieser Information am besten umgehen. Wenn es nicht mehr möglich ist, mit ausreichendem Nutzen zusammenzuarbeiten.
Pädagogen haben in einer Reihe von Fällen die Pflicht, die kommunalen Behörden zu benachrichtigen.
Im dänischen Sozialgesetz steht über Behördenmeldung Folgendes: „öffentlich Angestellte müssen die Kommune in Kenntnis setzen, wenn ihnen Verhältnisse bekannt werden sollten, die die Vermutung aufkommen lassen, dass ein Kind oder ein Jugendlicher unter 18 Jahren Bedarf für besondere Unterstützung hat.“ [23]
Weiter wird im Erlass vertieft, dass: „die Pflicht zur Meldung besteht, wenn es keine zumutbare Gelegenheit gibt, die Schwierigkeiten selbst zu beheben.“ [24]
D.h. dass die Meldung stattfinden soll, wenn die Pädagogen von allen ihnen ihrer Meinung nach zur Verfügung stehenden Möglichkeiten Gebrauch gemacht haben, um die Schwierigkeiten zu beheben: Gespräch, Hilfestellung, Beratung usw...

Karen Glistrup (2006) zufolge glauben viele Pädagogen, dass eine Behördenmeldung der Schritt kurz vor einer Zwangsfortnahme ist. So ist das aber nicht. Es geht allein darum, dass man als Pädagoge von einem Kind erfährt, das besondere Unterstützung braucht und wohlgemerkt einer Stütze, die sich trotz wiederholter Versuche nicht unmittelbar im Netzwerk des Kindes etablieren lässt. Karen Glistrup bemerkt: „Zu melden bedeutet, Fürsorge auszudrücken - für die ganze Familie. Wenn ich eine Meldung schicke, ist das eine Art, auf die ich für Menschen sorgen kann, die sich selbst nicht die Hilfe holen können, die sie für sich selbst und ihre Kinder brauchen.“ (Glistrup 2006, S. 189).
Im Prinzip kann eine Meldung durch einen Anruf beim kommunalen Jugendamt erfolgen. Oft wird jedoch das Jugendamt den Wunsch einer schriftlichen Anzeige äußern.[25] Im Falle einer Meldung an die Behörden ist es wichtig, die Zusammenarbeit mit den Eltern fortzusetzen und beispielsweise die Eltern darüber zu informieren, dass man nun vorhat, die Behörden zu benachrichtigen - und zwar warum, worüber genau und wie der weitere Verlauf sein wird. Der beste Ausgangspunkt für die weitere Zusammenarbeit der Familie mit den Behörden ist, dass die Pädagogen die Familie informieren und soweit wie möglich mit einbeziehen. In der Tat sollte die Absicht immer sein, dass eine Behördenmeldung nach Rücksprache mit den Eltern geschieht - die Ausnahme bilden diejenigen Fälle, in denen das Wohl und das Leben des Kindes bedroht sind, und eine zwangsweise Inobhutnahme des Kindes eine wahrscheinlich ist.

Überlegen Sie individuell und besprechen Sie in der Gruppe:

1. Auf einer Skala von 1 bis 10, auf der 10 sehr wichtig und 1 unwichtig markiert: Was bedeutet Elternarbeit für Sie als (künftiger) Pädagoge? Begründen Sie Ihre Einstufung!

2. Wo verläuft die Grenze bezüglich der Themen, die der Pädagoge während eines Elterngesprächs zur Sprache bringen darf?

3. Wo verläuft die Grenze bezüglich dessen, was ein Elternteil aufgreifen kann?

4. Was wäre für Sie schwierig, aber notwendig, zu besprechen?

Kapitel 4

Formen und Verlauf der Zusammenarbeit in Schule und Kindertagesstätte

Der erste Kontakt

Heutzutage bekommen viele Eltern den ersten Eindruck von Schule oder Kindertagesstätte von einer Homepage im Internet. Ein Teil der Eltern verwendet viel Zeit darauf, die Qualität von unterschiedlichen Schulen und Kindertagesstätten unter die Lupe zu nehmen, ehe sie sich entscheiden. Die meisten Eltern sprechen mit Nachbarn und Bekannten über den Ruf der Schule oder Kindertagesstätte, bevor sie sich zum ersten Mal mit dem Personal treffen. Sowohl bei der Schule als auch bei der Kindertagesstätte haben die Eltern eine gewisse Wahlfreiheit [26]. Daher haben sich einige Eltern vor der Anmeldung schon viele Gedanken gemacht, und mehrere Optionen geprüft, während andere Eltern nichts untersucht haben und möglicherweise überhaupt nicht wissen, dass sie eine Wahl haben, während wiederum andere die nächstliegende Wahl treffen (die Institution, welche die Kommune anbietet, oder die am nächsten gelegene Schule). Die Zahl der Kinder, die auf einer Privatschule beginnen, steigt weiterhin an, was davon zeugt, dass immer mehr Eltern überlegen und auswählen.

Gleichzeitig sind beinahe alle Eltern in Dänemark einmal zur Schule gegangen, die meisten von ihnen haben auch den Kindergarten besucht und haben daher sowohl eigene Erfahrungen in diesem Bereich als auch eigene Erwartungen. Viele haben auch durch die Medien und eine Reihe von Dokumentationen über z. B. Lehrer und Schule einen Eindruck vom Leben in den Institutionen.
Auf dieselbe Art und Weise haben die Pädagogen sowohl Erfahrung mit den Eltern als auch Erwartungen ihnen gegenüber. Wenn man gerade aus der Ausbildung kommt, sind die Erfahrungen gering und die Erwartungen oft von den verallgemeinernden Bildern der Medien beeinflusst, die Geschichten von anstrengenden oder abwesenden Eltern erzählen.

Wenn man sich zum ersten Mal trifft, bringen beide Parteien bereits diese unausgesprochenen Auffassungen und Erwartungen in die Zusammenarbeit mit ein. Es ist deswegen zweckmäßig, diese möglichst frühzeitig auszusprechen und sich selbst klar zu machen.
Ein gewisses Vorverständnis ist notwendig, um sich orientieren zu können, kann aber hemmend wirken und die Zusammenarbeit blockieren, wenn es in Form von Vorurteilen auftritt. Vorverständnis definieren wir als Muster von Erwartungen, das auf frühere Erfahrungen, Wissen und Haltungen beruht, während Vorurteile auf sekundären Erfahrungen und Haltungen beruhen, die verallgemeinert werden.
In einer Kindertagesstätte wird das erste Treffen üblicherweise ein Besuch sein,

bei dem Eltern und Kinder durch die Einrichtung geführt werden und die Erzieher die Eltern über eine Reihe praktischer Verhältnisse aufklären. Diese sind meistens auch auf einem Faltblatt formuliert, das die Eltern mit nach Hause bekommen.
In der Schule ist der erste Kontakt die Einschreibung oder der erste Schultag - beide Tage können von großen Erwartungen und Spannungen, sowohl für die Kinder als auch für die Eltern, begleitet sein.

Yasmin soll an der örtlichen Schule eingeschrieben werden (eine Schule, in der ca. ein Drittel der Schüler einen Migrationshintergrund aufweisen) und ist wie alle anderen Kinder sehr gespannt auf diesen Tag. Yasmins Mutter ist Dänin, während Yasmins Vater vor zehn Jahren als Flüchtling aus dem Iran nach Dänemark gekommen ist. Yasmin gleicht äußerlich ihrem Vater, sie ist sprachlich gut entwickelt und kann bereits lesen und ein wenig schreiben.
Es ist Yasmins Vater, der bei der Einschreibung dabei ist. Die Klassenlehrerin Bente nimmt sie in Empfang. Sie möchte entgegenkommend und freundlich sein, und als sie Yasmin und ihren Vater empfängt, spricht sie sehr langsam und deutlich mit Yasmin, da sie davon ausgeht, dass weder Yasmin noch ihr Vater besonders gut Dänisch verstehen. Yasmin verwirrt das ein kleines bisschen und sie wird aufgrund der Art, auf die Bente spricht, unsicher und gerät deswegen etwas ins Stocken. Als sie mit den Formalitäten fertig sind, sagt Bente zu Yasmin: „Da drüben ist Mustafa, mit ihm kannst du etwas spielen". Mustafa ist das einzige der übrigen Kinder mit Migrationshintergrund. Wieder ist Yasmin irritiert: „Wieso soll sie nun mit Mustafa spielen, wenn sowohl Maiken als auch Christina, mit denen sie normalerweise spielt, auch da sind?" Sie geht dann auch zu ihnen hin, aber als Yasmin und ihr Vater von der Schule nach Hause gehen, fragt Yasmin: „Wieso hat die Lehrerin so komisch gesprochen? War sie krank oder fehlt ihr etwas?"

In dieser Situation spielt Bentes „Vorurteil" ihr einen Streich: Sie generalisiert, so dass ein Kind mit Migrationshintergrund unwillkürlich zu einem Kind wird, das Schwierigkeiten mit der dänischen Sprache hat. Obwohl diese Interpretation bestimmt für einen Teil der Kinder in dieser Gruppe zutrifft, ist es ganz wichtig, nicht von einer allgemeinen Statistik auf das einzelne Individuum zu schließen. Im oben genannten Beispiel hätte die Lehrerin zunächst prüfen müssen, ob ihr Vorwissen auch in diesem Fall Gültigkeit besitzt. Sie hätte damit anfangen können, den Vater zu fragen, ob es sprachliche Probleme gibt, und ob der Dolmetscher (der anwesend ist) beim Gespräch dabei sein soll. Danach kann sie mit Yasmin sprechen, ihr zuhören und darauf eingestellt sein, das Gespräch mit dem von Yasmin verwendeten Wortschatz fortzuführen. Mit dieser Herangehensweise hätte sich schnell gezeigt, dass Yasmin ausgezeichnet Dänisch spricht und bereits einzelne Wörter lesen und schreiben kann. Es kann auch sein, dass Bente im Allgemeinen unsicher gegenüber Kindern mit n Migrationshintergrund ist, weil das etwas relativ Neues im Schulbezirk ist.
In dieser Situation können Kollegen herangezogen werden, um solche Unsicherheiten, Vorurteile und Vorverständnisse zu besprechen, und es somit für

Bente leichter zu machen, in der Situation professionell zu handeln. Denken Sie darüber nach, wie die Situation wahrscheinlich ganz anders verlaufen wäre wenn Yasmins dänische Mutter dabeigewesen wäre!

Die tägliche Zusammenarbeit in Kinderkrippen und Kindergärten

In den Kinderkrippen besteht täglich die Möglichkeit, mit den Erziehern zu sprechen und relevante Informationen über das Kind auszutauschen.
Häufig wird ein Teil dieser Informationen auf eine Tafel geschrieben (besonders Aktivitäten in der jeweiligen Woche, wie viel und wann die Kinder geschlafen haben u. ä.) oder in Elternbriefen mitgeteilt (Papier oder Internet), während der Rest zwischen den Eltern und dem Personal ausgetauscht wird. Die Elternbriefe beinhalten üblicherweise Informationen über das Personal, die Kinder, besondere Aktivitäten in naher Zukunft und manchmal auch kleine Geschichten über drollige Erlebnisse in der Einrichtung.
Wenn ein neues Kind aufgenommen wird, und bei speziellen Vorkommnissen (Krankheit, Scheidung u. ä.) wird sehr viel Zeit auf den Austausch von Informationen verwendet, und je länger das Kind in der Einrichtung ist, desto geringer ist zumeist das Bedürfnis. Solange die Kinder so klein sind, dass sie nicht selbst sprechen können, berichtet das Personal den Eltern vom Tag des Kindes und besonderen Erlebnissen, und umgekehrt. Anfangs werden beide Parteien also über das Kind sprechen, während es anwesend ist. Sobald es möglich ist, soll das Kind mit einbezogen werden und selbst von den Erlebnissen des Tages berichten. Es kann natürlich auch Bereiche geben, in die das Kind nicht einbezogen werden soll.
Sowohl die Eltern als auch die Erzieher müssen das richtige Maß für den Austausch von Informationen finden: Nicht zuviel und nicht zu wenig!

Vivian ist eine Mutter, die sehr aufmerksam gegenüber den Signalen und dem Wohlbefinden ihrer Tochter Anna ist. Wenn sie Anna in die Kinderkrippe bringt, will sie gerne jeden Tag ihre Erfahrungen und Überlegungen mit den Erziehern teilen, deswegen berichtet sie ausführlich und detailliert über das Wecken, Anziehen, Essen, und den Weg zur Krippe.
Vivian möchte ebenfalls gerne einen entsprechenden, ausführlichen Bericht, wenn sie Anna abholt. Aber es ist für die Erzieher weder möglich noch relevant, jeden Morgen an einem so langen Gespräch teilzunehmen, oder jeden Tag einen Bericht in diesen Dimensionen abzuliefern. Tine, die Pädagogin, die Anna aufgenommen hat, hat die lang gezogenen Übergaben satt, aber Vivian ist sowohl liebenswert als auch aufmerksam, sodass es schwierig ist, nein zu sagen. Trotzdem ist genau das notwendig, da Vivian ansonsten immer mehr insistiert, je mehr sie spüren kann, dass Tine nicht richtig aufmerksam ist.

Tine muss Vivian daher sagen, dass sie ihre Liebe und Interesse für Anna verstehen kann, aber dass die langen Übergaben weder möglich noch für Annas Wohlbefinden notwendig sind, und dass sie die Aufmerksamkeit des Erziehers für zu lange Zeit von den Kindern ablenken.

Hans ist der Vater des zweijährigen Marius, und die Arbeitsteilung sieht so aus, dass er ihn bringt, während Marius' Mutter ihn abholt. Hans arbeitet viel und oft hat die Arbeit bereits begonnen, wenn er Marius bringt. Manchmal telefoniert er mit dem Handy, während er Marius auszieht, ihn zur Gruppe hineinbringt und zum Abschied winkt. Eines Tages, als sie einen Ausflug machen sollen, wird Marius genau so gebracht. Erzieher und Kinder machen sich auf den Weg, aber Marius wirkt den ganzen Tag über müde und lustlos. Er beklagt sich darüber, dass er vom Bus zum Museum gehen soll, und insgesamt hat er nicht viel von dem Ausflug. Als Marius' Mutter ihn abholt und die Erzieher von seinem Tag erzählen, sagt die Mutter: „Ja, aber Marius hat heute Nacht ganz schlecht geschlafen. Wir dachten, dass er vielleicht gerade krank wird. Hat Hans das nicht gesagt?"
Hier würde etwas mehr Information Marius' Tag besser machen: Die Erzieher würden ihn vielleicht zuhause lassen (wo er mehr Gelegenheit hätte, sich auszuruhen), und sie hätten bessere Möglichkeiten dazu gehabt, ihn zu fragen, wie es ihm geht. Hier wird deutlich, dass es notwendig ist, die Eltern darum zu bitten, geistesgegenwärtig zu sein, sowohl zu Beginn des Tages, als auch beim Abholen - auch wenn das schwer sein kann.

Zusammenarbeit beim Übergang vom Kindergarten in die Schule

Meistens wird die Zusammenarbeit mit den Eltern beim Übergang von der einen Institution zur anderen intensiviert. Die Eltern in der Kinderkrippe wünschen vielleicht, mit den Erziehern darüber zu sprechen, inwieweit ihr Kind mehr Herausforderungen braucht, wenn nach und nach nur noch wenige Kinder derselben Altersstufebleiben, oder das Gegenteil der Fall ist: Sie sind darum besorgt, wie das Kind damit zurechtkommen soll, plötzlich das Kleinste zu sein, wenn es zuvor noch zu den Größten zählte.
Im Kindergarten kommen außerdem mehr Kinder auf einen Betreuer. Deswegen gibt es täglich weniger Kontakt mit den Erwachsenen, wenn man sein Kind bringt und wieder abholt. Statt der gewohnten täglichen Berichte über den Schlaf des Kindes, sein Ess- und Spielverhalten erfährt man im Kindergarten oft nur, wenn etwas Besonderes vorgefallen ist.
Der größte Übergang ist aber der vom Kindergarten in die Schule und hier gibt es, wie man weiß, einen besonderen Übergangsverlauf, der ein Jahr lang andauert, nämlich die 0. Klasse (Vorschule). Ehe das Kind so weit ist, hat es für gewöhnlich Gespräche zwischen Erziehern und Eltern über die Einschätzung bezüglich der Schulreife des Kindes gegeben.

Das vorrangige Ziel der Vorschulklasse ist es, das Fundament für die Arbeit der Schule an der umfassenden Persönlichkeitsentwicklung des Kindes zu legen. In der Vorschulklasse macht das Spielen nach wie vor ein zentrales Element aus, und der Unterricht soll darin seinen Ausgangspunkt haben. Das Ziel ist, die Schüler zu motivieren und sie darauf vorzubereiten, am Schulunterricht teilnehmen zu können.

In der Vorschulklasse müssen Eltern und Kinder bezüglich der großen Veränderung, die es für einen Teil der Kinder ist, vom verhältnismäßig freien Kindergarten zu einem stärker strukturierten Alltag überzugehen, zusammenarbeiten. Zum Beispiel sollen die Kinder nun zu einer bestimmten Zeit anwesend sein, und das kann für viele Eltern eine große Herausforderung sein! In der Vorschule gibt es Pausen, und die Kinder stehen nicht mehr unter derselben intensiven Aufsicht wie im Kindergarten, sie sind z. B. auch nicht physisch in einem bestimmten Bereich „eingesperrt". Dieser Gedanke kann auch für Eltern schwierig sein.

Die tägliche Zusammenarbeit in Schule und Schulhort

Wenn das Kind in die Schule kommt, ändert sich die tägliche Zusammenarbeit gewaltig. In der Vorschulklasse werden die meisten Kinder immer noch zur Schule begleitet und somit von den Eltern gebracht, aber bereits in der ersten Klasse werden die meisten Kinder selbst in die Klasse gehen (sie werden vielleicht zur Schule gebracht, aber gehen das letzte Stück in die Klasse allein). Wie bereits beim Übergang von der Krippe zum Kindergarten gibt es in der Vorschule weniger Erwachsene für die Gruppe der Kinder, und die Eltern treffen nicht unbedingt jeden Tag auf den Klassenlehrer. Dasselbe gilt auch für den Nachmittagshort.

Die Eltern müssen sich in steigendem Maße auf die schriftliche Information des Horts und auf die Wochenbriefe stützen, die die Kinder meistens während der ersten Schuljahre mit nach Hause bekommen. Die meisten Lehrer legen den Wochenbriefen sowohl einen Unterrichtsplan als auch Informationen über praktische Gegebenheiten (Hausaufgaben, geplante Ausflüge usw.) bei. Die Eltern haben in steigendem Maße auch die Kinder als Informationsquellen - besonders wenn es den Eltern gelingt, ein Gespräch mit den Kindern über die Begebenheiten des Tages in Gang zu bringen. Auf die Frage: „Was hast du heute in der Schule gemacht?" erhalten die meisten Eltern die Antwort: „Nichts Besonderes". Diese Frage ist zu allgemein, aber der Wochenplan des Lehrers kann eine Hilfestellung für konkretere Fragen sein.

Beispiel für einen Stundenplan der 3.b

	Montag	Dienstag	Mittwoch	Donnerstag	Freitag
1. Stunde	Dänisch/ Christentum *Als das Meer salzig wurde.* Ein Erzählverlauf darüber, warum das Meer salzig ist. Lehrer-erzählung, Arbeit in Gruppen mit Abschnitten der Geschichte	Kunsterziehung Arbeit mit Zeichnungen zur Erzählung *Als das Meer salzig wurde.*	Mathematik Im Computerraum mit Mathematikpro-grammen und -spielen. Alle drei Stunden.	Dänisch/ Christentum Fertigstellen der Erzählungen in den Gruppen, ein gemeinsames Fries erstellen, die Gruppen erzählen ausgehend von den Zeichnungen.	Bibliothek: Ahmad und Rebecca haben Buchbespre-chung! An die Bücher denken!
2. Stunde					3. Woche: Ausflug mit dem Thema: *Das Meer und der Strand im Winter.*
3. Stunde	Mathematik: Wir arbeiten mit dem Buch S. 23 und 24über Geld, Zusammenzählen und Teilen kleinerer Beträge.	Sport: Ballspiel. Turnzeug nicht vergessen!		Mathematik: Wir arbeiten auf S. 25 über Briefmarken.	
4. Stunde					Beide Male an Lunchpaket und passende Kleidung denken!
5. Stunde	Klassenzeit: Wir werden eine neue Kuchenliste machen und darüber sprechen, wozu die „Klassenzeit" in den nächsten Wochen verwendet werden soll.	Musik			Schwimmen: An Schwimmzeug denken und beachten, dass wir erst um 13.30 Uhr zurück sind.

Erwartungen anpassen

Es ist wichtig, dass Eltern, Lehrer und Erzieher die gegenseitigen Erwartungen für die tägliche Zusammenarbeit immer wieder neu justieren. Täglicher und umfassender Kontakt ist im Schulalltag meist nicht möglich. Umso wichtiger ist es, dass sich Eltern, Erzieher und Lehrer gegenseitig informieren, wenn bestimmte Verhältnisse das erfordern. Wenn Eltern, Erzieher oder Lehrer in Bezug auf ein Kind besorgt sind, sollte auf jeden Fall Kontakt aufgenommen werden.

Sigurd geht in die erste Klasse und er ist die ganze Zeit über sehr gern zur Schule gegangen. Plötzlich - ohne erkennbaren Grund - wird er im Herbst in der ersten Klasse öfter traurig in der Schule und auch im Nachmittagshort. Er ist betrübt, weint schnell und will dann nach Hause. Zuerst bemerkt es die Lehrerin. Sie versucht, mit Sigurd darüber zu sprechen, aber sie kommt der Sache nicht näher: Er mag die Schule, er wird nicht gehänselt, es gibt keine besonderen Probleme zuhause. Die Lehrerin kontaktiert die Eltern und die reagieren sehr überrascht, denn zuhause ist Sigurd fröhlich und sagt nichts Negatives über die Schule. Im Laufe der nächsten Tage wenden sich auch die Erzieher des Hortes an die Eltern, weil Sigurd auch dort plötzlich traurig ist. Weder die Eltern noch die Lehrer und Erzieher oder Sigurd selbst können verstehen, warum, aber alle sind nun darauf aufmerksam, dass Sigurd leicht besonders traurig wird, und er erhält deswegen extra Fürsorge. Sigurd und seine Freunde sprechen davon, dass sie eine Kamera bauen wollen, die in Sigurds Kopf fotografieren kann, um herauszufinden, was ihn traurig macht. Nach ungefähr einer Woche spricht die Erzieherin Signe aus dem Nachmittagshort Sigurds Vater an, als er Sigurd abholen will. Signe und Sigurd haben zusammen herausgefunden, was los ist. Signe und Sigurd haben zusammen gezeichnet. Sigurd hat Pyramiden gezeichnet, weil die ganze Familie neulich in Ägypten gewesen ist.
Während sie dasitzen, zeichnen und reden, kommt heraus, dass sich die Familie viele Grabkammern angesehen hat und viel darüber gesprochen hat, wie die Ägypter mit den Toten umgegangen sind. Sigurd kam daraufhin der Gedanke, dass seine Eltern auch einmal sterben werden, und er hat Angst davor, von ihnen getrennt zu sein - falls sie sterben sollten. Sigurd spricht weiter mit seinem Vater über das Ganze, als sie nach Hause kommen. Er zeichnet ein Bild von dem Grab, das er für seine Eltern machen will, und sagt, dass er ihnen jedes Jahr zum Geburtstag rote Rosen aufs Grab legen will. Nach diesem Tag wird er in der Schule nicht mehr traurig darüber. Der Austausch der Erwachsenen über Sigurd und ihre erhöhte Aufmerksamkeit machte es möglich, das Problem gemeinsam zu lösen.

Die Eltern erwarten es auch, informiert zu werden, wenn es in der Schule ernsthafte Zusammenstöße oder Konflikte, wie z. B. eine Schlägerei unter den Jungs oder gewaltigen Streit unter den Mädchen gegeben hat, die in beiden Fällen mit Weinen und dem Eingreifen des Lehrers als Schlichter in die Konflikte endeten. Falls der Konflikt ein Einzelfall bleibt, passiert meistens nicht mehr. Kommt es

jedoch wiederholt zu Konflikten unter bestimmten Kindern, kann der Lehrer die Eltern dazu auffordern, zueinander Kontakt aufzunehmen und zusammen mit den Kindern zu versuchen, neue Wege zu finden - es kann sein, dass der Lehrer als Moderator an so einem Gespräch teilnimmt (darüber mehr in Kapitel 8).
Die laufende Zusammenarbeit in der Schule hat z. B. auch oft mit den Hausaufgaben zu tun: Benötigt das Kind die Hilfe der Eltern, um Hausaufgaben zu machen und den Schulranzen zu packen? Sie kann sich auch darum drehen, dass Lehrer oder Erzieher bemerken, dass das Kind zu wenig Essen dabei hat, hungriger wirkt, und vielleicht die anderen Kinder nach Essen fragt, das sie selbst nicht essen können.
Einige Lehrer benutzen das Mitteilungsheft des Kindes für solche Kommentare, aber es wird immer üblicher, dass die Lehrer anrufen, während die Eltern das Heft benutzen, um eine Befreiung von der Schule zu erbitten, oder das Fernbleiben des Schülers aus Krankheitsgründen zu entschuldigen. Viele Lehrer verteilen heute bereits ihre E-Mail-Adresse und Telefonnummer und geben einen Zeitraum an, wann man sie am besten erreichen kann. E-Mail und Telefon eignen sich gut für den kleinen, unkomplizierten Austausch: „Helfen Sie bitte Mads bei seinen Mathematikhausaufgaben,“ oder „Es ist wichtig, dass Sie mit Sofie jeden Tag fünf Minuten lang lesen, um ihre Lesefähigkeit zu trainieren“. Anstöße, die größere Anstrengung vonseiten der Eltern erfordern oder gar als Kritik aufgefasst werden können, machen oft ein persönliches Treffen erforderlich. [27]

Wiederkehrende Formen der Zusammenarbeit: Elterngespräche, Elternabende und gemeinsameVeranstaltungen

Der Elternabend in der Kindertagesstätte

Es gibt in Schule und Kindertagesstätte eine Reihe von wiederkehrenden Zusammenkünften in der Zusammenarbeit, nämlich Gespräche mit dem einzelnen Elternpaar, mit Gruppen von Eltern und verschiedene kulturelle Veranstaltungen für Kinder, Eltern und Pädagogen. Wir sehen uns im Folgenden Inhalt und Form dieser Zusammenkünfte näher an.
Lediglich dann, wenn eine Kindertagesstätte neu gegründet wird, fangen alle Kinder gleichzeitig an. Ansonsten gibt es laufend Neuzugänge, was den Beginn der Zusammenarbeit individueller macht als in der Schule, wo Gruppen von Kindern und Eltern gleichzeitig anfangen, sodass ein großer Teil der Einführung in der Gruppe stattfindet.

Eine Kindertagesstätte hält normalerweise Elterngespräche kurze Zeit (3 Monate) nach der Aufnahme ab, und ansonsten ein- bis zweimal im Jahr. Die gewöhnlichen Elterngespräche behandeln wir separat in Kapitel 6.
Hier wollen wir uns auf Elternabende und gemeinsame Veranstaltungen konzentrieren. Elternabende werden normalerweise ein- bis zweimal im Jahr abgehalten.

In Kinderkrippen und Kindergärten wird ein gemeinsamer Elternabend für alle Gruppen und ein Gruppenelternabend abgehalten.

Generell gibt es drei inhaltliche Hauptbereiche auf diesen Elternabenden:

1. Informationen über die Einrichtung (wirtschaftlich-finanzielle Fragen, pädagogische Grundhaltungen und Traditionen usw.).
2. Die pädagogische Arbeit in der Institution (z. B. Berichte über das aktuelle Leben der Kindergruppe: Womit sind die Kinder beschäftigt? Welche besonderen Aktivitäten haben stattgefunden oder stehen noch bevor? Es besteht die Möglichkeit, dass alle Eltern davon erzählen, wie es ihren Kindern zurzeit in der Einrichtung geht.
3. Zusammenarbeit in der Elterngruppe: Werte und Erziehung, Fragen, die die Eltern zu ihrem Vorteil untereinander besprechen und diesbezüglich Vereinbarungen treffen können.

Unter Punkt 2 ist es wichtig, abzuwägen, welche Themen aus pädagogischen Gründen ausführlicher besprochen werden sollen.
Macht man z. B. die Elternrunde, sollen die Erzieher darauf eingestellt sein, diese zu leiten, wie sie auch Kinderrunden leiten. Man sollte sich vorab überlegen, welche Frage man den Eltern stellen will und welche Themen das nachfolgende Gespräch ausfüllen sollen. Die Erzieher sollen auch bei der Vorbereitung überlegen, welche Geschichten sie vom Alltag der Kinder erzählen wollen - und mit welchem Ziel. Oft macht es Sinn, einen besonderen Fokus zu haben, z. B.: Wie gehen wir hier in dieser Einrichtung mit Konflikten unter den Kindern um? Wie verstehen wir Konflikte und wie gehen wir auf konkrete Beispiele ein? Was möchten wir den Kindern gerne beibringen? Ein anderes Thema, das immer wieder auftaucht, ist die Frage, wie sich die Kinder untereinander abgrenzen und wer mit wem spielt.
Bezüglich Punkt 3 kann es relevant sein, Raum für den Austausch der Eltern untereinander zu Erziehungsfragen zu schaffen, zu dem die Erzieher mit ihrem Wissen und ihrer Erfahrung beitragen können. In der Kinderkrippe haben die Eltern meist wenig Berührung miteinander außerhalb der Einrichtung, weil die Kinder außerhalb der Einrichtung noch wenig miteinander spielen. Aber vom Kindergarten an aufwärts kommen die Eltern immer mehr ohne die Vermittlung der Institution in direkten Kontakt. Ein Elternabend bietet einen besonderen Rahmen und die Möglichkeit, wesentliche Fragen in der Elterngruppe zu bearbeiten und zu verhandeln.
Vom Kindergartenalter an wird es in der Elterngruppe oft unterschiedliche Ansichten darüber geben, wie man einen Kindergeburtstag gestaltet:
Ist es in Ordnung, nur zwei oder drei Kinder aus der Gruppe nach Hause einzuladen? Wie sieht es mit Geschenken aus?

Diesmal ist es Matias' Mutter, die sich an die Erzieher gewandt hat, um diesen Punkt auf die Tagesordnung zu rufen. Sie hat erlebt, dass einige Kinder fragten: „Gehst du auf den Geburtstag? Ich gehe auch!", während andere Kinder dabeistanden, die nicht eingeladen waren - darunter ihr eigener Sohn. Deswegen will sie den Punkt gerne erörtert haben, und ihre Meinung ist, dass man entweder alle Kinder einladen oder auf den Kindergeburtstag verzichten soll. Matias' Mutter denkt, dass selektive Feiern nur zur Cliquenbildung beitragen. Die Erzieher der Gruppe besprechen die Sache vor dem Elternabend und beschließen, vorzuschlagen, dass entweder die gesamte Gruppe eingeladen wird, alternativ alle Mädchen oder alle Jungen. Der Kindergarten steht für die Geburtstagsfeiern immer zur Verfügung - und außerdem wollen sie dazu auffordern, dass sich die Kinder untereinander keine Geschenke machen.

Auf dem Elternabend wird die Diskussion etwas hitzig - besonders eine Mutter verteidigt das Recht ihrer Tochter, nur diejenigen einzuladen, auf die sie Lust hat. Sie sagt: „Auch die Kinder müssen das lernen! Ich gehe schließlich auch nicht mit allen Arbeitskollegen zum Kaffeetrinken!". Andere Eltern argumentieren kräftig dagegen, und die Erzieher zeigen auf, was es konkret für die Kindergruppe bedeuten kann, wenn einzelne Kinder ausgewählt werden. Die Erzieher erklären kurz, wie schwierig es ist, eine Gruppe Kinder dazu zu bewegen, sich als Gruppe zu fühlen und zu verhalten, und dass sie es nicht als fruchtbar ansehen, Zeit darauf zu verwenden, den Kindern klar zu machen, dass man nicht alle zu einem Geburtstag einlädt. Die Erzieher stellen aber auch ganz klar heraus, wie wichtig es ist, dass die Elterngruppe einen praktischen Kompromiss in dieser Frage aushandelt.
Letzten Endes kann eine Erzieher- oder Elterngruppe doch nicht verhindern, dass eine Familie gesondert zum Geburtstag einlädt. Aber ein Dialog kann mit einer Aufforderung abgeschlossen werden, einer bestimmten Praxis zu folgen.

Elternabend in der Schule

In den allermeisten Schulen beginnen die Kinder die erste Klasse gemeinsam, d. h. Eltern, Kinder und Lehrerteam konstituieren sich als Gruppe neu. Seltener sind Einschulungsverläufe, in denen die Lehrer die Vorschulklasse und die erste, manchmal auch die zweite Klasse gemeinsam betreuen, wie zum Beispiel in einer Zwergschule. Wenn wir im Anschluss über den ersten Elternabend sprechen, gehen wir von einem Elternabend in der ersten Klasse mit neuen Kindern und neuen Lehrern aus.

Der erste Elternabend

Der erste Elternabend ist der Anfang einer Zusammenarbeit, die für die meisten Beteiligten in Dänemark bis zu neun Jahre andauert, die also einen großen Zeitabschnitt im Leben der Kinder begleitet. Dieser Gruppe von Gleichaltrigen und Eltern kommt im Leben der Kinder eine große Bedeutung zu. [28]

Es ist daher sehr wichtig, dass die Zusammenarbeit mit der Elterngruppe funktioniert, und hierbei ist der Elternabend von zentraler Bedeutung. Der Lehrer ist Leiter dieser Zusammenarbeit mit den Eltern, aber auch leitend, wenn es darum geht, die die Zusammenarbeit innerhalb der Elterngruppe auf einen guten Weg zu bringen.

Das Ziel des Elternabends ist:

- über den Jahresplan, allgemeine Unterrichtsziele und den Stundenplan der Klasse zu informieren.
- Erwartungen im Bezug auf die Zusammenarbeit zwischen Schule und Elternhaus abzuklären und anzupassen, sowie die individuellen und gemeinsamen Verantwortungsbereiche von Schule und Eltern abzuklären.
- Kontakt zwischen den Eltern zu stiften.
- Einen Elternbeirat zu wählen.
- Regeln für die Kommunikation zu präzisieren.

Die Tagesordnung [29] für den ersten Elternabend kann so aussehen (wir erläutern den Inhalt der einzelnen Punkte weiter unten):

1. Vorstellung von Eltern, Kindern und Lehrern.
2. Die Lehrer stellen den Jahresplan vor - darunter Fächer und Stundenplan.
3. Wünsche für die Zusammenarbeit zwischen Schule, Elternhaus und den Eltern untereinander, Anpassung von Erwartungen und Verantwortungsbereiche.
4. Vorschlag für eine Vereinbarung über die Zusammenarbeit.
5. Vorschlag für die Elternveranstaltung im Herbst.
6. Wahl des Klassenelternbeirats.
7. Wie kommunizieren wir künftig?

Die konkrete Vorbereitung muss selbstverständlich dem aktuellen Kontext angepasst werden: Das lokale Umfeld der Schule, die Ressourcen der Lehrer (z. B. welche Leistungsfächer) und die Kultur der Schule. Die folgenden Vorschläge sind deswegen lediglich Vorschläge, die immer im Verhältnis zu den konkreten Teilnehmern überdacht werden müssen.

Für die Vorstellung der Eltern und ihrer Kinder (die nicht anwesend sind, aber diejenigen, um die es geht) können die Lehrer vor dem Elternabend zum Beispiel Folgendes vorbereiten: Die Schüler fertigen in der Schule eine Zeichnung von ihrer Familie und Wohnung an. Beim Elternabend wird die Zeichnung dann an die Eltern ausgeteilt und dient jeder Familie als Grundlage für ihre Vorstellung.

Das bietet häufig Anlass zum Lachen (Humor ist wichtig!) und gleichzeitig hat es den Vorteil, dass die Stimme der Kinder mit einfließt. Man kann auch eine Collage aus Bildern und Zeichnungen verwenden. Bei der Vorstellung des Lehrers kann es über die formalen Informationen zum Erfahrungshintergrund und den fachlichen Kompetenzen hinaus relevant sein, etwas über pädagogische Werte zu sagen, auf die man bei seiner Arbeit als Lehrer Wert legt.
Wenn die Lehrer den Jahresplan, Fächer und Stundenplan vorstellen, wird es sehr viel zu sagen geben, auch weil die Eltern ja über Ziele, Tests und Schülerpläne informiert werden sollen. Es ist wichtig, genau zu überlegen, wie die Elterngruppe möglichst detailliert in alles eingeweiht werden kann, ohne mit Informationen regelrecht zugeschüttet zu werden. Die richtige Auswahl des Lehrerteams ist also wichtig. Ein Teil der Informationen kann möglicherweise laufend in Verbindung mit dem Wochenbrief ausgegeben werden. Das Lehrerteam kann sich bei der Auswahl selbst fragen, was zum Start des Schuljahres das Wichtigste ist, und das Gewicht hierauf legen. Ein Punkt wie die Vorlegung des Jahresplans ist kein Diskussionspunkt, sondern primär ein informativer Punkt, zu dem die Eltern Verständnisfragen stellen können.
Der nächste Punkt – Vorschläge zur Zusammenarbeitsvereinbarung – gibt hingegen Anlass zur Diskussion, zum Austausch von Auffassungen und zu Verhandlungen. Das soll nicht heißen, dass alles zur Verhandlung steht. Eher gibt es einen gewissen Deutungsspielraum. Der Punkt kann z. B. so strukturiert werden: Die Lehrer haben im Voraus im Team eine Reihe von Aussagen formuliert, die sie aufgrund ihrer Erfahrung für notwendig erachten, wenn alle den optimalen Nutzen aus der Schule ziehen sollen: Zum Beispiel: Der Schüler geht gerne in die Schule; der Schüler hat Freunde; der Schüler kommt ausgeruht zur Schule; der Schüler hat Ordnung in seinem Schulranzen und sein Pausenbrot, Federmäppchen und Sportzeug dabei; der Schüler kann sich längere Zeit auf eine Aufgabe konzentrieren. Die Eltern werden in kleine Gruppen verteilt, und sollen sich nun darüber einig werden, wer die Verantwortung für die Erfüllung der verschiedenen Aussagen trägt. Nach einem kurzen Gruppengespräch werden die Ergebnisse im Plenum vorgestellt und die Lehrer ergänzen mit ihren Auffassungen.
Danach besprechen die Eltern in neuen Gruppen, welche Wünsche sie in Bezug auf die Lehrer und die Zusammenarbeit mit ihnen haben. Sie dürfen drei Wünsche formulieren.
Auf dieselbe Weise formulieren die Lehrer drei Wünsche an die Eltern. Die Lehrer sammeln die Wünsche ein, werten die Ergebnisse aus und stellen dann diejenigen Wünsche vor, die sie unmittelbar erfüllen können und wollen, und diejenigen, die sie nicht erfüllen können oder wollen. Sie legen auch den Eltern ihre eigenen Wünsche vor. Damit ist der Entwurf für eine Zusammenarbeitsvereinbarung entstanden, und diese wird ins Protokoll eingetragen.

Wird der Vorschlag zu einer Elternveranstaltung mit Teilnahme der Kinder gemacht, weist der Lehrer auf die Bedeutung der Zusammenarbeit der Eltern untereinander hin. Es ist wichtig, dass die Eltern sich gegenseitig so gut kennenlernen, dass sie einerseits die ganze Klasse mit allen Schülern im Blick haben, und andererseits im Fall von Konflikten unter den Kindern miteinander Kontakt aufnehmen können. Nicht bei allen Missständen ist es die Aufgabe des Lehrers, diese zu bearbeiten und zu beseitigen. Manchmal ist es relevant, dass die Eltern untereinander Kontakt aufnehmen, und daran mitwirken, Konflikte unter den Kindern zu regeln. Es ist wichtig, dass die Eltern begreifen, dass sie selbst für diese Elternveranstaltungen stehen und dass die Lehrer nicht immer Zeit dazu haben, an ihnen teilzunehmen.

Dies führt zum nächsten Punkt, bei dem es darum geht, einen Klassenelternbeirat zu wählen. Er besteht aus vier bis fünf Eltern, die beispielsweise die Initiative zur Organisation einer Herbstwanderung in den Wald ergreifen, und die auch die Ansprechpartner unter den Eltern sind, zu denen der Lehrer Kontakt aufnehmen kann, wenn etwas die Zusammenarbeit der ganzen Elterngruppe erfordert (Beispiel s. Kapitel 8).
Der Elternabend schließt damit ab, dass die Lehrer zusammenfassen, wie die Kommunikation zwischen Lehrern und Eltern in Zukunft funktionieren wird, und wie die Eltern gegenseitig durch Klassenlisten miteinander in Kontakt kommen können. Manche Lehrer laden die Eltern auch ein, einmal im Unterricht anwesend zu sein - sie sollen lediglich am Tag zuvor Bescheid geben.

Die Eltern können dem Unterricht beiwohnen, um aus erster Hand einen Eindruck vom Leben in der Klasse zu bekommen, und es macht die Besuche fruchtbarer, wenn die Lehrer zuvor deutlich machen, wie sich die Eltern verhalten sollen (etwa möglichst still und unauffällig, oder möchte der Lehrer sie im Gegenteil sogar aktiv als Helfer mit einbeziehen?). So ein Besuch von Außenstehenden wirkt sich natürlich auf den Unterricht aus, sodass es für die Lehrer notwendig werden kann, solche Besuche zu begrenzen.
In Schulen, in denen viele Schüler einen Migrationshintergrund aufweisen, mehrere Sprachen sprechen und die Eltern womöglich nicht oder nur wenig Dänisch sprechen, müssen die Elternabende vielleicht anders arrangiert werden. Prinzipiell sollte dann beim Elternabend ein Dolmetscher anwesend sein. Gibt es aber mehrere Sprachgruppen in der Klasse, kann es mit einem Treffen sehr schwierig werden. In diesem Fall kann es günstiger sein, den ersten Elternabend ganz oder teilweise in kleineren Gruppen stattfinden zu lassen (z. B. nach Sprachen organisiert).

Elternabend in der ersten Klasse

Es empfiehlt sich, im Laufe des ersten Schuljahres einen weiteren Elternabend abzuhalten, um über den Fortgang der Klasse und ihre Situation als Gruppe zu berichten. Gleichzeitig ist das eine gute Gelegenheit, Abmachungen bezüglich Geburtstage, Spielzeug, Hausaufgaben u. ä. zu treffen. Es bietet sich auch an,

dabei die bisherige Zusammenarbeit zu evaluieren - auch die schriftliche Kommunikation mit den Eltern. Zur Planung des Elternabends können die Lehrer die Elternbeiräte t mit einbeziehen, sowohl inhaltlich als auch bei der praktischen Abwicklung.
Wiederum kann es eine gute Idee sein, den Eltern die Gelegenheit zu geben, miteinander ins Gespräch zu kommen, z. B. darüber, wie sie den Schulstart ihres Kindes erlebt haben, welche Veränderungen dieser in der Familie mit sich gebracht hat, und was besonders gut war.

Elternabende in höheren Klassen

In den ersten Jahren muss der Lehrer daran arbeiten, die Zusammenarbeit in Gang zu bringen. Er setzt die Maßstäbe, führt nützliche Routinen ein und legt die Grundlage für eine echte, respektvolle Zusammenarbeit. In den folgenden Jahren sollen diese Routinen beibehalten werden, neue Eltern werden mit ihnen vertraut gemacht. Aber genauso wichtig wie gute Gewohnheiten ist die Abwechslung: Elternabende können auf unterschiedliche Weisen und mit verschiedenen Teilnehmern organisiert werden. Manchmal ist es sinnvoll, die Eltern in Mädchen- und Jungeneltern zu teilen, ein anderes Mal können die Schüler selbst teilnehmen.
So bietet es sich in der 6./7. Klasse an, einen Elternabend zum Thema erste Liebe, Partys und Alkohol abzuhalten. Die Lehrer haben zuerst mit dem Elternbeirat gesprochen, und man ist sich darüber einig geworden, dass die Schüler am Elternabend teilnehmen sollen - und zwar möglichst aktiv. An dem Abend werden die Schüler in kleinere Gruppen unterteilt, in denen sie Fragen an die Eltern über deren Ansichten von Partys, Alkohol und erste Liebe formulieren sollen. Die Eltern werden auch in Gruppen aufgeteilt und gebeten, entsprechende Fragen an die Schüler zu formulieren. Danach werden Eltern und Kinder nach den Anweisungen der Lehrer gemischt, sodass sie nicht familienweise zusammensitzen. Abwechselnd befragen sich Schüler und Eltern zu ihren Einstellungen. Der andere Teil des Abends besteht darin, dass Eltern und Schüler zusammen (in groben Zügen) ein Klassenfest für die Schüler planen. Findet der Elternabend in einer 7. Klasse statt, kann es auch sinnvoll sein, darüber zu sprechen, wie die Schüler am Tag nach der Konfirmation mit ihren Freunden feiern sollen.

Gezielte Zusammenarbeit zum Unterricht

Manchmal ist es sinnvoll, die Eltern in größerem Umfang in verschiedene Aufgaben in Verbindung mit dem Unterricht einzubinden. Die Lehrer können sich überlegen, wozu sie die Eltern brauchen können.
An einer Schule, die von vielen Migrantenkindern besucht wird, arbeitet das Lehrerteam während der Einschulungsphase z. B. daran, die Eltern in bestimmte Unterrichtsthemen einzuarbeiten, damit ein gemeinsames Vorverständnis gege-

ben ist. Sie halten deshalb eine Reihe von Themenabenden mit den Eltern ab, auf denen die Eltern gemeinsam mehrsprachige Vokabelkärtchen für das Unterrichtsthema erstellen.
Die Pädagogen beziehen die Eltern auch in Workshops am Nachmittag mit ein, wo sie zusammen mit ihren Kindern und den Lehrern an den Hausaufgaben arbeiten.

Das Lehrerteam kann überlegen, ob es besondere Ressourcen unter den Eltern gibt, die für den Unterricht genutzt werden können.

Überlegen Sie einzeln und erörtern Sie in Gruppen:

1. Denken Sie an den professionellen Zusammenhang, an dem Sie zuletzt teilgenommen haben (Kindertagesstätte, Hort oder Schule). Welche Informationen sollten Eltern Ihrer Meinung nach täglich, wöchentlich, halbjährlich und jährlich erhalten?
2. Welche Informationen erwarten Sie von den Eltern?
3. Worüber kann oder soll eine Gruppe von Eltern zusammenarbeiten? Wie können die Pädagogen die Zusammenarbeit unter den Eltern unterstützen?
4. Was ist für Sie ein gelungener Elternabend? Was wäre Ihr persönliches Erfolgskriterium?

Kapitel 5

Dialog und Zusammenarbeit

Der Dialog zwischen Eltern und Erziehern oder Lehrern ist ein Dialog, der sich innerhalb einer professionellen Beziehung abspielt. Eine professionelle Beziehung unterscheidet sich in mehreren wesentlichen Punkten von anderen Beziehungen.

Die Beziehung zwischen Pädagogen und Eltern ist eine Beziehung zwischen Fachmann und Laie. Die Fachperson ist in ihrer beruflichen Rolle anwesend, die Eltern sind als Eltern da, egal welcher Profession sie im Übrigen nachgehen. Die Beziehung ist aber noch in einem weiteren Sinne asymmetrisch, denn der Pädagoge tritt in der Beziehung als Vertreter der politischen Ordnung auf, die ihn - sei es der Staat oder die Kommune - dazu ermächtigt hat, seine Rolle in der betreffenden Situation auszuüben. Der Pädagoge hat so über seine fachliche Kompetenz hinaus auch das System im Rücken und ist somit derjenige, der die Macht in dieser Position innehat - egal ob es sich beim konkreten Treffen mit den Eltern so anfühlt.

Verantwortung für die Beziehung

Wenn man in einer Beziehung Macht hat, geht damit eine Verantwortung für die Qualität der Beziehung einher. Die Beziehung zwischen Pädagoge und Eltern natürlich nicht nur eine Beziehung zwischen Fachmann und Laie, sondern auch eine Beziehung zwischen erwachsenen Parteien und deswegen hat die Fachperson nicht die gesamte Verantwortung für die Qualität der Beziehung. Aber im Verhältnis zu den Eltern trägt der Pädagoge kraft seiner Position trotzdem eine größere Verantwortung, oder vielleicht eher eine übergeordnete Verantwortung, für die Qualität der Beziehung in dem Sinne, dass es die Fachperson sein muss, die dafür sorgt, die notwendigen Qualitäten in den Dialog einzubringen.

Diese Qualitäten werden in den meisten Betriebsplänen von Schulen und Kindertagesstätten beschrieben. Wenn die wünschenswerte, gute und konstruktive Elternarbeit charakterisiert wird, sind es Werte wie Gleichwertigkeit und Respekt - darunter Respekt für Unterschiede, Offenheit, Vertrauen und Verantwortlichkeit - die genannt werden. Es ist oft sehr leicht für Eltern und Pädagogen, sich über diese Werte einig zu werden. Viel schwieriger ist es, sie zu verwirklichen. Dies setzt voraus, dass die Fachperson Kenntnis davon hat, wie man diese Qualitäten im Dialog und in der Beziehung fördert. Wir können die Zusammenarbeit zwischen Lehrern oder Erziehern und den Eltern als eine dreigliedrige Größe beschreiben: Fachperson - Beziehung - Eltern.

In Kapitel 3 haben wir die Fachperson als Kooperationspartner betrachtet. Jetzt möchten wir einen Schritt weitergehen und uns ansehen, was erforderlich ist, um eine gute Beziehung aufzubauen und einen Dialog herzustellen.

Dialog: Anfang, Verlauf, Abschluss

Jeder Dialog, jede Zusammenarbeit und jede Beziehung hat einen Anfang, einen Verlauf und einen Abschluss. Das erste Treffen zwischen dem Pädagogen und den Eltern kann als Gesamtheit, bestehend aus diesen drei Elementen, angesehen werden. Dasselbe gilt für die gesamte Dauer der Beziehung, zum Beispiel ab dem Zeitpunkt, wenn das Kind in den Kindergarten kommt, bis zu dem Tag, an dem es diesen drei Jahre später wieder verlässt. Diese Dreiteilung nennt man das narrative Prinzip. Ursprünglich bezeichnete man es als das aristotelische Prinzip, nach dem griechischen Philosophen Aristoteles.
Auch bei der Elternarbeit ist es gut, sich dieses Prinzips bewusst zu sein. Das Wissen darüber, welche Elemente zum Anfang des einzelnen Gesprächs oder Treffens gehören, auf welche man während des Verlaufs achten muss, und welche Elemente beim Abschluss wichtig sind, helfen dabei, eine Struktur aufrecht zu erhalten. Man profitiert davon, die einzelnen Gespräche oder Treffen als abgeschlossene Einheiten zu betrachten, die alle drei Elemente beinhalten sollen, selbst wenn dem einen Treffen bereits den Termin für das nächste vereinbart. Psychologisch betrachtet kann es beängstigend sein, sich mit dem Abschluss von etwas zu beschäftigen, weil jeder Abschluss auch etwas Endgültiges hat, mit dem umzugehen vielen Menschen schwerfällt.Das ist aber nur ein weiteres Argument dafür, in jedem Gespräch explizit für alle drei Elemente zu sorgen, weil es den Abschied oder Abschluss leichter machen wird, wenn die Zeit dafür gekommen ist (Lund 1994, Alrø 1996).

Die drei Elemente

Wir wollen hier kurz die drei Elemente skizzieren und sie danach im kommenden Abschnitt eingehender beschreiben: Der Anfang ist dadurch charakterisiert, dass hier der Kontakt zwischen den Parteien etabliert wird. Beim ersten Treffen fühlt es sich ganz natürlich an, an diesem Kontakt zu arbeiten, wohingegen viele übersehen, dass auch zu Beginn jedes weiteren Treffens daran gearbeitet werden muss, den Kontakt herzustellen. Eine Tagesordnung festzusetzen oder eine bereits bestehende Tagesordnung durchzugehen gehört auch zum Anfang.

Während des Verlaufs geht die eigentliche Verhandlung oder der Dialog vor sich. Die Parteien tragen gegenseitig ihre Gesichtspunkte vor und hören sie an. Während des Dialoges lernt man hoffentlich dazu und ermittelt neue Schlussfolgerungen und Handlungsmöglichkeiten. Der Abschluss macht natürlich den letzten Teil des Gesprächs aus und beginnt mit einer Ansage, dass sich der zuvor abgesprochene Schlusspunkt nähert. In der Abschlussphase soll Zeit dazu da sein, das Gespräch zu evaluieren und z. B. Abmachungen zum weiteren Vorgehen zu treffen.

Der Pädagoge als Gastgeber

Es gehört zur Verantwortung des Pädagogen, auch als Gastgeber des Treffens aufzutreten. Um eine gute Atmosphäre und den Aufbau der bestmöglichen Beziehung sicherzustellen, muss die Fachperson die Rolle des Gastgebers auf sich nehmen und sich dieser Rolle bewusst sein, egal ob das Gespräch im Kindergarten, in der Schule oder im Elternhaus stattfindet. Das bedeutet, dass man sich den Rahmen verschaffen muss, der es einem ermöglicht, mit größtmöglicher Authentizität und fachpersönlicher Integrität anwesend zu sein. In der Praxis zeigt sich oft, dass das in den wenigen Situationen am schwersten ist, in denen das Gespräch aus dem einen oder anderen Grund im Haus der Eltern stattfindet. Es ist ihr Zuhause, also sind sie natürlich Gastgeber in ihrem eigenen Heim und man ist als Fachperson Gast in diesem Haus. Aber in dem Augenblick, in dem das professionelle Gespräch beginnt, muss man als Fachperson die Verantwortung sowohl für den Inhalt als auch für die Stimmung übernehmen. Das kann zum Beispiel bedeuten, dass man darum bitten muss, Fernseher oder Radio auszuschalten. Ein anderes Mal muss man nicht betroffene Personen darum bitten, den Raum zu verlassen oder die Eltern fragen, ob es für sie in Ordnung ist, über die Entwicklung ihres Kindes zu sprechen, wenn andere dabei sind - vorausgesetzt, dass das auch für einen selbst in Ordnung ist.
Vielen Fachleuten fällt es schwer, solche Anforderung gegenüber den Eltern auszudrücken. Wenn sie sich dieser Mühe nicht bewusst sind, schafft das Probleme im Kontakt zwischen den Parteien. Wenn man sich beispielsweise schlecht konzentrieren kann, während Radio und Fernseher laufen, kann man sagen: „Ich hätte gerne, dass Sie Radio und Fernseher ausschalten, weil es mir schwerfällt, mich auf das Gespräch zu konzentrieren, während das Gerät läuft - ist das in Ordnung?"
Die Allermeisten werden der Bitte problemlos nachkommen. Wem es aber schwerfällt, seine eigenen Bedürfnisse so klar auszudrücken, und deswegen z. B. sagt: „Es ist schwierig, sich mit all dem Lärm im Hintergrund zu konzentrieren, können wir das nicht ausschalten?", der vermittelt den Eindruck, er findet es eigenartig, das sich Menschen bei laufendem Fernseher oder Radio ausgezeichnet unterhalten können. Das hinterlässt bei den Eltern den Eindruck einer schlecht versteckten Kritik an ihrer Lebensweise, was natürlich nicht der beste Ausgangspunkt für einen Dialog ist.

Verantwortung und der gleichwertige Dialog

Es gibt nämlich keine Antwort darauf, ob das eine richtiger ist als das andere, aber es steht fest, dass es am einfachsten ist, einen gleichwertigen Dialog herzustellen, wenn man mit größtmöglicher fachpersönlicher Integrität auftritt. Das soll man

auch vor Augen haben, wenn man gemeinsam mit einem oder mehreren Kollegen ein Elterngespräch abhält. Bleiben wir beim oben genannten Beispiel. Es kann sein, dass der eine Kollege sich bei Hintergrundgeräuschen gut konzentrieren kann, während der andere sich gestört fühlt.
In diesem Fall kann man nicht diskutieren, ob es in Ordnung ist, um Ruhe zu bitten: Demjenigen, der mit der Unruhe Probleme hat, muss die Arbeitsruhe gesichert werden.
Nicht nur beim Besuch im Elternhaus kann es schwierig sein, um Ruhe für das Gespräch zu bitten. Viele Lehrer und Erzieher erleben Eltern, die während eines Gesprächs das Handy eingeschaltet haben, und nur ungern bitten sie die Eltern darum, es abzuschalten. In anderen Zusammenhängen bringen sie gleichwohl zum Ausdruck, wie mühselig und störend es ist, wenn ein Gesprächspartner ständig nach SMS-Nachrichten schielt oder gar Telefongespräche entgegennimmt. Wenn der Lehrer oder Erzieher sich in einer solchen Situation befindet, wäre es ein Ausdruck mangelnden Selbstrespekts, nichts zu sagen. Das steht dann im Widerspruch zu einem der Werte der Elternarbeit, wie sie im Betriebsplan beschrieben sind, nämlich Respekt.
Um einen gleichwertigen Dialog zu erreichen, ist es wichtig, dass man seinen Respekt auf beide Seiten richtet - auf die Eltern und auf einen selbst. Ebenso müssen die Eltern sich selbst und den Pädagogen respektieren. Die Hauptverantwortung für die Qualität der Beziehung innezuhaben bedeutet in diesem Zusammenhang, dass man als Lehrer oder Erzieher mit gutem Beispiel vorangehen und Selbstrespekt zeigen muss, indem man sich den Eltern gegenüber ehrlich ausdrückt.
Ansonsten entsteht ein Missverhältnis zwischen dem Anspruch an die Eltern, sich im Rahmen der Zusammenarbeit ehrlich auszudrücken, und dem eigenen Mangel an dieser Ehrlichkeit.
Die Rolle des Gastgebers beinhaltet auch, dass der Pädagoge die Anwesenden begrüßt und dafür sorgt, dass alle Parteien einander vorgestellt werden. Er ist ebenfalls derjenige, der die Tagesordnung vorstellt, wenn es eine gibt, und andernfalls dafür sorgt, dass die Parteien gleich nach der Begrüßung erfahren, worum es beim Treffen gehen soll. Es vermittelt allen Beteiligten Sicherheit, wenn diese Dinge von einem verantwortlichen Leiter beachtet werden. Für die Tagesordnung zu sorgen heißt, die Verantwortung für den Inhalt des Gesprächs zu übernehmen. Es ist klar, dass auch die Eltern Einfluss darauf haben, welche Punkte auf die Tagesordnung sollen. Aber es ist der Lehrer oder Pädagoge, der die Verantwortung dafür trägt, dass alle eine Tagesordnung erhalten, und dass sich alle Gesprächsteilnehmer sowohl inhaltlich als auch zeitlich daran halten.

Die Herstellung und Wiederherstellung des Dialogs

Es gehört auch zur Gastgeberrolle, darauf zu achten, wie es den Eltern geht, dass sie zu Wort kommen und ihre Anliegen aussprechen können. Man muss also als Pädagoge seine Aufmerksamkeit auf mehrere Dinge gleichzeitig lenken können.

Zum einen muss man die ganze Zeit über den Kontakt zu sich selbst aufrechterhalten, und wenn man mit größtmöglicher fachpersönlicher Integrität anwesend sein soll, erfordert das, dass man zur selben Zeit Zugang zu seinem Selbstgefühl und seiner fachlichen Bereitschaft hat. Gleichzeitig muss man seine Aufmerksamkeit auf die Eltern lenken und mit Interesse und Einfühlungsvermögen versuchen, ihre Sicht auf das Thema zu erfassen. Aber damit noch nicht genug! Man muss auch dieser Aufmerksamkeit so Ausdruck verleihe, dass die Eltern sowohl die persönliche Gegenwart als auch das Interesse und das Verständnis für ihre Sicht spüren können.
In Kürze gesagt - eine Voraussetzung für den Dialog ist, dass ein guter Kontakt hergestellt wird. Es ist unsere Erfahrung, dass genau dieser Aspekt im Dialog sehr schwer in die Praxis umzusetzen ist. Die meisten Menschen glauben nämlich, sie haben bereits Kontakt, wenn sie sich im selben Raum befinden, und einer spricht während der andere still ist. In diesem Fall handelt es sich eher um parallele Monologe als um eigentlichen Dialog, bei dem man mit sich selbst und miteinander in Kontakt ist. Die meisten Pädagogen verstehen das jedoch intuitiv und sehen ein, dass der Dialog viel mehr Möglichkeiten bietet, wenn sie es wagen, sowohl zu sich selbst als auch zu den Eltern Kontakt zu haben.

Monolog oder Dialog

Wenn wir uns wieder dem Beispiel von Tina und den Eltern von Andreas aus Kapitel 3 zuwenden, können wir zuerst versuchen, das Gespräch so zu betrachten, wie es sich abgespielt haben könnte, bevor Tina Hilfe durch Supervision erhalten hat.

Eltern: „Wir sind der Meinung, dass Andreas nicht die Hilfe bekommt, die er in den Dänischstunden bekommen muss.“
Tina: „Nun, es sind viele Kinder in der Klasse, und die müssen also auch selbst dazu bereit sein, zuzuhören, wenn ich Dinge an der Tafel erkläre.“
Eltern: „Ja, aber Andreas sagt, es ist so laut, dass er nicht hören kann, was gesagt wird.“
Tina: „Daran ist Andreas auch selbst schuld. Es fällt ihm sehr schwer, stillzusitzen, aber auch, in Gang zu kommen. Er braucht viel Zeit, um nach seinem Bleistift und seinen Büchern zu suchen, und nicht immer findet er das, was er braucht.“
Eltern: „Ja, aber in der Klasse seiner Schwester waren es auch 24 Kinder und es gab nie Probleme. Die wussten immer, womit sie anfangen sollten.“
Tina: „Das wissen die Kinder auch bei mir, und trotzdem fangen nicht alle gleich an...“

Hier haben wir also ein Beispiel für zwei Monologe, die parallel zueinander verlaufen. Die Beteiligten werden im Gesprächsverlauf zunehmend frustriert. Wenn Tina keine Hilfe bekommt, um ihren Anteil am Scheitern des Dialogs zu erkennen, wird sie die Eltern von Andreas bald mit dem Prädikat „unmöglich“ belegen.

Tina wird sich mit der Zeit immer unfähiger fühlen und den Glauben an sich als Lehrerin verlieren. Andreas' Eltern wiederum werden das Vertrauen in die Schule verlieren.
In Kapitel 3 haben wir bereits besprochen, wie Tina lernen kann, einen Dialog herzustellen, wenn es für sie schwierig wird und sie sich als Lehrerin kritisiert fühlt. Durch die Supervision ist sie nun so weit, dass sie eine Haltung einnehmen und dazu stehen kann, dass sie sich minderwertig fühlt, wenn die Eltern mit dem Schulbesuch ihres Kindes unzufrieden sind oder sich lediglich Sorgen machen.

In dieser Phase richtet sie die Aufmerksamkeit nach innen und versucht herauszufinden, was mit ihr geschieht, wenn die Eltern von Andreas ihre Gesichtspunkte darlegen.
Stellen wir uns vor, dass wir zur nächsten Phase der Supervision übergehen, in der Tina die Aufmerksamkeit auf die Eltern von Andreas richten muss.
Sie muss sich dafür interessieren, was sie mit ihrer Aussage meinen, welche Sorgen dahinter stecken und wie sie eigentlich Andreas' Schulbesuch erleben. Es genügt aber nicht, Interesse aufzubringen. Es ist außerdem notwendig, dass Tina ihre Empathie oder ihr Einfühlungsvermögen einsetzt, das Problem aus Sicht der Eltern sehen zu können - so gut sich das eben machen lässt. In der Supervision trainiert sie die Empathie, indem sie versucht, sich in die Eltern von Andreas einzufühlen. Im Gespräch mit ihnen kann sie es sich einfacher machen, indem sie sie dazu bringt, selbst zu erzählen, wie es ihnen geht und was ihnen - Andreas' Schulleben betreffend - Sorgen macht.

Eltern: „Wir sind der Meinung, dass Andreas nicht die Hilfe bekommt, die er in den Dänischstunden braucht."
Tina: „Es tut mir leid, das zu hören. Es würde mich sehr interessieren, mehr darüber zu wissen. Worum geht es genau?"
Eltern: „Es herrscht so viel Lärm in den Stunden, er braucht Ruhe, um sich konzentrieren zu können."
Tina: „Ja, es herrscht zwischendrin auch mehr Lärm als ich es mag. Ich arbeite an der Sache, aber es gelingt noch nicht gut genug. Hat Andreas gesagt, was ihm vielleicht helfen könnte, oder haben Sie einige Ideen?"
Eltern: „Nein, das haben wir nicht, es liegt wohl in der Verantwortung der Schule, das zu regeln?"
Tina: „Da haben Sie Recht. Ich brauche Sie aber als Kooperationspartner, wenn es um Ihren Sohn geht, weil ich davon ausgehe, dass Sie bereits einige Erfahrungen damit gemacht haben, wie er am besten lernt, und daraus würde ich gerne auch hier in der Klasse Nutzen ziehen, wenn es sich machen lässt."

Hier gelingt es Tina, einen Dialog herzustellen, weil sie nicht in dem Augenblick in Verteidigungsposition geht, wenn die Eltern eine Aussage machen, die Kritik an ihrem Unterricht bedeutet, oder als solche verstanden werden kann. Wenn Tina sich für die Perspektive der Eltern interessieren kann, ohne den Kontakt zu sich

selbst zu verlieren, ist sie ihnen gegenüber offen, und ein Kontakt wird leichter hergestellt.
Wenn sie dagegen all ihre Energie darauf verwendet, sich zu verteidigen, damit sie ihre eigenen Minderwertigkeitsgefühle nicht spüren muss, verliert sie sowohl den Kontakt zu sich selbst als auch zu den Eltern.
Im letzten Beispiel hat sie den Kontakt bewahrt, und wenn sie sehr geistesgegenwärtig ist, bemerkt sie auch die Aggression in der Aussage: „Das liegt wohl in der Verantwortung der Schule?“. Nun kann sie - sofort oder später - darauf reagieren, je nachdem wie die Eltern auf ihre Bitte, ihre eigenen Erfahrungen einzubringen, umgehen. Das Wichtigste ist, dass sie den Kontakt aufrechterhält und wiederherstellt, wenn er abreißt.
Setzen wir den Dialog von vorhin fort:

Eltern: „Na ja, es ist ihm immer etwas schwergefallen, stillzusitzen. Aber er sollte ja nicht gleich von Anfang an zurückbleiben, nur weil keine Ruhe in der Klasse ist.“
Tina: „Es ist mir ganz klar, dass Sie wirklich sehr besorgt um Andreas sind, und ich bin froh darüber, dass Sie schon jetzt zu mir kommen, um das zu sagen. Lassen Sie uns versuchen, durchzusprechen, was normalerweise in einer Stunde geschieht, sodass wir zusammen herausfinden können, ob sich etwas ändern lässt, oder ob ich auf etwas aufmerksam werden kann, das die Situation für Andreas erleichtern könnte.“

Hier kommt Tina den Eltern entgegen und nimmt ihre Besorgnis ernst.
Sie erkennt an, dass sie diese haben ohne dass sie sie notwendigerweise mit ihnen teilt. Aber da die Eltern diese Sorgen haben, und sie ganz sicher die wichtigsten Menschen in Andreas' Leben sind, muss sie die Besorgnis ernst nehmen, falls sich die Zusammenarbeit konstruktiv und gleichwertig entwickeln soll.
Das bedeutet nicht, dass die Eltern von nun an bestimmen sollen, wie der Unterricht in der ersten Klasse organisiert werden soll. Wir haben oft erlebt, dass Lehrer und Erzieher es aus Angst unterlassen, sich mit der Perspektive der Eltern auseinanderzusetzen. Sie befürchten, die Eltern könnten dann glauben, dass ihnen etwas versprochen wurde oder Einfluss auf die Organisation des Unterrichts oder die Pädagogik gewinnen. Diese Angst ist unbegründet; Eltern geht es wie anderen Menschen. Das Zusammensein mit ihnen wird leichter, wenn man ihnen als Gleichwertige begegnet, ihnen zuhört und ihre Standpunkte würdigt.

Prozessorientiert contra ergebnisorientiert

Eine Beziehung oder ein Dialog haben sowohl eine inhaltliche als auch eine prozessuale Ebene. Die inhaltliche Ebene bestimmt, was wir tun und worüber wir sprechen, und die Prozessebene bestimmt, wie wir es tun.
Werte wie Offenheit, Respekt, Gleichwertigkeit und Vertrauen gehören zur Prozessebene. In der Elternarbeit ist der Fokus meist auf die inhaltliche Ebene gerichtet, wie wir auch in Kapitel 3 gesehen haben.

Dieser inhaltsbezogene Fokus und die Tatsache, dass die Prozessebene leicht übergangen wird, führt dazu, dass viele Pädagogen bei ihren Treffen mit den Eltern sehr ergebnisorientiert agieren. Dabei übersehen sie leicht, dass der Prozess, der etwa zu einer Abmachung führt, sehr viel wichtiger ist als die Abmachung selbst. In den beiden vorigen Dialogen hat Tina die ganze Zeit über den Fokus auf der Prozessebene gehabt, und sie hat darauf geachtet, den Kontakt herzustellen und zu erhalten, wenn er drohte, abzubrechen.
Man könnte es auch so ausdrücken: Auf die Prozessebene achten heißt, darauf achten, dass die Beteiligten die ganze Zeit auf demselben „Kanal" senden und empfangen. Es ist die Aufgabe des Pädagogen darauf zu achten und natürlich gleichzeitig an seiner fachlichen Botschaft festzuhalten und diese in einer klaren und deutlichen Sprache zu vermitteln. Dies erfordert große Aufmerksamkeit, und um diese zu erreichen, bedarf es nicht nur Erfahrung und Supervision, sondern vor allem Übung. Je mehr das Gespräch aus Dialog und Kontakt besteht, desto leichter kann man mit seinen Argumenten zu seinen Gesprächspartnern durchdringen, und desto eher wird es gelingen, konstruktive, dauerhafte Veränderungen zu schaffen.
Nehmen wir nun an, Tina führt Andreas' Lernschwierigkeiten zum Teil darauf zurück, dass er seine Bücher, Hefte und Stifte nicht dabei und in Ordnung hat, und seine Unruhe und seinen Konzentrationsmangel darauf, dass er zu wenig schläft und sehr zuckerreiches Essen bekommt.
All das will sie den Eltern gerne mitteilen und sie will auch eine Abmachung mit ihnen darüber treffen, dass sie sich dieser Dinge annehmen werden.
Das sind schwer zu vermittelnde Botschaften, weil sie am Bedürfnis der Eltern, sich als solche wertvoll zu fühlen, rütteln. Inhaltlich ist es schwerer Stoff und deswegen gerät die Art und Weise, auf die die Botschaft vermittelt wird, auch oft etwas unglücklich.

Tina: „Ich möchte mit ihnen auch gerne darüber sprechen, wie Sie dazu beitragen können, es für Andreas einfacher zu machen, sich auf das Lernen zu konzentrieren.
Es fällt ihm oft schwer, seine Bücher und sein Schreibzeug zu finden. Könnten Sie vielleicht jeden Tag mit ihm seinen Ranzen packen? Dann weiß er selbst, wo seine Sachen sind, und er wird es sich nach und nach merken."

Eltern: „Ja, das werden wir gerne gemeinsam mit ihm tun."

Tina: „Mir ist auch aufgefallen, dass er oft entweder müde und unausgeglichen oder unruhig wirkt, wie Sie es selbst schon sagten. Ich habe bemerkt, dass er häufig Süßigkeiten in seinem Lunchpaket hat. Auch das kann dazu beitragen, dass seine Konzentration manchmal schwach ist."

Eltern: „Ja, aber es ist schwierig, ihn überhaupt dazu zu kriegen, etwas zu essen. Deswegen darf er selbst bestimmen."

Tina: „Das ist auch gut so, dass er mitbestimmen darf. Ich möchte nur, dass Sie wissen, dass seine Ernährung auch Einfluss auf seine Konzentration haben kann."

Tina: „Und dann habe ich mich schließlich auch gefragt, ob Andreas genug Schlaf bekommt. Er wirkt oft müde und sagt selbst, dass er abends spielt und fernsieht. Was ist Ihr Eindruck davon?"

Hier berichtet Tina den Eltern in klaren Wendungen, worüber sie nachgedacht hat. Sie tut das, ohne ihnen zu diktieren, was sie tun sollen und ohne sie in „das ist dann eine Abmachung" hineinzuzwingen. Stattdessen vergewissert sie sich, dass sie gehört haben, was sie sagt und dass sie verstehen, dass sie das aus ihrem Interesse und Fürsorge für ihren Sohn und seine Entwicklung sagt. Tina geht prozess- anstatt ergebnisorientiert vor und stellt damit sicher, dass ihre Botschaft durchschlägt.
Die Fähigkeit, seine Aufmerksamkeit nach mehreren Seiten zu richten, sollte sowohl zu Beginn des Gesprächs wie auch während des Verlaufs und beim Abschluss eingesetzt werden. Die Tagesordnung festzusetzen gehört an den Anfang. Aber wenn neue Informationen hinzukommen, die eine Änderung des Gesprächsverlaufs notwendig machen, kann es zweckmäßig sein, die Tagesordnung zu ändern. Das könnte z. B. der Fall sein, wenn die Eltern mitten in einem Gespräch mitteilen, dass ein Geschwisterkind ernsthaft erkrankt ist. Dann muss man darüber sprechen, wie die Schule oder Kindertagesstätte das Kind und die Familie am besten unterstützen können (s. a. Kapitel 9). Es gehört auch zum Anfang, die Rolle des Gastgebers an sich zu nehmen und den Kontakt herzustellen, aber mit diesen Qualitäten muss auch im Verlauf des Gesprächs und beim Abschluss weiter gearbeitet werden.
Der Pädagoge muss somit seine Aufmerksamkeit dauerhaft auf sowohl die inhaltlichen als auch die prozessualen Aspekte der Beziehung gerichtet haben.

Kritik und Konflikte

Nehmen wir das Beispiel aus Kapitel 1 mit Anja und Lottes Vater, in dem Anja dafür kritisiert oder ausgeschimpft wird, dass Lotte keine Mütze aufhat und ihre Sachen weg sind. Anja hat Schwierigkeiten mit Konflikten und sie benimmt sich, als ob es ein Fehler wäre, dass sie überhaupt entstehen. Es passiert oft bei der Elternarbeit, dass die Pädagogen die Zusammenarbeit beginnen, ohne zu erwarten, dass Konflikte und mitunter auch Probleme entstehen werden und auch entstehen müssen, wenn man mit den Eltern einer ganzen Gruppe oder Klasse zusammenarbeiten soll. Wir definieren Konflikt so: jede Situation in einer interpersonellen Beziehung, in der die Teilnehmer Unterschiedliches wollen oder unterschiedliche Bedürfnisse haben, und Situationen, in denen der einzelne Mensch in einem entsprechenden Konflikt mit sich selbst ist. Das Problem wird als eine Anhäufung von verwandten Konflikten definiert, die entweder nicht bearbeitet wurden, oder bei denen die Bearbeitung unzureichend gewesen ist (Juul & Jensen 2002).

Konflikte sind somit nichts, was vermieden werden kann, weder bei der Elternarbeit noch in anderen Beziehungen des Lebens. Trotzdem tun wir so, als ob wir im gesamten Kindergarten- und Schulleben eines Kindes keine Konflikte in der Elternarbeit erwarten. Dafür gibt es viele gute Gründe, z. B. gibt es sehr viele Menschen, die gelernt haben, dass Konflikte falsch sind und am besten vermieden werden sollten, und dass ein Konflikt ein Zeichen dafür ist, dass mindestens einer der Beteiligten nicht gelernt hat, sich auf zivilisierte Weise zu unterhalten. Diese Haltung gestaltet im Übrigen auch das Zusammensein mit Kindern schwierig, sowohl für die Pädagogen als auch für die Eltern. Aber das ist ein anderes Thema, auf das wir hier nicht näher eingehen werden.

Der konstruktive Konflikt

Das heißt, Anja und andere mit ihr müssen zuerst lernen, sich in einem Konflikt konstruktiv zu verhalten. Das erste, was Anja passiert, ist, dass sie sich selbst verliert. Sie weiß nicht, was sie sagen soll, und mehrere Gedanken kreisen gleichzeitig in ihrem Kopf. Oder sie wird völlig gedankenleer, gleichzeitig beginnt sie vielleicht zu schwitzen, zu zittern oder wird rot im Gesicht und sie schafft es nicht, zu reagieren, während Lottes Vater da ist. Wie in Kapitel 3 beschrieben muss Anja erst die Worte finden, die der persönliche, sprachliche Ausdruck für dieses physische Unbehagen sind, das sie in der Situation fühlt.
Danach soll sie daran arbeiten, dieses Unbehagen auszudrücken. Hier wird sie wahrscheinlich einen innerpsychischen Konflikt erleben (einen Konflikt mit sich selbst): Einerseits möchte sie etwas sagen, und gleichzeitig glaubt sie nicht, dass sie sich das erlauben kann. Sobald Anja den Kontakt zu sich selbst wiederhergestellt und eventuell Erleichterung gespürt hat, als sie erstmals mit ihren eigenen Worten ihre persönliche Reaktion formulieren konnte, kann sie den Blick auf Lottes Vater richten und versuchen, sich in seine Perspektive zu versetzen.
Anja nimmt am nächsten Tag das Thema wieder auf, als der Vater Lotte abholt:
Anja: „Ich möchte gerne mit Ihnen über unser kurzes Gespräch gestern, als Sie Lotte abholten, sprechen. Haben Sie jetzt Zeit oder können wir für morgen einen Termin vereinbaren? Lottes Vater hat Zeit und Anja bittet ihn zu sich ins Büro, wo sie ungestört miteinander sprechen können.

Anja: „Ich war sehr überrascht und fühlte mich unwohl aufgrund der Art, wie Sie sich gestern an mich gewandt haben, als Sie Lottes Sachen nicht finden konnten. Ich würde gerne helfen, wenn ich kann, aber ich will nicht angefahren werden."
Lottes Vater: „Ich war wohl gestern auch etwas gestresst, aber es ist so lästig, dass ihre Sachen immer verschwinden."
Anja: „Ich verstehe, dass es lästig ist, aber ich kann nicht versprechen, dass das anders wird."

Nun hat Anja gesagt, was sie auf dem Herzen hat, und je mehr sie einig mit sich selbst darüber ist, dass das in Ordnung ist, desto weniger braucht sie Zustimmung

und Bestätigung von Lottes Vater. Je stärker Anja daran zweifelt, ob es in Ordnung ist, zu sagen was sie meint, desto anklagender und vorwurfsvoller wird ihr Tonfall, und desto mehr wird sie versuchen, Lottes Vater davon zu überzeugen, dass sie in ihrer Auslegung des Gesprächs Recht hat - als ob es etwas wäre, in dem man überhaupt Recht oder Unrecht haben kann. Anjas Erlebnis des Gesprächs ist ihr Erlebnis, und das soll sie zum Ausdruck bringen, das möchte sie von Lottes Vater anerkannt wissen. Im obigen Beispiel kommt er ihr auf halbem Weg entgegen. Ihr ganz entgegenkommen würde er, indem er sagt: „Es tut mir leid, das müssen Sie entschuldigen". Es ist natürlich wichtig, von Lottes Vater gehört zu werden, aber das Wichtigste für Anja ist, ihr Erleben der Situation in einer authentischen und persönlichen Sprache auszudrücken. Anja ist klar und deutlich, ohne überzeugen zu wollen und das ist die beste Grundlage für einen gleichwertigen Dialog. Es ist ja gerade ein Dialog, den sie sich wünscht, und keine Diskussion.
In vielen Fällen entwickelt sich ein Konflikt wie dieser zu einem Problem, gerade weil der Erzieher in den einzelnen Situationen kein Wort heraus bekommt. Es kann auch sein, dass Lottes Vater denkt, er habe immer wieder versucht, mit den Erziehern ins Gespräch zu kommen, aber man sei ihm nie entgegengekommen. So häufen sich die Dinge zu einem Problem auf.
Um herauszufinden, ob das der Fall ist, muss Anja auch hellhörig sein, ob es Dinge in der Zusammenarbeit gibt, die sie und die anderen im Laufe der Zeit übersehen haben.

Selbst ein so kurzes Gespräch wie das oben genannte hat einen Anfang, einen Verlauf und einen Abschluss. Der Abschluss soll eine Ansage enthalten, dass wir beim Schluss angekommen sind, samt einer Möglichkeit zur Evaluierung des Gesprächs.

Anja: „Nun habe ich gesagt, was ich auf dem Herzen hatte. Es ist nicht leicht für mich, aber ich übe mich darin, so offen und ehrlich wie möglich zu sein. Jetzt bin ich daran interessiert zu hören, ob es für Sie in Ordnung gewesen ist, dass ich mich auf diese Weise an Sie gewandt habe?"

Lottes Vater: „Ja, das ist o. k. Ich werde das nächste Mal bis zehn zählen."

Anja: „O. K., aber ich hoffe nicht, dass Sie sich zurückhalten werden, wenn Sie etwas zu sagen haben. Bitte tun Sie das. Sie können sicher sein, dass ich Bescheid geben werde, wenn mir die Art nicht gefällt."

Lottes Vater: „Nein, nein, nur mit der Ruhe."

Anja: „Danke für das Gespräch, ich bin froh darüber, dass Sie Zeit hatten."

Lottes Vater: „Gern geschehen."

Bei längeren Gesprächen fasst man natürlich zum Abschluss zusammen, was man erreicht hat, und bei mehreren Teilnehmern muss jeder einzelne bei der Evaluierung seinen Standpunkt darlegen. Es ist auch hier wichtig, dass der Pädagoge sich seiner übergeordneten Verantwortung bewusst ist und dafür sorgt, dass das Gespräch zu einem Ende kommt.

Praktische Übung für die Elternarbeit:

Setzen Sie sich zu zweit oder zu dritt zusammen.
Der eine erzählt, der andere oder die beiden anderen hören zu.

1. Beschreiben Sie einen Elternteil oder ein Elternpaar, mit dem Sie bei der Zusammenarbeit Probleme hatten, oder dem Sie etwas vermitteln sollen, von dem Sie glauben, dass es schwierig wird.
2. Wie reagieren Sie selbst, oder wie glauben Sie, werden Sie in der Situation reagieren?
3. Wie können Sie die Eltern und deren Reaktionen verstehen? Warum machen sie sich, Ihrer Meinung nach, Sorgen?
4. Was müssen Sie den Eltern noch sagen? - Über sich selbst, über das Kind, über Ihre Zusammenarbeit?

Kapitel 6

Gewöhnliche Elterngespräche in Schule und Kindertagesstätte

Bei der Vorbereitung der regulären Elterngespräche ist es wichtig, Ziel, Struktur und Inhalt gründlich zu durchdenken. Im nachfolgenden Abschnitt über Elterngespräche in Kindertagesstätten liegt unser Schwerpunkt auf der Struktur und der Bedeutung der Art und Weise, wie die Kinder beschrieben werden, während wir im Abschnitt über die Schule besonders die Evaluierung, Schülerpläne und Gespräche in den Mittelpunkt rücken, an denen die Schüler selbst teilnehmen.

Das Elterngespräch in der Kindertagesstätte

In der Kinderkrippe sind die Kinder zu klein, um an gewöhnlichen Gesprächen teilzunehmen, und das gilt unserer Einschätzung nach auch für den Kindergarten. Uns ist auch keine andere Praxis aus den Institutionen bekannt. Es kann trotzdem bei schwierigen Gesprächen auch mit kleineren Kindern von Nutzen sein, ein gemeinsames Gespräch zu führen. Hier beziehen wir uns lediglich auf Elterngespräche ohne Teilnahme von Kindern, also dyadische Gespräche zwischen Eltern und Erziehern.

Elterngespräche sind professionelle, strukturierte Gespräche, bei denen der Pädagoge [30] der Leiter ist und den Rahmen absteckt. Bereits vor Beginn sollte der zeitliche Rahmen, die Absicht und die Strukturierung des Gesprächs festgelegt sein. Mit anderen Worten: Die Vorbereitung eines professionellen Gesprächs ist eine didaktische Vorbereitung, bei der die Fragen „Worüber werden wir sprechen?“, „Warum?“ und „Wie?“ durchdacht werden müssen.

Die Warum - Frage wird untersucht, indem man die Absicht des Gesprächs entfaltet. Unter Absicht verstehen wir teils das allgemeine Ziel der Gespräche, wie es vermutlich in den Wertegrundsätzen und Betriebsplänen der Kindertagesstätte formuliert ist, teils das spezifische Ziel in Bezug auf das einzelne Kind und seine Eltern. Nur die wenigsten Eltern haben Gelegenheit, ihr Kind in größeren Gruppen Gleichaltriger und bei einer Reihe von sehr unterschiedlichen Aktivitäten zu beobachten. Für die Eltern wird es daher relevant sein, von den Erziehern Informationen aus Beobachtungen ihres Kindes in konkreten Situationen zu erhalten, und zwar in Bezug auf die drei übergeordneten Themen Gedeihen, Entwicklung und Lernen (s. Kapitel 3). Was soll also besprochen werden? Bei jedem Kind gibt es Punkte, die für die Besprechung relevanter sein werden als andere, und leider ist es oft so, dass sich gerade bei den herausfordernden Kindern diese Punkte deutlich manifestieren, während das Gespräch über die

„leichten“ Kinder oft gerade oft Probleme bereitet - nach dem Motto: „Was sollen wir über Solveig sagen - es gibt ja nichts Besonderes, das Ganze läuft gut.“ Unserer Meinung nach gibt es immer Punkte, die zu besprechen sich lohnt, und bei der Suche nach diesen wichtigen Besprechungspunkten muss man als Erzieher sich selbst und einander z. B. fragen: Wovon könnte das Gespräch handeln, damit Solveig einen Nutzen davon hat? Was könnte für die Eltern von Relevanz sein? Wie können wir die 20 Minuten verwenden, sodass sie für das Kind von Nutzen sein werden, und gibt es evtl. etwas, was wir im Alltag nicht erreichen, worauf wir die 20 Minuten verwenden können?“ Die so genannten „leichten“ Kinder können in einem arbeitsintensiven Alltag leicht übersehen werden. Ein Gespräch ist geschenkte Zeit, um sich auf das einzelne Kind zu konzentrieren und es wahrzunehmen, was wiederum Bedeutung für die Entwicklung des Kindes haben kann.

Die Beobachtung des Erziehers kann dazu beitragen, die Sicht der Eltern auf das Kind zu nuancieren. Ebenso sollten die Erzieher neugierig sein zu erfahren, womit das Kind zuhause beschäftigt ist. Ein großer Teil des Elterngesprächs besteht daraus, Bilder und Wahrnehmungen von dem Kind aus den unterschiedlichen Perspektiven auszutauschen und dann zu untersuchen, ob es Bereiche gibt, die in besonderem Maße eine Zusammenarbeit zwischen den Erwachsenen erfordern. Es ist deswegen sehr wichtig, wie die Erzieher das Kind beschreiben und wie sie den Eltern das Kind „erzählen“.

Beschreibung von Kindern als Teil der Elterngespräche

Die Beschreibung des Kindes muss auf Beobachtungen fußen, konkret sein und Situationen in einer beschreibenden Sprache wiedergeben. Erst nach der Beschreibung kann der Erzieher die Situation deuten und seine professionelle Einschätzung abgeben. Unser Ausgangspunkt ist, dass das Kind immer in Kontext und Beziehung beschrieben werden muss. Ein Kind ist nicht nur so oder so, sondern das Kind zeigt in den und den Situationen etwas. Die Beschreibungen sollen also offen dafür sein, dass sich das Kind von Situation zu Situation unterschiedlich benehmen kann. Es kann notwendig sein, laufend Notizen zu machen, um sich an die Situationen zu erinnern. Die Beobachtungen sind weit leichter zu machen, wenn sie zielgerichtet sind, und wenn die Erzieher besondere Schwerpunkte bezüglich des einzelnen Kindes abgesprochen haben. Falls die Erzieher ein Beispiel für die sozialen Kompetenzen eines Kindes, seine Aufmerksamkeit und empathischen Fähigkeiten geben wollen, kann das etwa so aussehen: Søren und Peter haben sich gestritten und geschlagen. Nun sind sie traurig darüber. Sara und Stinne (zwei andere Kinder) sagen zu ihnen: „Kommt mit rein, dann finden wir einen Erwachsenen.“

Ein Beispiel dafür, dass ein Kind sich sinnvoll abgrenzen und nein sagen kann, wäre zum Beispiel: Peter langweilt sich und hat niemanden zum Spielen. Marianne (die Erzieherin) sagt zu ihm: „Kristian spielt dort allein, vielleicht möchte er spielen.“

Peter geht zu Kristian und fragt, Kristian antwortet: „Nein, ich möchte jetzt am liebsten allein spielen."
Die konkrete Beschreibung gefolgt von einer Erläuterung, wie der Erzieher die Situation versteht, ist die informativste Form und bietet den geringsten Raum für Missverständnisse.

Die Strukturierung der Gespräche

Bei der Strukturierung der Gespräche liegt der Fokus darauf, wie das Gespräch durchgeführt wird, sodass die Form die Absicht und das inhaltliche Ziel unterstützt.
Gewöhnliche (und auch schwierige) Gespräche können sinnvoll in fünf Phasen untergliedert werden: [31]

1. Abklärung: Der zeitliche Rahmen des Gesprächs, Absicht und z. B. Themen, die bisher nicht angekündigt wurden und die die Eltern im Gespräch ansprechen möchten.

2. Gegenseitiger Austausch von Informationen über das Kind: Hierzu gehören die Beschreibungen der Erzieher von dem Kind in einer Reihe von unterschiedlichen Zusammenhängen. Die Erzieher können die Eltern z. B. darum gebeten haben, eine kurze Geschichte mit Beispielen für die Ressourcen des Kindes oder für die Bereiche, in denen das Kind zu kämpfen hat, vorzubereiten.

3. Besprechung besonderer Brennpunkte: Haben die Erzieher und/oder die Eltern welche? Hier kann es von Vorteil sein, die Eltern dazu ca. 14 Tage vor den Gesprächen zu befragen. Falls die Eltern z. B. sagen: „Ich finde, Peter fällt es schwer, bei den Aktivitäten zuhause ausdauernd zu sein, - wie sehen Sie das?", kann es hilfreich sein, Zeit dazu gehabt zu haben, Peters Ausdauer vor dem Gespräch zu beobachten, um auf diese Weise konkrete Beschreibungen abgeben zu können.

4. Vorwärts gerichtete Handhabung: Gibt es Situationen, in denen Erzieher, Eltern oder das Kind in Zukunft anders handeln sollen?

5. Evaluierung des Gesprächs: War es ersprießlich, wurde die Zeit auf relevante Themen verwendet, gab es etwas, was im Gespräch besser anders hätte verlaufen sollen?

Es ist wichtig, sich darüber im Klaren zu sein, dass man als Erzieher das Gespräch lenkt und verdeutlichen soll, wann über etwas gesprochen wird, und wie die Erzieher die Aufgaben untereinander aufgeteilt haben

(z. B. leitet der eine den Prozess, der andere ist für den Inhalt verantwortlich, etwa für die Beschreibung des Kindes).

Susanne und Eigil sollen ein Gespräch mit Maltes Eltern vorbereiten. Malte besucht seit einem Jahr den Waldkindergarten und ist im Allgemeinen damit zufrieden. Susanne und Eigil wollen etwas über Maltes Gedeihen, Entwicklung und Lernen sagen, wozu sie sich teils die Lehrpläne der Einrichtung ansehen, teils Malte in der Woche vor dem Gespräch systematischer beobachten. Sie haben besonders einen Schwerpunkt, den sie gerne beobachten möchten: Maltes Umgang mit seinen mitgebrachten Spielsachen.
Malte hat oft sehr viel Spielzeug dabei, aber Susanne und Eigil haben mehrere Male erlebt, dass Malte traurig wird, weil etwas abhanden gekommen ist, oder andere es ausgeliehen haben. Sie fragen sich, ob ihm all das Spielzeug mehr schadet als nützt. Seine Eltern sind der Meinung, er solle dabei haben, worauf er Lust hat.
Das wissen Susanne und Eigil, weil die Frage über Spielzeug auf einem gemeinsamen Elternabend erörtert wurde. Auf dem Elternabend wurde beschlossen, dass die Kinder das Spielzeug mitnehmen können, das sie wollen, aber auch, dass die Erzieher Stopp sagen können, wenn das unglückliche Konsequenzen hat.
Sie beschließen, dass Eigil das Gespräch leiten, während Susanne primär über das Inhaltliche sprechen soll. Sie haben den Eltern vor dem Gespräch einen Zettel gegeben, worauf steht, auf welche Bereiche sie eingehen wollen. Einleitend präzisieren sie kurz die Tagesordnung des Gesprächs: Zuerst berichtet Susanne ihre Beobachtungen bezüglich Maltes Gedeihen, Entwicklung und Lernen. Hier können die Eltern Fragen stellen und ergänzen. Als nächstes werden sie Zeit auf die Frage des Spielzeugs verwenden, die ein offenes Untersuchungsfeld für Eltern und Erzieher ist. Susanne legt ihre Beobachtungen dar, die sowohl Vorteile als auch Nachteile aufzeigen - also kein eindeutiges Bild abgeben. Dann fragt Susanne die Eltern, wie sie die Sache beurteilen. Was sagt Malte z. B. zuhause darüber? Erzählt er mehr von Konflikten oder vom Gegenteil? Auch die Berichte der Eltern geben kein eindeutiges Bild ab, und das Gespräch schließt damit, dass Eltern und Erzieher vereinbaren, in der nächsten Woche das Problem zu beobachten. Dann wollen sie noch einmal kurz zusammenkommen und beschließen, ob die bisherige Praxis unverändert fortgesetzt werden soll, oder ob sie eine Woche ganz ohne Spielzeug versuchen sollen, um Unterschiede in Maltes Alltag zu beobachten.

Das Elterngespräch in der Schule

Die gewöhnliche Elternsprechstunde wird meist zweimal im Jahr in allen Klassen abgehalten. Im dänischen Volksschulgesetz wird in § 13 festgesetzt, dass die Eltern regelmäßig „über die Sicht der Schule auf den Nutzen des Schülers aus dem Schulbesuch unterrichtet werden sollen." (§13, Absatz 1). Das wird in Absatz 2 und 3 weiter konkretisiert, woraus hervorgeht, dass der Nutzen des Schülers in Bezug auf Teil- und Endziele laufend im Unterricht evaluiert werden soll. Außerdem sollen die Schüler an den nationalen Tests teilnehmen, die der Bildungsminister beschließt. All das soll in die Schülerpläne einfließen, die alle Schüler in der Schule haben sollen [32] und die nach § 54 „regelmäßig an die Eltern der Schüler ausgegeben (werden sollen). Darüber hinaus ist dafür zu sorgen, dass die Eltern den Schülerplan erhalten. Falls es für sinnvoll erachtet wird, kann man von den Eltern fordern, den Erhalt des Schülerplans zu quittieren.“ (Bekanntmachung Nr. 393, § 4, Abs. 3) Schon früher ging es in den Elternsprechstunden um die Zusammenarbeit mit den Eltern in Bezug auf den Nutzen, den der Schüler aus dem Schulbesuch zieht. Die jüngsten Gesetzesänderungen über Tests und Schülerpläne haben die Zusammenarbeit jedoch formalisiert. Es wurden im Gesetz die Möglichkeit geschaffen, den Schülerplan als Vertrag zu etablieren. Neben den Informationen über den fachlichen Nutzen des Schülers kann der Plan nun auch Folgendes beinhalten:

1. „Absprachen darüber, wie die Eltern generell zu einem erfolgreichen Schulbesuch des Schülers beitragen können, indem sie zum Beispiel die Mitverantwortung dafür übernehmen, dass der Schüler pünktlich und ausgeruht eintrifft oder die notwendigen Unterrichtsmaterialien mitbringt.

2. Andere Informationen über das Verhalten des Schülers im Unterricht und im übrigen Schulalltag.“ (LBK, Nr. 393, § 3, Abs. 4).

Der Schülerplan kann als ein gemeinsames Abkommen zwischen Lehrern, Schülern und Eltern angesehen werden, was dem Schülerplan wahrscheinlich in Zukunft einen zentralen Platz in den Elternsprechstunden verleihen wird. Es ist dem Gesetz zufolge eine kommunale Aufgabe, das Ziel und den Rahmen für die Arbeit der Schulen mit den Schülerplänen festzulegen.

Der Schulleiter beschließt, wie diese angewandt werden sollen, sodass die Arbeit mit den Schülerplänen durch den gesetzlichen Rahmen und eventuelle Grundsatzentscheidungen der Schulleitung bestimmt wird [33].
Die offiziellen Texte legen fest, dass die Gespräche einen informativen Teil von den Lehrern zu den Eltern haben, und dass die Eltern zum erfolgreichen Schulbesuch beitragen können, indem sie Mitverantwortung für eine Reihe von Erziehungsfragen übernehmen, die für die meisten reine Selbstverständlichkeiten sind. Die Erlasse versuchen die Eltern dazu zu zwingen, sich z. B. für den Schülerplan zu interessieren und die Eltern durch vertragsähnliche Formen an die Zusammenarbeit zu binden. Eine Untersuchung des Bildungsministeriums zeigte 2001 [34], dass die Eltern generell an allen Arten der Zusammenarbeit mit der Schule teilnehmen: 95 Prozent haben innerhalb des letzten Jahres an Elternabenden teilgenommen, 88 Prozent an Elternsprechstunden, 93 Prozent haben Rundbriefe gelesen, 75 Prozent Jahrespläne, 72 Prozent haben informelle Gespräche mit dem Klassenlehrer gehabt, und 54 Prozent haben an praktischen

Unternehmungen in der Schule teilgenommen. Die Eltern drücken in derselben Untersuchung aus, dass sie gerne mehr Zeit auf die Zusammenarbeit verwenden möchten. Äußerlich wirkt es also nicht so, als ob weiter zwingende Gesetzesparagraphen notwendig wären. Es sei denn, das Ministerium hätte die ganz wenigen Eltern im Kopf, die nicht aktiv teilnehmen - und hier helfen diese bindenden Übereinkommen unserer Einschätzung nach nicht. Gerade diese Eltern haben ja oft eine Reihe von Schwierigkeiten, die sie daran hindern, aktiv am Schulleben ihres Kindes teilzunehmen - ob mit oder ohne Zwang! Für uns wäre es nützlicher, wenn das Gesetz die Wichtigkeit der gleichwertigen Zusammenarbeit unterstreichen würde, in der alle Parteien einander brauchen, um dem Schüler den optimalen Nutzen aus dem Schulbesuch zu sichern.

Evaluierung

Der Inhalt der Elternsprechstunde ist, wie in Kapitel 4 erwähnt, auf den gemeinsamen Nenner, nämlich den Nutzen des Schülers aus dem Schulbesuch, gerichtet. Bei diesem geht es um das Gedeihen des Schülers in der Schule (Fürsorge), die physische und psychische Entwicklung des Schülers (meist nur dann ein Thema, wenn es Grund zur Besorgnis gibt), und nicht zuletzt das Lernen des Schülers, und zwar in fachlicher, sozialer und persönlicher Hinsicht. Der Lehrer soll angesichts der laufenden Evaluierung und der nationalen Tests den Eltern über den Nutzen des Schülers berichten. Es gibt gute Gründe, sich ein wenig beim Begriff Evaluierung aufzuhalten, der mit den Gesetzesänderungen einen großen Platz in der Schule eingenommen hat, und der außerdem mit unterschiedlichen Absichten und auf verschiedene Weisen praktiziert und verstanden werden kann. Die Begriffe Evaluierung und Beurteilung werden synonym verwendet. Man unterscheidet bei der Evaluierung zwischen formativer und summativer Evaluierung. Die formative Evaluierung hat zur Absicht, die bestmögliche Grundlage für die Entwicklung und Verbesserungen zu schaffen, während die summative Evaluierung beabsichtigt, die bestmögliche Grundlage für Einschätzung und Beurteilung in Bezug auf ein bestimmtes Niveau zu schaffen. Die formative Evaluierung ist eine laufende Evaluierung, während die abschließende Beurteilung zum Examen die summative Evaluierung darstellt.

Es ist sinnvoll, zwischen Evaluierung und Beurteilung zu unterscheiden, und den Begriff Evaluierung für jene beschreibende und untersuchende Tätigkeit zu reservieren, die das Ziel hat, den betreffenden Bereich zu entwickeln. Evaluierung ist stets gegenseitig, das heißt alle Teilnehmer in einer gegebenen Evaluierung können Gegenstand der Evaluierung sein. Evaluierung bedeutet, einen Bereich zu reflektieren, und die Kriterien für eine gegebene Evaluierung sind von zentraler Bedeutung. Sie helfen, sich auf den Gegenstand der Evaluierung zu fokussieren, und verdeutlichen, was der Evaluierungsbereich ist. Die Evaluierung wird in diesem Zusammenhang dialogisch. (E)valuierung ist auch Würdigung: Worauf legen wir bei dem, was evaluiert werden soll, wert?

Bewertung kann im Gegensatz dazu als einseitige Beurteilung eines Niveaus definiert werden.

Das kann ein Test oder eine Prüfungssituation sein, in der der Lehrer das Niveau des Schülers beurteilt, während der Schüler in dieser Situation nicht darum gebeten wird, den Lehrer oder den Unterricht zu beurteilen.
Bewertung verstehen wir somit als einen einseitigen Prozess mit Fokus auf der Kontrolle, während Evaluierung ein wechselseitiger Prozess mit Fokus auf dem Lernen ist. Bei der Bewertung, die rückwärts gerichtet ist, geht es darum, einen Status über aktuelles Wissen und Kompetenzen zu erreichen, wohingegen Evaluierung mit Potenzialen zusammenhängt (noch nicht entwickelte Kompetenzen und noch nicht entwickeltes Wissen) und nach vorne gerichtet ist. Die Elternsprechstunden können von allen involvierten Parteien als Prüfungssituation erlebt werden. Ein Lehrer drückt das so aus: „Oft ist das Gespräch angespannt, denn es ist eine Beurteilung aller drei Beteiligten: des Lehrers, der Eltern und des Schülers. Alle drei Parteien können einen Anpfiff erwarten." (Løw und Jensen, 2004, S. 83). Wenn man die Aufgabe erfüllen soll, zum schulischen Wohl des Schülers zusammenzuarbeiten, muss man notwendigerweise vom einseitigen Beurteilen und Kontrollieren abrücken und sich stattdessen gegenseitig in dialogischer Form auf die Entwicklung richten. Unterricht und Lernprozesse sind komplexe Phänomene, die nicht einfach und linear beschrieben werden können, weshalb der Lehrer auch im Gespräch versuchen muss, Formen zu finden, die der Komplexität Rechnung tragen.

Evaluierende Gespräche

Ganz allgemein besteht die Evaluierung eines gegebenen Bereichs aus einer Beschreibung von und Reflexionen über z. B. den Unterricht und die Teilnahme und das Lernen des Schülers in einer vorwärts gerichteten Perspektive: Welche Entwicklungsbereiche kann der Lehrer angesichts der Beschreibungen aufzeigen? Die Gespräche haben das Lernen des Schülers zum Ziel und sind deswegen entwicklungsgerichtet. Wenn sich die Gespräche auf das Benehmen des Schülers in der Schule beziehen, geht es nicht um Schuldzuweisungen. Vielmehr soll in einer vorwärts gerichteten Perspektive der Zusammenarbeit beispielsweise der Schüler veranlasst werden unpassendes Verhalten so zu ändern, dass er seinen Einsatz optimieren kann. Wenn man als Lehrer trotzdem zwischendurch die Gespräche dazu benutzt, um die Schüler „auszuschimpfen" und sie darum bittet, sich zusammenzunehmen, aktiver zu sein u. ä., so hat das höchstens eine kurzfristige Wirkung (Løw und Jensen, 2004, S. 86). Das bedeutet nicht, dass der Lehrer die Frage des Benehmens nicht in den Gesprächen aufgreifen soll. Es hat nur auf eine Art und Weise zu geschehen, die den Schüler in die Handhabung des Problems mit einbezieht.

Frederik ist ein Junge in der 3. Klasse, der generell unglaublich viel Energie hat. Stillzusitzen fällt ihm schwer, und oft hat er dem, was der Lehrer sagt, etwas hinzuzufügen. Er will sehr gerne mitmachen und hat im Großen und Ganzen immer die Hand oben. Seine Lehrerin Mona findet, dass er zuviel redet, und sie will auch Platz für die anderen Kinder im Unterricht haben. Sie greift das im Elterngespräch auf, bei dem Frederik anwesend ist. Sie sagt: „Frederik, du redest einfach zuviel. Du musst auch die anderen drankommen lassen - das musst du üben!" Frederik ist nach dem Gespräch traurig und fühlt sich fast, als wolle Mona ihn nicht in der Klasse haben: „Wozu soll ich da sein, Mama, wenn ich überhaupt nichts sagen darf?"

In diesem Fall wäre es sehr viel konstruktiver gewesen, wenn Mona gesagt hätte: „Frederik, ich habe die letzte Woche über bemerkt, dass ich dich in jeder Stunde mehrmals bitten muss, still zu sein. Ich finde, was du sagst, nicht dumm. Ich glaube du redest so viel, weil du so viel weißt und gerne mitmachen willst, was sehr gut ist. Aber es muss Platz für alle in der Klasse sein. Wenn du so viel redest, bleibt zu wenig Platz für die anderen. Was können wir also tun, um daran etwas zu ändern? Wann findest du selbst, ist es am schwierigsten, still zu sein? Wann ist es gut, in der Klasse zu sein? Was machst du gerne? Hast du ein paar Ideen, was ich anders machen könnte?" Im weiteren Verlauf des Gesprächs finden Mona und Frederik heraus, in welchen Situationen es für ihn am schwierigsten ist, still zu sein, und dass Frederik dann zeichnen darf (was er sehr gerne tut), sodass seine Aufmerksamkeit abgelenkt wird. Das wollen sie ein paar Wochen lang ausprobieren und dann darüber sprechen, inwieweit es geholfen hat, oder ob Bedarf für weitere Veränderungen besteht.

Die Beschreibung des Schülers in der Elternsprechstunde sollte konkrete Beispiele enthalten und auf jeden Fall Positives und Begabungen erwähnen. Sie kann auch Negatives und Schwächen zum Inhalt haben. Als Lehrer kann man angesichts seiner Kenntnis vom Schüler einen relevanten Fokus für das Gespräch wählen, da es weder wünschenswert noch möglich ist, alle Aspekte zu erörtern.
Ein reeller Nutzen aus dem Gespräch ist optimal, wenn alle Beteiligten sich vorstellen, dass die Perspektive der anderen konstruktiv zur Zusammenarbeit beiträgt.

Die Vorbereitung des Gesprächs

Oft ist es das Lehrerteam, das die erste Planung der Elternsprechstunden vornimmt und damit entscheidet, wie sie stattfinden werden und was der besondere Fokus ist. Die didaktischen Fragen Was, Warum und Wie sollen, wie vorher erwähnt, durchdacht werden. Es ist allmählich zu einer verbreiteten Praxis geworden, dass sich die Schüler auf die Elternsprechstunde vorbereiten, indem sie auf einige Fragen antworten, und dass sie einen Teil der Fragen vor dem Gespräch in Zusammenarbeit mit den Eltern beantworten. Oft haben die Lehrer auch vor der

Elternsprechstunde individuelle Gespräche mit den Schülern abgehalten.
Das Lehrerteam hat außerdem entschieden, ob die Schüler am Gespräch teilnehmen sollen oder nicht. Hier ist die Praxis sehr verschieden. An einigen Schulen nehmen die Schüler ab der ersten Klasse an einer der zwei jährlichen Elternsprechstunden teil, während die Schüler anderer Schulen erst nach der 3. Klasse oder noch später teilnehmen. Manche Schulen halten Gespräche in Gruppen von Eltern und Schülern ab, und wieder andere haben jedes Jahr ein obligatorisches und ein freiwilliges Gespräch [35].

Die Entscheidungen des Lehrerteams bei der Vorbereitung sind kontextabhängig und beziehen die Klassenstufe, Eltern- und Schülergruppen, besondere Verhältnisse in der Klasse oder an der Schule und die Ressourcen und Möglichkeiten des Lehrers bei den Überlegungen mit ein. Eine Elternsprechstunde ist ein professionelles und strukturiertes Gespräch, das der Lehrer [36] leitet und für das er den Rahmen vorgibt. Es gelten hier dieselben Verhältnisse, wie bei Phasen und Strukturierung erwähnt.
Aber im Gegensatz zu Vorschulkindern nehmen Schüler sehr oft an Elternsprechstunden teil, die damit triadisch werden: Eltern, Lehrer und Schüler sind direkte Partner im Gespräch. Im Lehrerteam sollte man vor dem Gespräch immer erörtern, inwiefern die Teilnahme des Schülers nützlich ist oder nicht. Es wird Fälle geben, bei denen es äußerst unzweckmäßig ist (besonders bei Schülern mit besonderen Schwierigkeiten, s. Kapitel 7). Wir beziehen uns im Folgenden auf das triadische Gespräch - zum einen, weil es die meist verbreitete Form ist, zum anderen, weil wir sie für die zweckmäßigste Form halten (primär aus demokratischen und ethischen Gründen, da der Gegenstand des Gesprächs der Nutzen des Schülers aus dem schulischen Angebot ist). Triadische Gespräche sind aber gleichzeitig am schwierigsten in der Strukturierung und Durchführung.

Das triadische Gespräch

Im Lehrerteam sollte man sich während der Vorbereitung auf das Gespräch dieselben Fragen stellen wie im Abschnitt über die Strukturierung des Gesprächs. (S. 109): Auf welchen Aspekt lohnt es sich besonders, Zeit zu verwenden - in Bezug auf den einzelnen Schüler hinsichtlich der drei Bereiche: Gedeihen des Schülers, Entwicklung und Lernen? Es ist üblich, zur generellen Vorbereitung, die für alle Schüler der Klasse gilt, Fragen an Schüler und Eltern zu verteilen, anhand derer sie sich auf das Gespräch vorbereiten können. Das kann sehr nützlich sein, da Eltern und Schüler dadurch gemeinsam vorab bestimmte Aspekte klären können. Wir haben viele Beispiele für Fragebögen gesehen, die die Fragen sehr allgemein formulieren: „Wie geht es dir in der Schule mit den Kameraden?“, „Wie ist dein Arbeitseinsatz in der Schule?“ oder „Schreibe mindestens drei Dinge auf, in denen du gut bist.“ Diese Fragen berühren wichtige Themen, aber das Problem ist, dass sie sehr allgemein und abstrakt formuliert sind.
Besser geeignet sind Fragen, die sich auf den konkreten Unterrichtsverlauf in der Schule beziehen, zum Beispiel: „Erinnere dich an die letzte Mathematikstunde, in der die Brüche behandelt wurden. Was fiel dir leicht/schwer? Besprecht allein, paarweise oder in Gruppen: Was hat dir am besten gefallen und warum?“ Einige Lehrer verwenden Arbeits- oder Präsentationsmappen der Schüler als Ausgangspunkt für Elternsprechstunden. Das hat zwei klare Vorteile: Erstens liefern die eigenen Produkte der Schüler einen konkreten Ausgangspunkt für das Gespräch, und zweitens erhält der Schüler einen zentralen Platz im Gespräch, weil er selbst zu seinen Arbeiten Stellung nehmen kann. Durch diese Vorgehensweise erhält der Schüler Zeit, seine Arbeit zu zeigen, die der Lehrer und die Eltern dann anerkennen können.
Zur konkreten Vorbereitung des Gesprächs mit dem einzelnen Schüler ist es wichtig, das Augenmerk auf das Besondere des Schülers zu richten: Gibt es etwas, was wir dem betreffenden Schüler in den Stunden nicht sagen, das wir gerne aussprechen möchten? Worüber müssen die Eltern unbedingt informiert werden? Gibt es etwas Bestimmtes, wobei der Schüler ihre Hilfe benötigen könnte? Dass der Schüler an den Gesprächen teilnimmt, bedeutet jedoch nicht, dass der Lehrer notwendigerweise die ganze Zeit über mit dem Schüler spricht. Wer mit wem spricht, hängt von den Zielen des Gesprächs ab, die sich im Verlauf auch ändern können.

Die Eltern erwarten allgemein über die schulischen Fortschritte ihres Kindes informiert zu werden, aber auch, in einen Dialog miteinbezogen zu werden (s. Løw und Jensen, 2004, S. 83). Die Schüler sind meist gut über das informiert, was der Lehrer sagen will, weil die Lehrer individuelle Schülergespräche vor der Elternsprechstunde abgehalten haben (Løw und Jensen, S.92). Der Teil des Gesprächs, bei dem über den Leistungsstand des Schülers und seine Perspektiven in einer Reihe von Fächern (fachlich und Arbeitseinsatz) informiert wird, wird häufig als Gespräch mit dem Schüler durchgeführt, obwohl der Schüler den Inhalt bereits kennt. Das hat zur Folge, dass der Schüler als Medium gebraucht wird (vielleicht sogar durch rhetorische Fragen des Lehrers), während es doch eigentlich darum geht, die Eltern zu informieren. In dieser Situation wäre es sehr viel zweckmäßiger, dass man als Lehrer direkt mit den Eltern spricht und den Schüler zuhören lässt. Schließlich ist es auch für den Schüler wichtig zu wissen, was man den Eltern sagt. Die Eltern erhalten die Möglichkeit, Fragen zu stellen und anschließend kann der Lehrer beispielsweise mit dem Schüler über seine fachlichen, sozialen und persönlichen Entwicklungsperspektiven sprechen. Nun kann man wieder die Eltern einbeziehen, und sie fragen, was sie über die Ideen des Schülers zu kommenden Lernzielen denken, und wie sie den Schüler bei der Verwirklichung dieser Ziele möglicherweise unterstützen können.

In Bezug auf die Strukturierung ist es entscheidend, dass sich der Lehrer zuvor selbst im Klaren ist, an wen die Botschaft gerichtet ist, und dass man sich direkt an die angesprochene Person wendet und im Wechsel die übrigen Teilnehmer am Gespräch beteiligt.

Im Folgenden geben wir drei Beispiele für Elternsprechstunden mit verschiedenen, besonderen Absichten und nachfolgend besondere Strukturierungen, wie sie bei der Einschulung, in der Mittelstufe und beim Schulabschluss verlaufen können.

Die Einschulung

Hanne und Tove sind für die Einschulung zuständige Lehrer an einer Schule, an der über die Hälfte der Schüler einen Migrationshintergrund aufweist. Während der Einschulung arbeiten sie viel mit den Erziehern im Schulhort zusammen, und deswegen ist der Horterzieher Torben beim ersten Gespräch dabei. Alle drei nehmen an der Planung teil, aber teilen die Gespräche unter sich auf, sodass Torben bei allen Gesprächen dabei ist, während Tove und Hanne sich abwechseln. Sie wissen erfahrungsgemäß, dass es schwierig werden kann, die Eltern dazu zu bewegen, zu den Elterngesprächen in die Schule zu kommen. Das erste halbstündige Gespräch soll deshalb innerhalb des ersten Monats im Haus der Eltern stattfinden soll. Sie erstellen einen Elternbrief, der in die Sprache der Eltern übersetzt wird, aus dem Länge und Absicht des Gesprächs hervorgehen, und dass ein Dolmetscher am Gespräch teilnimmt, wenn die Eltern nichts dagegen haben. Torben, Hanne und Tove haben sich darauf vorbereitet, kurz über eine Reihe Aspekten zu informieren, besonders in Bezug auf die Zusammenarbeit zwischen Schule und Elternhaus. In der Schule haben die Kinder eine Zeichnung von sich selbst in der Klasse angefertigt, und die Zeichnung ist Ausgangspunkt für eine Sequenz, in der das Kind, angeregt durch die Fragen der Lehrer, den Eltern von der Schule erzählt. Das Gespräch schließt mit einer Einladung zum Elternabend ab, der in einigen Monaten stattfinden soll.

Wenn Tove, Torben und Hanne sich dazu entschließen, das erste Treffen Zuhause stattfinden zu lassen, geschieht das, um die Wichtigkeit einer funktionierenden Zusammenarbeit zu unterstreichen. Sie hoffen, einen Kontakt schaffen zu können, der für die spätere Zusammenarbeit von Nutzen sein wird. Gespräche zuhause sind eine schwierige Gradwanderung, weil sie als Kontrolle der Eltern durch das System aufgefasst werden können, und weil es schwieriger ist, ein Gespräch in einem Privatraum professionell zu leiten. Erst nach reiflicher Überlegung, und wenn gewichtige Argumente dafür sprechen, sollte man sich zu diesem Schritt entschließen.

Die Mittelstufe

Louise und Kasper sollen Elternsprechstunden in der 5b vorbereiten. Es ist das Frühjahrsgespräch und die Klasse hat das ganze Jahr über mit Präsentationsmappen gearbeitet. Deswegen sollen die Mappen Schüler als Ausgangspunkt für das Gespräch dienen. Camilla ist eine sehr tüchtige Schülerin, die immer ihre Dinge in Ordnung hat und eifrig und gut vorbereitet am Unterricht teilnimmt. Louise und Kasper haben bei der Vorbereitung des Gesprächs darüber geredet, dass sie sich eigentlich an Stunden erinnern können, wo sie überhaupt keinen Kontakt mit Camilla hatten, weil es so viele andere gab, die Hilfe brauchten oder um Aufmerksamkeit baten. Gleichzeitig ist Camilla in allen Fächern so weit voraus, dass sie ihrer Einschätzung nach zu wenig vom Unterricht profitiert. Sie nehmen sich vor, Camilla viel Aufmerksamkeit im Gespräch zukommen zu lassen. Zuerst möchten sie Camillas Eltern die Präsentationsmappe zeigen und ihnen ihre anerkennenden Beobachtungen und Einschätzungen von Camillas Arbeit mitteilen. Dann wollen sie sich Zeit nehmen, mit Camilla direkt über die Frage sprechen, wie sie im Unterricht besser gefordert werden kann, und woran sie gern mehr arbeiten möchte. Sie möchten Camilla auch fragen, ob sie sich etwas wünscht, was Louise und Kasper im Unterricht anders machen könnten. Sie wollen versuchen, sie dazu zu motivieren, Forderungen zu stellen, damit ihre eigene Stimme deutlicher hervortritt.

Preben geht in dieselbe Klasse und ihm fällt im Gegensatz zu Camilla vieles schwer - besonders der Mathematikunterricht. Es fällt ihm schwer, sich zu konzentrieren und stillzusitzen, wenn Kasper an der Tafel Mathematikaufgaben durchgeht. Er gibt schnell auf, wenn er die Aufgaben nicht sofort lösen kann, und dann sitzt er da und wartet auf Hilfe, während er mit seinen Banknachbarn schwätzt. Preben scheint sich nicht besonders für Mathematik zu interessieren, aber er hat viele Ideen und Vorschläge zum Unterricht im Allgemeinen. Louise und Kasper wollen also das Gespräch darauf verwenden, herauszufinden, wie Preben mehr vom Mathematikunterricht haben könnte. Preben soll auch seine Präsentationsmappe mitbringen. Louise und Kasper beobachten Preben besonders in der Woche vor dem Gespräch. Sie wollen so viele Beispiele wie möglich dafür zu sammeln, dass

Preben konzentriert und zielgerichtet arbeitet. Sie wollen sich auch ein oder zwei Beispiele für gegenteiliges Verhalten notieren. Während des Gesprächs möchten sie zuerst Prebens Eltern über seinen Leistungsstand in den Fächern informieren, der überall im mittleren Bereich liegt. Dann wollen sie erwähnen, dass Preben ihrer Einschätzung nach seine Fähigkeiten besser nutzen könnte, wenn er konzentrierter und ausdauernder arbeitete. Dann wollen sie mit Preben untersuchen, was, was nötig ist, damit das in höherem Maße gelingt. Kasper beginnt das Gespräch mit Beispielen aus der letzten Woche, in denen Preben tatsächlich konzentriert und ausdauernd war. Danach wird er fragen, warum Preben glaubt, dass er in diesen Fällen bei der Sache bleiben konnte: Was war so gut und spannend? Dann wird Kasper die Eltern fragen, ob sie positive Beispiele nennen können. Das Gespräch soll mit ein oder zwei Vorschlägen abgeschlossen werden, die aufzeigen, was Kasper, Louise und Preben im Unterricht versuchen können, und auch mit einigen Ideen, wie die Eltern Preben unterstützen können. Die Vorschläge können zur Folge haben, dass Kasper und Louise den Unterricht anders gestalten sollen, so wie Preben konkrete Ideen haben soll, was er selbst anders machen kann, wenn er dabei ist, aufzugeben.

Der Schulabschluss

Bodil und Mogens sollen die erste Elternsprechstunde in der 9. Klasse vorbereiten. Ein besonderes Thema in diesem Gespräch ist, was die Schüler nach der 9. Klasse machen werden. An diesem Thema haben sie mit dem Schuljugendberater Søren gearbeitet. Die Gespräche sind Vorbereitung für einen Elternabend über Wahlmöglichkeiten nach der 9. Klasse, an dem auch die Schüler teilnehmen sollen. Bodil und Mogens wollen jeweils mit drei Schülern und ihren Eltern Gruppengespräche abhalten und sie planen eine Stunde für jedes Gespräch ein. Sie schätzen, dass sowohl Schüler als auch Eltern es als inspirierend erleben werden, die Überlegungen der jeweils anderen zum Thema zukünftige Ausbildung und Beruf zu hören. Sie legen die Gespräche vor den Elternabend, weil sie sowohl Eltern als auch Schüler möglichst auf den Elternabend vorbereiten wollen, bei dem sie Fragen an den Schuljugendberater stellen können. Die Schüler haben einen Fragebogen mit nach Hause bekommen und sollen diesen zusammen mit den Eltern beantworten und beschreiben, welche Vorstellungen sie von einem Beruf haben, was sie nach der 9. Klasse machen wollen, usw. Bezüglich der Form der Elternsprechstunde beschließen die Lehrer, dass Mogens das Gespräch leitet (dafür sorgt, dass Struktur und Zeit eingehalten werden), während Bodil Fragen stellt. Zuerst macht Bodil eine Runde, in der zuerst die Schüler ihre Vorstellung mitteilen und dann die Eltern dazu Stellung nehmen sollen. Nach dieser Runde, für die sie etwa 15-20 Minuten einkalkulieren, fasst Mogens einige Themen zusammen, die in den nächsten 20 Minuten gemeinsam erörtert werden sollen. Danach haben die Schüler die Gelegenheit, Bodil zu fragen, wie sie ihre Wünsche für die Zukunft - ausgehend von ihrem Wissen über das fachliche Niveau und den

Arbeitseinsatz der Schüler, beurteilt. Die verbleibende Zeit wird zu noch einer weiteren Runde verwendet, in der Bodil die Schüler fragt, welche ungeklärten Fragen sie haben, und wie sie in Zukunft daran arbeiten können.

Lotte und Peter haben auch eine 9. Klasse und sollen die letzte Elternsprechstunde in der 9. Klasse vorbereiten. Sie hatten die Klasse drei Jahre lang und kennen die Schüler sehr gut. Sie haben immer wieder mit unterschiedlichen Gesprächsformen experimentiert, und diesmal haben sie einen Plan in Bezug auf Jesper, Julie und Emilie: Julie und Emilie sind fleißige und tüchtige Mädchen, aber auch vorsichtig. So wählen sie bei Projektaufgaben lieber ein sicheres Thema und ihre Arbeiten sind eher von Routine als von Experimentierlust geprägt. Julie und Emilie sollen beide nach der 9. Klasse aufs Gymnasium, und Lotte und Peter möchten sie gerne etwas herausfordern und ihre Fähigkeit, offensiv und prüfend zu sein, trainieren. Deswegen sagen sie ihnen, dass sie die Erlaubnis dazu bekommen, das Gespräch zu eröffnen, indem sie den Lehrern und ihren Eltern Fragen stellen. Die Gespräche verlaufen individuell, aber die Mädchen dürfen im Unterricht Zeit darauf verwenden, die Fragen zu erstellen. Die Lehrer wollen ihnen damit auch die Möglichkeit geben, um Hilfe zu bitten, falls die Aufgabe zu schwierig ist, und sich gegenseitig zu unterstützen, auch wenn sie es eigentlich allein können. Die Julie und Emilie sollen herausfinden, was sie von den Lehrern und Eltern gerne erfahren möchten und sollen den Mut finden, diesbezüglich Fragen zu stellen.
Jesper ist an Sport, vor allem an Fußball sehr interessiert. Beim Schuleigenen Fußballturnier ist er sehr aktiv, sonst aber zeigt er oft Desinteresse am Unterricht. Lotte und Peter haben viele Beispiele dafür, dass er die Aufgaben mit links löst, etwas faul ist und ihrer Einschätzung nach mehr kann. Daran haben sie natürlich all die Jahre gearbeitet, und es hat sich gezeigt, dass sich vermehrte Mitbestimmung sehr motivierend auf Jesper ausgewirkt hat:
Wenn er mit Themen arbeiten darf, die ihn interessieren, wird er sehr viel aktiver. Nach der 9. Klasse wird er ein Jahr eine Internatschule besuchen, was er danach will, weiß er nicht so recht. Lotte und Peter wissen, dass Interesse wichtig für Jespers Motivation ist. Deshalb möchten sie in der Gesprächszeit Jesper helfen abzuklären, wo seine beruflichen Interessen und Kompetenzen liegen. Jesper soll sich auf das Gespräch vorbereiten, indem er drei Beispiele für etwas nennt, woran er in der Schule richtig gern gearbeitet hat.
Seine Mutter soll sich vorbereiten, indem sie drei Beispiele anführt, bei denen sie erlebt hat, dass Jesper wirklich gefesselt war, und dasselbe werden Lotte und Peter tun. Lotte soll das Gespräch leiten, während Peter die Fragen stellt. Sie entscheiden, Jesper beginnen zu lassen, danach seine Mutter und schließlich Peter. Nach den verschiedenen Erzählungen versuchen sie gemeinsam nach Mustern, Übereinstimmungen und Unterschieden. Das Gespräch schließen sie damit ab, dass Peter Jesper fragt, was ihn während des Gesprächs am meisten überrascht hat, und welches Bild er nun von seiner künftigen Ausbildung und Arbeit hat.

Gut begonnen - halb gewonnen

Sprechen Sie untenstehende Liste durch. Wie verstehen Sie die einzelnen Punkte? Welche davon finden Sie besonders wichtig, und wie beurteilen Sie Ihre eigenen Kompetenzen, was die Erfüllung dieser Punkte betrifft? Was können Sie bereits - und was müssen Sie lernen oder trainieren?

Die Vorbereitung einfacher Elterngespräche: Fragen, die sich der Lehrer oder Erzieher vor dem Gespräch stellen kann:

- Warum dieses Gespräch? Was ist meine besondere Absicht?
- Was ist unser besonderer Fokus? Wovon soll das Gespräch insbesondere handeln?
- Wie können wir die aktuelle Situation und den Leistungsstand des Kindes am besten beschreiben und den Fokus auf eine nach vorne gerichtete Perspektive, auf Möglichkeiten und Potenziale richten?
- Welche Beobachtungen und Beispiele können dazu beitragen, unsere Beschreibung zu verdeutlichen und zu konkretisieren?

- Was glauben wir, worüber die Eltern (und in der Schule: die Schüler) gerne mit uns sprechen wollen?
- Wie soll das Gespräch ablaufen? Welche Form unterstützt Absicht und fokussierte Bereiche? Wie soll das Gespräch strukturiert und geleitet werden?
- Wie sollen sich die Eltern und der Schüler auf das Gespräch vorbereiten? Gesprächsbogen - welche Fragen? Benutzung von Präsentationsmappe oder anderen Produkten aus dem Unterricht?
- Wie werden wir evtl. zwischen den verschiedenen Kindern und Eltern differenzieren?
- Wie denken wir über das Gespräch - welche Erwartungen und Vorverständnisse haben wir? Was wird diesmal die Herausforderung bei den Gesprächen sein?
- Wie soll das Gespräch abgeschlossen werden? Welche Abmachungen sollen evtl. getroffen werden?

Kapitel 7

Das problemorientierte Elterngespräch

Es ist das problemorientierte Gespräch, bei dem die Zusammenarbeit sich bewähren muss. Wie in Kapitel 5 erwähnt, haben viele Pädagogen Probleme mit Meinungsverschiedenheiten und Konflikten, weswegen diese Gespräche auch oft die schwierigen Gespräche genannt werden. Inhaltlich handeln die Gespräche oft davon, dass Lehrer und Erzieher um die Entwicklung des Kindes besorgt sind, dass sie der Meinung sind, dass das Verhalten des Kindes anstrengend ist, oder dass sich das Kind beim Lernen schwer tut. Auch die Eltern können diejenigen sein, die besorgt sind und vielleicht sind sie der Meinung, dass auf ihr Kind in der Schule oder Kindertagesstätte nicht genügend geachtet wird. Oder es kann davon die Rede sein, dass die Institution und die Eltern unterschiedliche Auffassungen davon haben, auf welche Werte man im Leben des Kindes Gewicht legen sollte.
Sowohl Schulen als auch Kindertagesstätten versuchen durch die tägliche Zusammenarbeit ein Fundament zu schaffen, um auch dann zusammenarbeiten zu können, wenn Probleme entstehen. Leider misslingen die Anstrengungen oft, weil fast ausschließlich auf die Zusammenarbeit durch soziale Veranstaltungen gesetzt wird. Sowohl Eltern als auch Fachleute kennen die unzähligen Veranstaltungen zur Weihnachtszeit und um die Zeit der Sommerferien, Herbstveranstaltungen und Schulfeste mit Theater u.a.m.. Das Ziel dieser Veranstaltungen ist, sich gegenseitig kennenzulernen, weil Bekanntschaft untereinander als Fundament dafür angesehen wird, Probleme lösen zu können. Diese Veranstaltungen erzielen jedoch nicht die gewünschte Wirkung, weil man in ihrem Kontext einen bestimmten Umgangston pflegt, den wir soziale Sprache nennen (Juul & Jensen 2002).

Das ist die Sprache, die wir alle verwenden, wenn wir uns in sozial weniger verpflichtenden oder unverbindlichen Zusammenhängen bewegen, z. B. wenn wir den Nachbarn im Einkaufszentrum treffen, oder wenn wir uns beim Mittagessen unterhalten. Die sozialen Veranstaltungen machen es für die Eltern leichter, zueinander Kontakt aufzunehmen, wenn die Kinder zusammen spielen wollen, oder wenn es um praktische Dinge geht, die gelöst werden sollen. Wenn aber echte Probleme behoben werden müssen, muss das anders angegangen werden.
Die soziale Sprache reicht nämlich nicht aus, wenn an interpersonellen oder persönlichen Problemstellungen gearbeitet werden muss. Für diese Arbeit müssen die Beteiligten im Stande sein, sich über sich selbst und die Problemstellung mit größtmöglicher persönlicher Authentizität auszudrücken, und was die Pädagogen betrifft, auch mit größtmöglicher fachpersönlicher Integrität. Hier genügt die soziale Sprache nicht. Vielmehr ist es notwendig, eine persönliche Sprache zu sprechen. In den Beispielen der Kapitel 3 und 5 ist es genau die persönliche Sprache, auf die man sich stützen soll, wenn es darum geht, einen Kontakt mit

den Eltern herzustellen. Die persönliche Sprache in professionellen Beziehungen wird definiert als „die Sprache, die die fachpersönlichen Gedanken, Werte und Gefühle des einzelnen Lehrers/Erziehers in einem gesammelten Ausdruck vermittelt, der maximale Übereinstimmung zwischen dem persönlichen Erlebnis, der fachlichen Perspektive und dem äußeren Ausdruck anstrebt, und gleichzeitig ein Erkenntnisprozess für den Sprechenden ist. Die persönliche Sprache ist somit die jederzeit authentischste Ausdrucksweise für die fachpersönliche Integrität." (Juul & Jensen 2002, S. 219) Gleichzeitig soll die Sprache an die Situation oder den Kontext angepasst sein, sodass die Menschen, an die man sich wendet, sie verstehen können.

Wenn es darum geht, den Pädagogen dafür zu qualifizieren, problemorientierte Gespräche zu führen, muss viel mehr Wert darauf gelegt werden, die fachpersönliche Integrität und die Fähigkeit, eine persönliche Sprache anzuwenden, zu stärken. Mit anderen Worten, man muss sich darum bemühen, die Beziehungskompetenz zu entwickeln (s. Definition in Kapitel 11), und das wird am besten durch Ausbildung, Supervision, kollegiale Reflexion und Training erreicht.

Gleichzeitig ist es notwendig, die Einstellung zu Konflikten zu ändern. Konflikte sollten nicht länger als etwas betrachtet werden, das am besten gar nicht existieren sollte, oder als Ausdruck von Fehlern, die eine oder beide Parteien der Zusammenarbeit machen oder haben, sondern als konstruktive und dynamische Elemente jeder Beziehung.

Vermittlung mit Ausgangspunkt im neuen Paradigma

Wie wir in Kapitel 11 genauer darlegen, beruft sich dieses Buch unter anderem auf den Paradigmenwechsel in der Entwicklungspsychologie und der neueren Säuglings- und Beziehungsforschung (s. z. B. Brodén 1991, Sommer 1996, Stern 1997).
Dieses Paradigma findet erst jetzt seinen Weg in die Praxis der Schulen und Kindertagesstätten, und anscheinend besteht eine große Diskrepanz zwischen seiner leichten und unmittelbaren Verständlichkeit und der großen Schwierigkeit, es in die Praxis umzusetzen. Im Alltag wirkt sich das neue Paradigma bereits auf zahlreichen Ebenen aus, und selbst wenn wir uns hier lediglich mit der Elternarbeit beschäftigen, halten wir es dennoch für angezeigt, die Quintessenz dieses Paradigmenwechsels seine Auswirkungen auf das Verständnis von den Problemen des Kindes und auf die Gewichtung der Beziehung zwischen Pädagogen und Kindern in groben Zügen zu beschreiben,

Es ist am einfachsten, das Paradigma von denselben existenziellen Begriffen ausgehend zu beschreiben, die wir bereits bei der Beschreibung des Pädagogen als Kooperationspartner eingeführt haben: Kinder werden mit sozialen Kompetenzen geboren, und sie haben das Bedürfnis, Beziehungen zu anderen einzugehen, um sich entwickeln zu können. Das heißt auch, dass sie von Beginn an das Bedürfnis haben, sich in der Beziehung zu ihrem nächsten Erwachsenen wertvoll zu fühlen, und dass die Verbindung in beide Richtungen verläuft: Nicht nur die Erwachsenen geben dem Kind etwas, auch das Kind gibt etwas zurück und wirkt auf die Beziehung ein, die von Beginn an eine Subjekt-Subjekt-Beziehung ist. Das Bedürfnis des Kindes, sich in der Beziehung zum nahen Erwachsenen wertvoll zu fühlen bedeutet, dass es kompetent mit jeder Form von erwachsenem Verhalten zusammenarbeitet, egal ob es für sein eigenes Leben konstruktiv oder destruktiv ist.

Die Zusammenarbeit mit dem destruktiven erwachsenen Verhalten hat Konsequenzen für die Integrität des Kindes, weil es sich in diesen Situationen mehr anstrengen muss, als es alters- und entwicklungsbedingt verkraften kann. Wenn Kinder oder andere Menschen sich über ihre eigenen Kräfte hinaus anstrengen müssen, um sich in einer Beziehung wertvoll zu fühlen, folgt diesem „Überanstrengen" immer ein Unbehagen und ein Ungleichgewicht, und dieses Unbehagen wird oft im Verhalten zum Ausdruck kommen.

Viele Störungen des Verhaltens, der Konzentration und der Aufmerksamkeit haben somit ihre Wurzeln in den Beziehungen, in denen das Kind lebt. Natürlich sind die nahen Beziehungen zu den Eltern oder denjenigen, die die Eltern vertreten, am bedeutsamsten. Das ist unter Lehrern und Erziehern seit Langem allgemein anerkannt. Dagegen war es schwieriger zu akzeptieren, dass auch die kindliche Beziehung zum Lehrer und Erzieher von großer Bedeutung ist. Wenn Kinder z. B. zur Untersuchung an die PPR (pädagogisch-psychologische Beratungsstelle) überwiesen werden, liegt der Fokus im Großen und Ganzen immer auf dem Verhalten des Kindes und nicht auf der Beziehung zwischen Fachperson und Kind.

Unser eigener Anteil an den Problemen

Wenn wir tatsächlich unser Wissen darüber, dass die Subjekt-Subjekt-Beziehung die Basis für Lernen und Entwicklung ist, umsetzen wollen, müssen wir wieder auf die Bedeutung der fachpersönlichen Anwesenheit des Pädagogen zurückkommen. Damit liegt der Fokus wieder auf der Fachperson, die sowohl ihre schwachen als auch ihre starken Seiten exponieren muss. Wenn man als Lehrer oder Erzieher seine Probleme mit einem Kind den Eltern beschreiben soll, muss also deutlich sein, dass der Fokus auf der Beziehung und nicht auf dem Verhalten des Kindes liegt. Es ist für den Pädagogen oft sehr schwer, sich selbst und seinen eigenen Anteil in die Problemstellung mit einzubeziehen. In letzter Konsequenz würde das bedeuten, dass der Lehrer sich sowohl selbst als auch das Kind an die PPR überweisen müsste.

Hoffentlich wird das bald geschehen. Wenn nämlich der Pädagoge weiterhin den Fokus auf das Verhalten des Kindes gerichtet hält, versetzen wir uns selbst in eine

Position, von der aus wir die existierenden Probleme nicht lösen können, weil wir unseren eigenen Anteil am Problem nicht verstehen. In der Beziehung zum Kind hat man als Pädagoge die gesamte Verantwortung für die Qualität der Beziehung, und deswegen sind auch wir diejenigen, die den Schlüssel dazu haben, sie für beide Parteien konstruktiv zu verändern.

Es ist klar, dass es für die Eltern schwierig ist, der professionellen Beschreibung einer Problemstellung zuzuhören, wenn sie so dargelegt wird, als ob es das Kind ist, mit dem etwas nicht stimmt. Es ist für die Eltern auch schwer, zusätzlich konstruktiv über ihren eigenen Anteil an der Problemstellung zu sprechen, wenn sie so dargelegt wird, als ob der Lehrer oder Erzieher überhaupt keinen Anteil daran und keine Verantwortung für die bestehenden Schwierigkeiten hat. Man muss daher der Situation offen gegenübertreten und zusammen mit den Eltern untersuchen, wo im Leben des Kindes das Verhalten der Erwachsenen für die Entwicklung destruktiv ist. Es ist folglich nicht nur die Beziehung der Eltern zum Kind, die untersucht werden muss, sondern auch die eigene professionelle Beziehung.

Das ist für einen Pädagogen eine schwierige Übung, und hier spürt man deutlich, dass es einen Unterschied macht, ob man sein Fach mit persönlicher Autorität und mit all der Exponierung der Persönlichkeit ausübt, die sich aus diesen Erkenntnissen ergeben, oder ob man sich ausschließlich auf die rollenbedingte Autorität stützt, die weiterhin zum Fach gehört, aber nicht länger ausreichend ist. Es erfordert fachliche und persönliche Stärke, es zu wagen, seine schwachen Seiten zu exponieren und gleichzeitig den Überblick und die Verantwortung für den Prozess der Zusammenarbeit zu bewahren, sodass die Zusammenarbeit konstruktiv und zukunftsorientiert fortgesetzt werden kann. Man muss allerdings betonen, dass diese Kompetenz bei der Fachperson nur herausgebildet und entwickelt werden kann, wenn er gezielt mithilfe von Supervision und kollegialer Reflektion daran arbeitet. Wir wissen, dass die Elternarbeit nur ein kleiner, wenn auch wichtiger Teil der täglichen Arbeit ist. Warum dann so viele Ressourcen darauf verwenden? Der gute Grund dafür ist, dass es eine Kompetenz ist, die nicht nur für die Elternarbeit wichtig ist, sondern ganz zentral ist, wenn es darum geht, ein gutes Lern- und Entwicklungsmilieu zu schaffen, was wohl den Kern der pädagogischen Arbeit sowohl in der Schule als auch in der Kindertagesstätte ausmacht.

Sich selbst als einen Teil der Problemstellung zu betrachten und damit auch als Teil der Lösung, ist somit ein wichtiger Schritt auf dem Weg, das neue Paradigma in die tägliche Praxis umzusetzen und es den Eltern zu vermitteln. Es ist wichtig, dass sich sowohl Pädagogen als auch die Eltern selbst als die verantwortlichen Erwachsenen betrachten, die den Schlüssel zur Lösung des Problems besitzen und nicht den Ausgangspunkt der Problemstellung im Modell einer kaputten Maschine sehen, bei dem das Kind als Maschine behandelt wird - einem Objekt, bei dem einige Schrauben festgeschraubt oder ausgetauscht werden müssen, damit es wieder läuft.

Anerkennung von Absicht

Der erste Schritt zur Umsetzung des neuen Paradigmas ist, sich selbst als professionellen Kooperationspartner zu sehen und es zu wagen, seinen eigenen Einsatz bei der Bearbeitung des Problems mit einzubeziehen. Der nächste Schritt ist, den Eltern das neue Bild von den Kindern als kompetenten Partnern in der Zusammenarbeit zu vermitteln, sodass auch sie vom Modell der fehlerhaften Maschine wegkommen. Als Eltern wissen wir, dass wir für das Wohlbefinden und die Entwicklung unseres Kindes von großer Bedeutung sind, und wir wollen es gerne so gut wie möglich machen. Gerade deshalb fällt uns die Einsicht schwer, dass wir auch selbst ein Teil der Problemstellung sind, wenn unsere Kinder Schwierigkeiten haben. Ganz besonders trifft das zu, wenn wir an einer Problemlösung zusammenarbeiten sollen, und einem der Dialogpartner geht es vorrangig darum, Schuldige auszumachen. Als Pädagoge sollte man sich deshalb unbedingt vor Augen halten, dass die Eltern es so gut machen, wie sie können, und dass das, was sie in Bezug auf ihre Kinder tun, hauptsächlich liebevoll und fürsorglich gemeint ist. Das Problem ist, dass es nicht immer so wirkt, wenn es beim Kind ankommt. Falls aber der Pädagoge die gute Absicht der Eltern anerkennt, trauen sich die Eltern eher, darüber zu sprechen, was sie evtl. anders machen könnten. Wenn man es als Fachmann gleichzeitig wagt, darüber zu sprechen, dass man selbst auch nicht perfekt ist, und es einem deswegen auch nicht immer gelingt, die Beziehung konstruktiv zu gestalten, dann können sich wie gesagt auch die Eltern leichter öffnen und etwas gegen das Problem zu tun.

Kims Mutter wendet sich nach Rücksprache mit der Schule an die PPR. Sie hat Probleme mit dem elfjährigen Kim und beschreibt seine Probleme kurz so: „Ich möchte, dass Sie sich meinen Sohn ansehen. Er ist viel zu jähzornig, er sollte lieber lernen, sich zu beherrschen, anstatt zu explodieren.“ Kim ist bei diesem ersten Gespräch mit seiner Mutter dabei, und es verwundert nicht, dass er sich auf dem Stuhl windet, wenn er als Problem stigmatisiert wird, gegen das etwas getan werden muss. Kims Mutter ist nicht die einzige, die findet, dass Kim ein Problem hat. Die Schule möchte auch gerne, dass jemand dabei hilft, Kim ruhiger zu machen, sodass es einfacher wird, ihn in der Klasse und in den Pausen mit den anderen zusammenzuhaben.

Am Anfang des Gesprächs ist es wichtig, Kims Mutter klarzumachen, dass sie nicht bekommen kann, wofür sie gekommen ist. Man muss ihr sagen, was sie stattdessen bekommen kann. Dann kann sie entscheiden, ob sie das Angebot annehmen will. Die Einleitung des Pädagogen kann hier so lauten: „Ich verstehe, dass Sie möchten, dass ich etwas unternehme, damit Kim weniger temperamentvoll wird. Das kann ich nicht, aber möglicherweise kann ich etwas anderes tun, das Ihnen nützen kann. Möchten Sie hören, was das ist?“

Der Pädagoge sichert sich eine Einladung und macht gleichzeitig dafür Platz für die Reaktion von Kims Mutter auf die Frustration ihrer Wünsche. Sie will gerne mehr hören und der Pädagoge fährt fort:

„Ich sehe es so: Wenn Kinder ständig zornig, traurig, deprimiert oder ähnlich sind, geschieht das, weil sie etwas Wichtiges in ihrem Alltag vermissen. Alle Menschen müssen spüren können, dass sie etwas Wert sind und dass sie denjenigen, mit denen sie im Alltag zusammen sind, etwas bedeuten. Für Kinder ist selbstverständlich die nahe Familie am wichtigsten, aber auch Lehrer, Erzieher und Kameraden haben große Bedeutung. Der Grund für Kims Reaktion und Verhalten kann also sein, dass er nicht das bekommt, was er braucht. Vielleicht ist es das Zusammensein mit Ihnen oder mit seinem Vater, das schwer ist, oder vielleicht das Zusammensein mit Kameraden oder Lehrern. Vielleicht sind es mehrere Punkte! Obwohl ich Sie nicht kenne, bin ich mir ziemlich sicher, dass Sie alles tun, was sie können, damit es Kim gut hat. Sonst wären Sie heute nicht hier.

Aber vielleicht ist es so, dass etwas von dem, was Sie liebevoll und fürsorglich an Ihr Kind senden, einfach nicht bei ihm ankommt. Das möchte ich gerne mit Ihnen zusammen herausfinden. Das heißt aber, dass wir mehr darüber sprechen müssen, was Sie tun, und was Sie vielleicht anders machen müssen. Das bedeutet auch, dass ich mit Kims Lehrern über ihre Beziehung mit Kim sprechen muss. Was sagen Sie zu all dem?“

Das Beispiel zeigt, wie man Eltern das neue Paradigma vermitteln kann. Hier ist es ein Berater der PPR, der das Wort führt, aber es könnte auch ein Lehrer oder Erzieher sein, der zusammen mit Kims Mutter sowohl ihre als auch seine eigene Beziehung zu Kim untersucht. Wenn das Gespräch im selben Ton und mit der Aufmerksamkeit beider Parteien fortgesetzt wird, fängt Kim bald an, sich zu beruhigen - erleichtert darüber, dass die Erwachsenen die Verantwortung übernehmen, und seine Signale erhört werden. Die Auffassung, dass Kinder von Anfang an sozial kompetent sind, impliziert, dass Kinder stets ihr Bestes tun, um mit ihrer Umgebung zusammenzuarbeiten. Nimmt man das als Ausgangspunkt, weiß man, dass schwieriges Verhalten von Kindern immer ein Signal dafür ist, dass sie nicht das bekommen, was sie brauchen. Das Kind wird in der Situation von Schuld freigesprochen, und der Erwachsene hat eine Möglichkeit, in das existenzielle Bedürfnis hineinzufinden, das hinter dem schwierigen Verhalten des Kindes steckt.

In Wirklichkeit kann man eine Problemstellung sehr leicht untersuchen, wenn man von diesen beiden Fragen ausgeht:

1. Wo in seinem Leben fühlt sich das Kind in der Beziehung nicht wertvoll?

2. Wo strengt sich das Kind über seine eigenen Grenzen hinaus an, um die Liebe und Gemeinschaft mit den Nächsten zu spüren?

In Kims Fall zeigt sich, dass es sowohl um die Beziehung zur Mutter als auch zu seiner Lehrerin geht. Das Ganze hat mit der Beziehung zur Mutter begonnen. Sie wurde vor einiger Zeit Opfer eines Verkehrsunfalls und zog sich dabei ein Schleudertrauma zu, was bedeutet, dass sie krankgeschrieben müde und verstimmt ist und unter Konzentrationsstörungen leidet. Sie ist lärmempfindlich geworden, aber mit drei Kindern im Haus, von denen Kim das älteste ist, lässt sich Lärm kaum vermeiden. Kim hat versucht, seiner Mutter zu helfen, indem er die Kleinen bittet, ruhiger zu sein und versucht, sie zu erziehen. Er wird wütend und schimpft mit ihnen, obwohl das für seine Mutter alles bloß viel schlimmer macht. Kims Mutter ist um ihre Gesundheit besorgt und mit der Frage beschäftigt, ob sie wieder dazu imstande sein wird, ihre Kinder zu versorgen, um die sie sich allein kümmert. Mit all diesen Sorgen und ihren körperlichen Schmerzen ist sie allein und das lässt sie abwesend und introvertiert werden. Kim reagiert auf den fehlenden Kontakt mit ihr, indem er sich über Kleinigkeiten aufregt und versucht, ihr bei der Erziehung der jüngeren Geschwister zu helfen.
In der Schule fällt es der Lehrerin schwer, Kim von früher wiederzuerkennen. Sie ärgert sich über sein Verhalten und wird ungeduldig mit ihm. Das bedeutet, dass man Kim weder zuhause noch in der Schule so begegnet, wie er es braucht. Er braucht Verständnis und Interesse für den existenziellen Schmerz, der seinem schwierigen Verhalten zu Grunde liegt, und die Lehrerin verstärkt diese Symptome noch zusätzlich, anstatt sie zu heilen.

Eine große Herausforderung

Wir sind uns völlig im Klaren darüber, dass wir viel von Lehrern und Erziehern verlangen, wenn wir erwarten, dass sie das neue Bild von den Kindern an die Eltern vermitteln. Das erfordert nämlich, dass man es als Fachperson selbst so sehr verinnerlicht hat, dass man nicht nur einen Untersuchungsprozess mit den Eltern leiten kann, wenn man gemeinsam versucht, die beiden oben genannten Fragen zu beantworten, sondern dass man auch so viel an seiner fachpersönlichen Entwicklung gearbeitet hat, dass man weiß, wie man Kindern und Erwachsenen mit persönlicher Autorität und Authentizität entgegentreten kann. Es braucht Zeit, dahin zu gelangen. Viel erreicht hat man bereits, wenn es gelingt, die Beziehung zu betrachten und sich auf sich selbst in der Beziehung anstelle ausschließlich auf das Verhalten des Kindes zu fokussieren. Dann kann an den meisten Orten Hilfe zur Vermittlung der Perspektive durch die PPR geholt werden.

Planung des Gesprächs

Das Ergebnis eines Gesprächs ist auch davon abhängig, ob man sich Zeit dafür genommen hat, das Gespräch zu planen und sich ordentlich darauf vorzubereiten. Wird ein Gespräch von zwei Kollegen gemeinsam geführt, sollte man es auch zusammen planen. Leitet man das Gespräch allein, lohnt es sich, allein in der Planungsphase einen Kollegen als Sparringspartner hinzuzuziehen. Das gilt besonders, solange man übt, einige der Prinzipien in den Griff zu kriegen, die hier beschrieben sind.
Man kann die Vorbereitung in eine übergeordnete Planung und in eine Planung des einzelnen Gesprächs einteilen. Bei der übergeordneten Planung muss man sich klarmachen, in welchen Zusammenhang das Gespräch steht. Vielleicht ist es ein Element einer größeren Zusammenarbeit, die das Kind betrifft, vielleicht weiß man von vornherein, dass Bedarf für eine Gesprächsreihe besteht, bei der ein Ziel für den gesamten Verlauf festgesetzt werden soll. Darüber hinaus ist es gut, Teilziele für die einzelnen Gespräche zu formulieren. Die Teilziele können natürlich im Verlauf geändert werden. Es ist jedoch immer wichtig, ein Ziel zu haben, an dem man arbeiten kann, bis ein anderes beschlossen wird.
Überhaupt ist es oft ein Vorteil, sich eine Gesprächsreihe vorzustellen, kurz oder lang, anstatt zu glauben, das Ganze mit einem einzigen Gespräch lösen zu können. Wenn die Eltern mitschwierigen Problemstellungen umgehen sollen, ist es gut, Zeit zwischen den Gesprächen zu haben, damit sich die Eltern miteinander oder einer dritten Person austauschen können, bevor sie sich wieder mit Lehrern und Erziehern treffen. Es ist auch wichtig, dass man sich als Pädagoge klar macht, was die eigene Aufgabe bei einem Elterngespräch ist. Meistens ist es die Aufgabe des Lehrers oder Erziehers, auf ein Problem aufmerksam zu machen, was aber nicht bedeutet, dass es immer ihre Aufgabe ist, für die Lösung zu sorgen.
Vor jedem einzelnen Gespräch gibt es auch eine Planungsarbeit. Was ist das Ziel gerade dieses Gesprächs? Je präziser sich die Fachperson diesbezüglich vor dem Treffen ausdrückt, desto leichter ist es während des Treffens an Struktur und Inhalt festzuhalten. Wenn das Ziel klar ist, ist es auch leichter, eine Tagesordnung zu formulieren, in der natürlich auch Platz für die eventuellen Punkte der Eltern sein soll.

Wie viel Zeit soll für das Gespräch eingeplant werden und wer soll dabei sein?
Für das problemorientierte Gespräch soll viel Zeit eingeplant werden, d.h. eine halbe bis anderthalb Stunden. Längere Gespräche sind nicht empfehlenswert, dann sollte man lieber einen neuen Termin vereinbaren. Es ist wichtig für alle, einen Schlusszeitpunkt zu haben, und sich für den Abschluss Zeit zu lassen (s. Kapitel 5). Es kann der konstruktiven Atmosphäre auch dienlich sein, für ein angenehmes, ordentliches Gesprächsumfeld zu sorgen, indem man z. B. einen schönen Ort aussucht, wo man ungestört zusammensitzen kann, evtl. bei einer Tasse Kaffee oder einem kalten Getränk.

Bei der Planung soll der Pädagoge sich auch Zeit nehmen, die folgenden Fragen zu überdenken:

- Was weiß ich im Voraus?
- Was will ich sagen?
- Wozu will ich Fragen stellen?

Auch die Frage, wer am Gespräch teilnehmen soll, muss geklärt werden. Manchmal ist es gut, als Kollegen zu zweit zu sein. Zu zweit kann man sowohl dem Prozess als auch dem Inhalt mehr Aufmerksamkeit schenken. Dieses Vorgehen bewährt sich auch dann, wenn die Kollegen sehr unterschiedliche Sichtweisen auf das Kind haben, oder wenn der eine einen besseren Kontakt zu den Eltern hat als der andere. Falls nur ein Elternteil anwesend ist, können zwei oder mehr Pädagogen dagegen überwältigend wirken, und dann ist es oft besser, dass man sich zusammen vorbereitet und nur einen zum Gespräch schickt.
Als Lehrer oder Erzieher kann es auch zweckmäßig sein, seinen Vorgesetzten mit zu einem problemorientierten Gespräch zu nehmen. Vielleicht weiß man im Voraus, dass es notwendig ist, Änderungen am Alltag des Kindes in der Schule oder in der Kindertagesstätte vorzunehmen, und dann ist es gut, so präzise wie möglich bezüglich dieser Änderungen zu sein. Vielleicht benötigt man den Vorgesetzten auch als kompetenten Prozessleiter, wenn man selbst unsicher ist. Zu Beginn des Gesprächs, besser bereits in der Einladung an die Eltern, sollte jedoch deutlich gemacht werden, warum der Vorgesetzte hinzugezogen wurde und was seine Rolle ist.

Die Frage bezüglich der Teilnahme des Kindes am Gespräch muss ebenfalls im Voraus geklärt werden. Theoretisch betrachtet ist es eine gute Idee, das Kind teilnehmen zu lassen. Es gibt dem Kind die Gelegenheit, selbst zu beobachten und an den Prozessen, die die Erwachsenen durchlaufen, wenn sie besorgt, frustriert oder traurig sind, teilzunehmen. In diesen Fällen kann das Kind durch seine Teilnahme jede Menge über Konfliktlösung lernen. Praktisch gesehen ist es für die Pädagogen jedoch oft schwierig, das Gespräch so dass das Kind nicht zum Sündenbock wird. Es ist auf jeden Fall zweckmäßig, zuvor mitzuteilen, dass man das Kind mit dem Gespräch nicht verletzen will und gebremst werden möchte, wenn es trotzdem passiert. Es kann für das Kind auch eine große Hilfe sein, einen Erwachsenen zu erleben, der nicht nur das Unbehagen des Kindes ernst nimmt, sondern es auch ausspricht und dem Kind dadurch hilft, bewusster zu werden und Selbstgefühl und Selbstverständnis zu entwickeln. Man muss darauf achten, dass man das Kind während des Gesprächs freistellt. Es ist also nicht das Kind, das Leerräume ausfüllen soll, wenn die Erwachsenen nicht gleich wissen, wie sie weiterkommen sollen. Entscheidet man sich dafür, das Gespräch ohne das Kind abzuhalten, muss es vor dem Treffen eine altersgerechte Erklärung dafür bekommen und hinterher ein Resümee, sodass es nicht erraten muss, was dort vor sich gegangen ist.

Fachperson und Eltern können zusammen erörtern, wie das Kind orientiert werden soll, dann können sie gleichzeitig selbst schlauer daraus werden, was die Quintessenz ihres Gesprächs ist.

Was wird schwierig?

Als Pädagoge muss man sich fragen, was man sich im Voraus beim Verlauf des Gesprächs als Schwierigkeit vorstellen kann. Wenn wir z. B. an das Gespräch zwischen Karen und den Eltern von Johan denken (in Kapitel 1 beschrieben), so war ein Teil von Karens Vorbereitung, sich bewusst zu machen, dass sie es mit den Eltern schwer hat, die dieselbe oder eine ähnliche Ausbildung wie sie selbst haben. Andere Male ist die Besorgnis an eine Botschaft gebunden, die man vermitteln muss, und wieder andere Male an die Angst vor der Reaktion der Eltern auf die Botschaft. Egal wie gut man sich vorbereitet, man kann niemals den Verlauf oder den Ausgang eines Gesprächs voraussagen kann. Trotzdem verleiht die Vorbereitung eine gewisse Sicherheit, und das erhöht die Chancen der Fachperson, gegenüber den Reaktionen und dem Input der Eltern offen zu bleiben.

Wir haben zuvor ein Rollenspiel als effektives Werkzeug zur Vorbereitung auf das problemorientierte Gespräch erwähnt. Die Methode hat den Vorteil, dass man als Lehrer oder Erzieher die Möglichkeit bekommt, die Sätze konkret zu formulieren, die man verwenden möchte. Darin steckt sehr viel Lernen - im Unterschied zu dem bloßen Reden über das kommende Gespräch. Darüber hinaus erhält man die Reaktion eines anderen Menschen auf seine Aussage und selbst wenn es nicht genau dieselbe Reaktion ist, die die Eltern zeigen würden, so gibt sie trotzdem eine wertvolle Information darüber ab, wie man imstande ist, den Dialog zu stärken, und wie man ihn schwächen oder den Kontakt ganz verlieren wird.
In einem Rollenspiel sagt der Lehrer oder Erzieher oft: „So würden es die richtigen Eltern niemals tun!“ Aber es ist auch nicht wichtig, dass das richtige Gespräch eine Kopie des Rollenspiels wird, oder umgekehrt. Was wichtig ist, ist, dass der Pädagoge trainiert, anwesend zu sein und auf das zu reagieren, was kommt, und das kann in hohem Maße in Rollenspielen trainiert werden!

Praktische Beispiele für generelle Prinzipien in problemorientierten Gesprächen

Eltern fällt es oft schwer, die Meinungen und Beurteilungen der Pädagogen bezüglich der Entwicklung und des Lernens ihres Kindes zu akzeptieren. Deswegen werden gerade bei einem problemorientierten Gespräch die Prinzipien für die Herstellung eines guten Dialogs besonders wichtig. Wir arbeiten mit einigen ganz einfachen Prinzipien oder Richtlinien, die sehr leicht zu erklären und zu verstehen sind. Ihre Übertragung in die Praxis kann jedoch Schwierigkeiten bereiten.

Die Liste sieht so aus:

- Seien Sie persönlich!
- Stellen Sie so wenige Fragen wie möglich!
- Seien Sie konkret!
- Verdeutlichen Sie Gegensätze!
- Nehmen Sie den Gesprächspartner ernst!
- Besprechen Sie jeweils nur eine Sache!
- Achten Sie die eigenen Grenzen und die der anderen!
- Beachten Sie die Bedeutung der Pause!

Dem könnte man noch weitere Punkte hinzufügen, aber diese sind die wichtigsten beim ersten Durchgang. Wir werden die Punkte kurz durchgehen und sie danach mithilfe von Beispielen beleuchten. Den ersten Punkt - Seien Sie persönlich! - haben wir bereits in Kapitel 5 eingehend beschrieben.

Seien Sie persönlich!

Die Notwendigkeit persönlich zu sein ist eine direkte Folge daraus, dass die Zusammenarbeit in einer Subjekt-Subjekt-Beziehung vor sich geht, und diese kann nur stattfinden, wenn beide beim Gespräch persönlich anwesend sind. Mit persönlich meinen wir etwas anderes als privat, und es ist notwendig, zwischen diesen beiden Begriffen zu unterscheiden. Als Fachperson muss man mit den Eltern überhaupt nicht privat sein. Man muss das eigene Privatleben oder sein übriges Leben, das außerhalb der betreffenden Beziehung liegt, nicht mit einbeziehen. Man kann seine privaten Erfahrungen mit einbringen, aber inwieweit man das tut, ist eine Frage des eigenen persönlichen Stils; und es darf unter gar keinen Umständen so sein, dass die privaten Erfahrungen des Pädagogen das Gespräch erfüllen. Wenn das Gespräch sich z. B. darum dreht, dass man dem Kind einen Logopäden empfiehlt, und vielleicht mit eigenen Kindern Erfahrungen damit gemacht hat, kann man das erwähnen, man kann es aber auch lassen. Auf keinen Fall dürfen private Informationen ein Ersatz für die persönliche Anwesenheit sein, die sich aus dem Kontakt in der direkten Begegnung ergibt.

Stellen Sie so wenige Fragen wie möglich!

Es ist ein verbreitetes Missverständnis, dass man einen Dialog allein dadurch herstellen kann, indem man eine Menge Fragen stellt. Fragen werden oft mit dem versteckten Wunsch gestellt, dass die Eltern in der Antwort genau das aussprechen werden, was man sich aus Furcht vor der elterlichen Reaktion selbst nicht zu sagen traut. Das tun sie beinahe nie, und weil Fragen nichts über den Fragenden aussagen, bleibt man den Eltern als reiner Fragensteller undeutlich, und das hat Unruhe und Unsicherheit zur Folge. Viele Fragen können durch Aussagen ersetzt werden, in denen man seinen Standpunkt zu erkennen gibt, und gleichzeitig darum bittet, den Standpunkt der Eltern zu hören. Wenn man Bedarf hat, zu fragen, ist es eine gute Idee, seine Fragen zu begründen, sodass die Eltern wissen, in welchen Zusammenhang ihre Antwort tritt.

Seien Sie konkret!

Wenn es um Problemlösung geht, ist es immer notwendig vom Allgemeinen zum Besonderen überzugehen. Wörter wie „man“, „wir“, „immer“, „nie“ usw. sollte man möglichst vermeiden. Es ist weitaus besser, konkrete Beispiele für das, worüber man den Eltern etwas sagen möchte, anzuführen. Geht es zum Beispiel darum, dass das Kind in den Pausen viel allein ist, dann ist die Beschreibung eines Beispiels davon, was den Pädagogen Sorgen macht, ein weitaus besserer Ausgangspunkt als eine Diskussion darüber, inwiefern Kinder miteinander in den Pausen spielen sollen.
Ein gut gewähltes Beispiel tut meist die gewünschte Wirkung. Wenn es die Eltern nicht verstehen, hilft es nicht, noch fünf Beispiele zu nennen, dann soll man sich lieber für die Perspektive der Eltern interessieren und anhören, wie sie das Thema sehen.

Verdeutlichen Sie Gegensätze!

Jedes Mal, wenn Sie im Gespräch den Eindruck erhalten, zwischen Ihnen und den Eltern bestehen in Bezug auf eine Situation gegensätzliche Auffassungen bestehen, muss darüber gesprochen und der Gegensatz deutlich gemacht werden.
Oft tut man das Gegenteil und versucht, die Eltern zu überzeugen, dass mehr Einigkeit herrscht als sie glauben, oder dass sie in jedem Fall gut daran täten, den eigenen Standpunkt zu übernehmen. Genau damit machen Sie aber deutlich, dass Sie den Eltern nicht gleichwertig begegnen und ihren Standpunkt nicht ernst. Und es ist klar, dass dies die Distanz zwischen den Beteiligten vergrößert, denn wer sich vereinnahmt fühlt, muss unnachgiebiger argumentieren, um gehört zu werden.

Es kann auch unterschiedliche Auffassung zwischen den beiden Eltern geben, und auch das soll deutlich gemacht werden. Probleme der Kinder haben ihre Wurzeln oft im mangelnden Respekt der Eltern vor der Verschiedenheit untereinander, und auch wenn die Schule oder Kindertagesstätte keine Familientherapie durchführen soll, so ist es trotzdem eine gute Idee, diesen mangelnden Respekt vor der Verschiedenheit ins Blickfeld zu rücken, wenn er sich im Gespräch abspielt. Das gibt den Eltern die Gelegenheit, sich dessen bewusst zu werden und zu erfahren, was das für ihr Kind bedeutet. Es kann auch ein Gegensatz zwischen Inhalt und Prozess auftreten. Die Eltern können einem Vorschlag zustimmen, während ihre gesamte Haltung ein Nein anzeigt. Dann ist es die Aufgabe des Pädagogen, dies anzusprechen und den Widerspruch aufzuklären. Es kann auch von schweigendem Widerstand die Rede sein, wenn die Eltern nicht wortgewandt sind oder keine Erfahrung damit haben, dass es etwas nützt, seine Meinung zu sagen. In diesen Fällen muss der Pädagoge ebenfalls die Initiative ergreifen, sodass der stille Widerstand zum Ausdruck gebracht wird.

Nehmen Sie den Gesprächspartner ernst!

Eltern reagieren im problemorientierten Gespräch sehr unterschiedlich, aber eins ist sicher: Wenn die Botschaft der Besorgnis des Pädagogen um das Kind zu den Eltern durchdringt, so wird es auf sie Eindruck machen und in den allermeisten Fällen auch eine Reaktion auslösen. Die Reaktion muss akzeptiert und ernst genommen werden. Es ist die Fachperson, die als der Verantwortliche für den Prozess des Gesprächs dafür sorgen soll, den Eltern zu begegnen und ihnen Raum für ihre Reaktionen zu lassen. Wenn man sich als Eltern in einem gefühlsmäßigen Chaos befindet oder unsicher ist, ist es nicht möglich, mehr aufzufassen, bevor man Zeit dazu bekommen hat, bei dem Eindruck zu verweilen, den die Botschaft schon gemacht hat, und evtl. die Gelegenheit dazu erhalten hat, vertiefende Fragen zu stellen. Als Pädagoge muss man an seiner Fähigkeit, verschiedenen Reaktionen Raum zu geben, arbeiten. Einigen fällt es sehr schwer, wenn die Eltern sehr traurig werden, anderen fällt es schwer mit jemand Wütendem in einem Raum zu sein. Für die meisten liegt auch ein Stück fachpersönliche Entwicklungsarbeit darin, die eigene Fähigkeit, verschiedene Reaktionen zuzulassen, zu verbessern, um den offenen, gleichwertigen Kontakt zu bewahren.

Besprechen Sie eines nach dem anderen!

Als Fachperson hat man auch Verantwortung für die Struktur und den Inhalt. Das bedeutet, dass es die eigene Verantwortung ist, sich an die Tagesordnung zu halten und dafür zu sorgen, dass die einzelnen Punkte erörtert werden. In dem Zusammenhang sollte man wissen, dass es für die Eltern oft am angenehmsten ist, die Punkte zuerst zu erörtern, die für sie am bedeutendsten sind, oder über die sie sich am unsichersten sind. Manchmal muss man die Tagesordnung entsprechend ändern, um den Eltern in diesem Punkt entgegenzukommen. Andere Male kann es notwendig sein, an der Tagesordnung festzuhalten, damit die Punkte, die einem selbst am wichtigsten sind, auch sicher den erforderlichen Platz bekommen.

Beachten Sie die eigenen Grenzen und die der anderen!

Empathische Anwesenheit heißt auch, ein Gefühl für die Grenzen anderer zu haben. Sicherlich kann man unmöglich immer genau wissen, wo die Grenze des anderen ist. Gerade deswegen ist es eine gute Faustregel, die Eltern zu fragen, wenn man im Zweifel ist. Manchmal hält man sich selbst so sehr zurück, dass es den konstruktiven Kontakt beeinträchtigt. In solchen Fällen ist es eine gute Idee, zu fragen. Aber es ist ebenfalls wichtig, dass die eigenen Grenzen respektiert werden. Manche Lehrer und Erzieher schießen im Dienste der guten Sache gern einmal über das Ziel hinaus. Sie tolerieren einen Umgangston, den sie eigentlich nicht in Ordnung finden, oder sie finden sich damit ab, dass Termine und Abmachungen nicht eingehalten werden. Es erleichtert die Zusammenarbeit und fördert die Selbstachtung der Fachperson, in diesen Situationen zu reagieren.

Beachten Sie die Bedeutung der Pause!

Man spricht ja auch von der „Kunst des Gesprächs" und in der Tat erinnert ein Gespräch, das richtig gut läuft, an Kunst. Da verhält es sich fast wie in der Musik, wo es einen Unterschied macht, ob man Noten spielt oder Musik macht. Der gute Gesprächspartner beherrscht auch die Kunst der Pause. Es braucht Zeit, um zu verkraften, zu reflektieren und zu reagieren, wenn man miteinander wichtige Dinge bespricht. Deshalb ist es wichtig, sich darin zu üben, den richtigen Zeitpunkt für eine konstruktive Pause zu erkennen. Peinliche Pausen entstehen im Übrigen oft nur, wenn dem Pädagogen selbst unwohl dabei ist und die Pause dazu benutzt, nachzudenken: „Was soll ich denn jetzt tun? - Wie soll ich weiterkommen?" Wenn das der Inhalt der Pause ist, ist es besser, das laut zu sagen und zu sehen, was passiert. Die meisten werden erleben, dass schon allein durch das laute Aussprechen der Frage die Pause dann ihren Charakter vom Peinlichen zum Konstruktiven verändert. Während der konstruktiven Pause kann man manchmal spüren, dass gerade in der Pause die erkenntnisreichen Durchbrüche passieren, dass es wirklich gelingt, den Eltern oder sich selbst eine neue und konstruktivere Perspektive auf das Thema zu vermitteln, das man miteinander erörtert.

Übung

Finden Sie sich in kleineren Gruppen von zwei bis vier Personen zusammen und versuchen Sie sich mit Hilfe der folgenden Fragen über die oben genannten Punkte klarer zu werden:

- Wie reagieren Sie selbst, wenn Sie etwas Schwieriges erfahren? Sie können sich z. B. einen Bescheid vom Arzt oder einen Bescheid, der das Leben und die Entwicklung Ihres eigenen Kindes betrifft, vorstellen. Finden Sie jeder für sich eine Situation, die emotional von Bedeutung ist, und beschreiben Sie sie den anderen. Versuchen Sie danach herauszufin den, was das betreffende Gespräch gut bzw. weniger gut gemacht hat.

Kapitel 8

Zusammenarbeit über Stimmung und Konfliktlösung in der Kindergruppe

Der Umgang in Kindergruppen kann sehr unterschiedlich sein. Viele verschiedene Faktoren beeinflussen das soziale Klima der Gruppe. Sowohl in der Schule als auch in der Kindertagesstätte ist die Stimmung oder die Atmosphäre in der Gruppe oder im Klassenzimmer für das Gedeihen der Kinder und für das gute Lern- und Entwicklungsmilieu entscheidend. Hier werden die fachpersönlichen Kompetenzen des Lehrers oder Erziehers wirklich auf die Probe gestellt! Es kann nicht gelingen, eine Gruppe ohne Konflikte zu leiten, und manchmal wachsen sich Konflikte zu echten aus. Der Lehrer oder Erzieher trägt die Hauptverantwortung dafür, den Prozess in Gang zu bringen, der zur konstruktiven Bearbeitung der Konflikte oder zur Lösung des Problems führt. [Anmerkung 37] Die meisten Lehrer oder Pädagogen haben während ihrer Ausbildung sehr wenig über die Handhabung von Konflikten gelernt, weder von Konflikten in der Kindergruppe, noch in der Zusammenarbeit mit Eltern oder Kollegen. Mit letzteren werden wir uns hier nicht beschäftigen, obwohl das Wohlbefinden der Pädagogen und die Entwicklung in ihrer Arbeitsgruppe gewiss große Bedeutung für das Lern- und Entwicklungsmilieu in der Kindergruppe hat. In Kapitel 3 haben wir gezeigt, wie man als Fachperson beeinflusst wird, wenn es Konflikte in der Zusammenarbeit mit dem einzelnen Elterpaar gibt, und wenn man der Meinung ist, das einzelne Kind nicht erreichen zu können.

Existenziell beeinflusst das die Möglichkeit, sich wertvoll zu fühlen, was oft zur Folge hat, dass ein Satz von weniger zweckmäßigen Überlebensstrategien das Agieren der Fachperson in der Situation bestimmt. Wenn es Konflikte oder Probleme in der Kindergruppe, in der Elterngruppe oder zwischen den Eltern und den Pädagogen gibt, ist es besonders schwierig, als Fachperson so sehr an sich selbst festzuhalten, dass man den Überblick bewahren und die Zusammenarbeit durch konstruktive Bearbeitung des Konflikts oder des Problems leiten kann. Hier mag einer der Gründe dafür liegen, dass bei dem Versuch, Konflikte und Probleme zu lösen, die übergeordnete Verantwortung des Pädagogen für die Atmosphäre in der Kindergruppe oder für die Zusammenarbeit mit der Elterngruppe oft ausgeklammert wird.

Die Verantwortung des Pädagogen für die Qualität der Zusammenarbeit

Wir haben in den Kapiteln 1 und 5 gezeigt, dass man als Pädagoge die Verantwortung für die Qualität des Zusammenspiels trägt. Im Verhältnis zu Kindern hat man kraft seines größeren Wissens und seiner Macht die gesamte

Verantwortung für die Qualität der Beziehung und somit auch für die Qualität des Zusammenspiels. Im Verhältnis zu den Eltern hat man aufgrund seiner Position als Pädagoge und als der verlängerte Arm des Systems, was einem formal einen Status mit mehr Macht als den Eltern verleiht, die Hauptverantwortung. Dass viele Lehrer und Erzieher das in der Realität häufig anders erleben, ist eine andere Sache, die mit ihrer fachpersönlichen Selbstauffassung zu tun hat. Das ändert aber nichts an ihrem formellen Status, der ihnen die Hauptverantwortung für die Qualität des Zusammenspiels überträgt.
Diese Verantwortung bedeutet, dass man als Pädagoge bei der Arbeit vorangehen muss, indem man die Qualitäten und Werte in das Zusammensein einbringt, die man selbst und der Arbeitsplatz für wichtig erachtet. Das sind selbstverständlich oft Werte, wie Respekt gegenüber dem Einzelnen, dass Platz für alle sein soll, dass die Kinder lernen, Rücksicht zu nehmen und sich nicht gegenseitig zu kränken, dass man offen über Konflikte sprechen kann und bereit dazu sein muss, seinen eigenen Anteil an ihnen zu erkennen und dass alle gleichwertig sind, d.h. dass allen Gesichtspunkten, Gefühlen, Erlebnissen und dem Selbstverständnis der Parteien derselbe Wert für die Etablierung und Entwicklung des Zusammenspiels beigemessen wird.

Es wird kaum Uneinigkeit über diese Werte bestehen, aber es ist leider auch oft schwierig, sie in die Tat umzusetzen, mit anderen Worten: den Schauwert zum Handlungswert in der Organisation zu machen. Das genau ist der springende Punkt in Schulen und Kindertagesstätten, und besonders in konfliktreichen Situationen ist es schwer, die Werte, für die die Organisation gerne stehen will, mit Leben zu erfüllen. Aber gerade diese schwierigen Situationen bieten die Chance zu zeigen, dass sich die eigene Arbeit auf diese Werte gründet.

Tadel

Erik Sigsgaard berührt in der Einleitung zu seinem Buch Skældud einen wunden Punkt: „Es ist absolut berechtigt, wenn in diesen Jahren dem Thema Mobbing große Aufmerksamkeit zuteil wird. Aber nichts deutet darauf hin, dass das Unbehagen und der Schmerz beim Tadel geringer sind. Warum ist Mobbing dann als Diskussionsthema gefragt, während aus der Rüge nahezu ein Geheimnis gemacht wird? Der Grund ist vielleicht, dass es möglich ist, Mobbing zu diskutieren, als ob es allein etwas wäre, was unter den Kindern vor sich geht und nichts mit der Pädagogik und dem Menschenbild des Lehrers/Erziehers zu tun hat! Setzt man Tadel auf die Tagesordnung, steht der Erwachsene unweigerlich im Brennpunkt.“ (Sigsgaard 2002). Rückt man den Erwachsenen ins Blickfeld, indem man sich für Tadel interessiert, findet man vielleicht gleichzeitig eine wesentliche Ursache dafür, dass Mobbing ein Teil des Zusammenseins einiger Kinder ist.
Deswegen müssen Pädagogen noch viel mehr als bisher bereit sein, ihre eigene Art und Weise, mit den Kindern zusammen zu sein und sich ihnen zuzuwenden,

eingehend zu betrachten. Sie müssen dazu bereit sein, sowohl Inhalt als auch Tonfall zu beobachten, um die Situationen zu ermitteln, in denen sie, oft ohne es zu wollen, die Kinder kränken, das heißt ihre Integrität verletzen. Es regt zum Nachdenken an, wenn die Kindergartenkinder in Erik Sigsgaards Untersuchung, auf die das Buch Skældud sich bezieht, einstimmig der Meinung sind, dass die Erwachsenen viel schimpfen - viel mehr als die Erwachsenen selbst angeben. Die pädagogische Sprache ist sehr oft korrigierend und zurechtweisend, manchmal beurteilend und zuweilen sogar anklagend. Das hat seinen Ursprung in dem Paradigma, das grob gesagt Kinder als asoziale, kleine Wilde ansah, die gezähmt und zurechtgewiesen werden müssen, um sich gegenüber anderen Menschen anständig aufzuführen. Das ist genau das Gegenteil von der Auffassung von Kindern als von Geburt an sozial kompetente Wesen. Deswegen wird man durch Rügen und Tadel die soziale Bereitschaft des Kindes und seine Fähigkeit, sich selbst zu steuern und Verantwortung für sich selbst und die Gemeinschaft zu übernehmen, eher zerstören, als dass man oben genannte Qualitäten verstärkt, auch wenn der Tadel in der besten Absicht erfolgt.

Es ist somit unsere Auffassung, dass die Erwachsenen, Pädagogen wie Eltern, durch ihren eigenen Umgang mit den Kindern einen entscheidenden Einfluss auf das Gemeinschaftsklima in der Kindergruppe haben. Deswegen ist es notwendig, dass sie sich beim Zusammensein mit den Kindern ihres Sprachgebrauchs und ihres Tonfalls bewusst sind. Das wollen wir hier nicht weiter vertiefen, da wir uns auf die Zusammenarbeit mit den Eltern konzentrieren wollen. Die professionellen Erwachsenen müssen in diesem Zusammenhang jedoch unbedingt die Verantwortung übernehmen, wenn es Konflikte oder Probleme in der Kindergruppe gibt.

Umgang mit Konflikten

Ida aus der 4. Klasse wendet sich weinend an den Lehrer und erzählt, dass sie oft von einigen der Jungen gehänselt wird. Der Lehrer greift das in der Klasse zusammen mit einem Kollegen auf, und sie befragen die Klasse zur Situation. Es zeigt sich, dass oft ein rauer Umgangston herrscht, es viele Hänseleien gibt, und dass viele es schwer haben.
Den Kindern werden die Leviten gelesen und man sagt ihnen, wie sie sich zu benehmen haben, was sie tun dürfen und was nicht, und sie werden an die Regeln der Schule erinnert. Danach berufen die Lehrer die Eltern der 4. Klasse mit folgendem Brief zu einem Elternabend ein:
Letzte Woche stellte sich heraus, dass sich ein Teil der Kinder in der 4. Klasse aufgrund von Mobbing mit hässlichem Sprachgebrauch, verletzenden Äußerungen und dominanten Schülern, denen es schwerfällt, Platz zu machen, nicht wohl fühlt. So etwas können wir als Lehrer selbstverständlich nicht tolerieren!! Deswegen

berufen wir ein Treffen ein, und fordern Sie alle zur Teilnahme auf, weil das nicht nur ein Problem der Schule ist!
Alle Eltern sollen sich darauf vorbereiten, ca. drei Minuten lang darüber zu berichten, wie es Ihrem Kind in der 4. Klasse geht. Falls Sie wider Erwarten an der Teilnahme verhindert sein sollten, müssen Sie uns ihren Beitrag über das Befinden Ihres Kindes vor dem Treffen schriftlich zukommen lassen. Wir werden gleichzeitig in der Klasse an einem Gemeinschaftsprojekt zum Thema „Mobbing" arbeiten, bei dem es darum geht, wie die Kinder selbst Konflikte lösen können und wie man miteinander spricht, und was die Sprache uns antun kann.

Die Absicht ist anscheinend gut, aber es geht aus dem Schreiben nicht hervor, dass der Anteil des Lehrers ein anderer sein kann, als zu versuchen, die ungezogenen Kinder der Eltern zu erziehen, wenn sie die Aufgabe nun selbst nicht ordentlich lösen konnten! Es wird allzu leicht eine Schuldfrage, wenn die Zuständigen die Verantwortung nicht übernehmen. Erwartungsgemäß wird es bei einem Elternabend, der einem solchen Brief folgt, darum gehen, wer was wem gegenüber tut, und wie man die Schuldigen finden und einige Regeln etablieren soll, sodass sie verstehen können, dass das ungewünschte Benehmen verboten ist. Bei vielen Eltern und auch bei Kindern wird ein schlechtes Gewissen zurückbleiben. Einzelne Eltern und Kinder werden es gänzlich ablehnen, sich selbst als Teil der Problemstellung zu sehen. Die Kinder werden glauben, dass das Aufstellen von Regeln das Problem lösen kann, und sie werden sich noch verkehrter fühlen und noch größere Schuldgefühle bekommen, mit dem daraus folgenden Drang, Sündenböcke zu finden, wenn sich zeigt, dass diese Kur doch nichts bringt. Der Fokus ist ausschließlich darauf gerichtet, das Handeln der Kinder zu ändern, wobei die Eltern in erster Linie diejenigen sind, die sie dazu bringen müssen. Stattdessen sollte der Fokus vor allem darauf liegen, was Eltern und Lehrer einzeln für sich und gemeinsam anders machen können.

Vorschläge zum Handeln

Wenn wir zuerst das Handeln des Lehrers ins Blickfeld rücken, dann bilden drei Sachverhalte die Grundlage für dieses Handeln:

1. Die Lehrer sollten sich ihrer Verantwortung für die Atmosphäre in der Klasse und der Hauptverantwortung für die Zusammenarbeit mit den Eltern bewusst sein.
2. Sie sollen bereit sein, ihr eigenes Handeln in der Klasse, zuerst mit den Kindern gemeinsam zu untersuchen, indem sie den Aussagen der Kinder zuhören und diese ernst nehmen, und danach auf dieselbe Art und Weise mit den Eltern verfahren.
3. Die Lehrer sollten sich völlig im Klaren darüber sein, dass Konflikte und Probleme unvermeidlicher Teil eines Alltags sind, wenn mehrere Menschen versammelt sind. Wenn es sich um eine Gruppe von Kindern

handelt, so brauchen die Kinder den Beitrag der Erwachsenen, um konstruktive Vorgehensweisen zur Konfliktlösung zu finden. (noch zu 3.)

Mit diesen drei Sachverhalten im Hinterkopf könnten die Lehrer nach Idas Klage den Ablauf in der Klasse z. B. so beginnen lassen:

4. Klasse, zuhören bitte! Es ist uns heute klar geworden, dass etwas nicht stimmt, und dass sich nicht jeder von euch hier in der Klasse mit uns wohl fühlt. Wir wissen, dass wir diejenigen sind, die dafür sorgen müssen, dass hier ein guter Ort für alle ist. Also müssen wir etwas übersehen haben, und das möchten wir gerne in Angriff nehmen. Wir möchten sehr gerne, dass ihr uns dabei helft, herauszufinden, was wir anders machen müssen, und damit möchten wir jetzt gerne anfangen.

Je nach Temperament der Lehrpersonen und ihrer Fähigkeit, den Prozess in einer großen Gruppe zu überblicken, können sie hiervon ausgehend auf unterschiedliche Weise fortfahren. Hauptsache ist zunächst, dass die Kinder wirklich spüren, dass es nicht darum geht, den Schuldigen zu benennen, sondern Verantwortung dafür zu übernehmen, dass wieder eine Atmosphäre im Klassenzimmer und unter den Kindern entsteht, die für alle so gut wie möglich ist. Es wäre im Übrigen optimal, wenn die Lehrer und die Klasse die Möglichkeit dazu hätten, einen AKT-Lehrer [„Adfærd-Kontakt-Trivsel“: ein Lehrer, der sich speziell mit Verhalten, Kontakt, und Gedeihen der Schüler auseinandersetzt und während der Schulzeit beobachtet, warum manche Kinder sich nicht wohl fühlen. (Anm. d. Übers.)], einen Psychologen oder Berater der PPR als Prozessleiter hinzuzuziehen. So haben die Lehrer mehr Ruhe, jedem einzelnen Schüler zuzuhören, und Energie, sich selbst zu spüren und sich mitzuteilen. Es ist wichtig, dass die Kinder auch etwas über das Wohlbefinden des Lehrers erfahren, und dass sie ausdrücken dürfen, was sie sich vonseiten des Lehrers (s. unten) anders wünschen würden.

Sind Kinder und Lehrer bereits darin geübt, in konfliktreichen Situationen sich selbst und ihren eigenen Schmerz auszudrücken, und anderen Menschen zuzuhören, wenn sie etwas über die eigenen Gefühle erzählen, kann der Lehrer die Kinder in einem Kreis setzen. Dann kann jeder jeden sehen, während die einzelnen Schüler von sich selbst und ihrem Wohlbefinden in der Klasse berichten. Falls den Lehrern nicht wohl dabei sind, den Prozess in einer großen Gruppe zu leiten, und im Übrigen der Meinung sind, dass die Kinder sich nicht geborgen genug fühlen, um in der großen Gruppe zu sprechen, können sie die Kinder stattdessen in kleinere Gruppen teilen. Die Gruppen sollen mit Hinblick auf maximale Geborgenheit innerhalb der einzelnen Gruppen zusammengestellt werden, und dann werden die Gesprächsrunden dort durchgeführt. Zum Schluss vereinbart man mit den Kindern, was der gesamten Klasse weitervermittelt werden muss und wie das geschehen soll. Das Wichtigste in dieser Phase ist, dass jeder einzelne Schüler Gelegenheit dazu bekommt, sich selbst auszudrücken und dass ihm zugehört und er ernst genommen wird. Ernst genommen zu werden ist etwas

anderes als recht zu bekommen! Es bedeutet, anerkannt zu werden, und mit den Argumenten, Gefühlen, Erlebnissen und eigenen Selbstverständnis, angenommen zu werden, das heißt, dazuzugehören. Das jeweils Ausgesprochene ist nicht die einzige Wahrheit, aber es ist das Erlebnis des Kindes, und wenn das Kind dafür anerkannt wird, bekommt es die Gelegenheit, sich selbst zu begegnen und zu spüren. Das wiederum ist ein guter Ausgangspunkt dafür, sich bewegen zu können und bei einer eventuellen Konfliktlösung flexibel zu sein. Gleichzeitig gibt das den Kindern und Lehrern die Gelegenheit, ein stärkeres und klareres Bild voneinander als Menschen zu erhalten, und es wird in der Regel einfacher, den Einzelnen zu akzeptieren, wenn man mehr über seine Erlebnisse, Gefühle, Gedanken und Beweggründe weiß.
Falls die erste Runde in kleinen Gruppen stattgefunden hat, soll jetzt gebündelt und beschlossen werden, welche Dinge wie der Klasse weitervermittelt werden.

Jeder Einzelne beschließt für sich, was er der ganzen Klasse sagen will, und der Schüler bekommt, wenn nötig, Hilfe beim Wie. Das heißt, dass jeder Einzelne Gelegenheit dazu erhält, sich noch einmal zu formulieren und gehört zu werden. Wenn die Lehrer die Form der kleinen Gruppe gewählt haben, müssen sie auch ihre Verantwortung für den Prozess in diesem Zusammenhang zum Ausdruck bringen, etwa so:

Wir möchten uns zuerst in kleinen Gruppen treffen, weil wir ganz sicher gehen wollen, dass es so gut wie möglich für uns alle wird. Wir wissen, dass es schwierig sein kann, über etwas zu sprechen, worüber ihr traurig oder unsicher seid. Deswegen werden wir sehr darauf achten, dass wir alle - auch wir Lehrer - wenn wir versehentlich Dinge auf eine Art sagen, die unnötig verletzt, gebremst werden. Wiederum brauchen wir eure Hilfe. Teilt uns mit, wenn wir uns verletzend oder diffamierend ausdrücken oder nicht zuhören, und meldet euch, falls wir vergessen, euch dabei zu bremsen, wenn ihr selbst aus Versehen an diesen Punkt kommt.

Es geht darum, Verantwortung zu zeigen, anstatt lediglich Verantwortung zu verlangen, und auf diese Weise ergibt sich ein Zusammenhang zwischen dem, was die Lehrer sagen, und dem, was sie tun. Darauf kommt es letztendlich an, wenn es darum geht, die Verantwortlichkeit in einer Gruppe zu unterstützen.

Dieselbe Anweisung wird erteilt, wenn die ganze Klasse versammelt ist, und nun eine Runde eröffnet wird, in der jeder Einzelne formulieren soll: „Was kannst du selbst anders machen, und was meinst du, könnten andere (Namen) anders machen? Wer kann dabei helfen?“ Hiernach kann sich jeder einzelne Schüler selbst ausdrücken und zuhören, was die anderen im zu sagen haben. Das ist der Ausgangspunkt für eine weitere Runde, in der jeder Einzelne sagt, was er anders machen will. In beiden Runden können klärende Fragen gestellt werden, und hinterher kann der Prozessleiter zusammen mit Lehrern und Kindern beurteilen, ob sie glauben, dass die Beschlüsse der Einzelnen bezüglich der Änderungen die

Grundlage für eine bessere Atmosphäre in der Klasse bilden können. Auch in diesem Punkt sollen die Lehrer deutlich zu ihrer übergeordneten Verantwortung stehen: Sind sie der Meinung, dass sie nach diesem Prozess die Klasse so führen können, dass sich die Atmosphäre bessert? Andernfalls müssen sie sich eine Plattform schaffen, von der aus das möglich ist. Wenn Letzteres der Fall ist, könnten sie beispielsweise sagen:

„Die Dinge, die ihr beschlossen habt, hören sich alle ganz toll an. Aber wenn ich an jeden Einzelnen von euch denke, klingt es für mich, als ob es für Nanna und Mie immer noch schwer werden kann." Danach können sie sagen, welche Schwierigkeiten sie konkret voraussehen, und Nannas und Mies Meinung zum Thema anhören. Vielleicht kommen sie dann doch zu dem Schluss, dass es schon gehen wird. Vielleicht aber sind die Lehrer weiterhin besorgt. Jetzt können die Lehrer selbst eine bestimmte Vorgehensweise beschließen, oder sie können die Kinder darum bitten, selbst mit Vorschlägen zu kommen, wie es für die beiden besser werden kann.

Zu Beginn des Ablaufs können die Eltern in einem Brief über den bevorstehenden Prozess informiert werden, der ihnen auch sagt, welche Zusammenarbeit die Lehrer mit ihnen gerne pflegen möchten. Das könnte so lauten:

Wir sind heute darauf aufmerksam geworden, dass sich einige Kinder in der 4. Klasse nicht so wohl fühlen, wie wir das gerne hätten. Wir sind uns darüber im Klaren, dass es unsere Verantwortung ist, und dass wir diejenigen sind, die daran arbeiten und dafür sorgen müssen, die gute Atmosphäre wieder herzustellen. Wir haben nicht ausreichend darauf geachtet, den Kindern die Unterstützung zu geben, die sie bei ihrem Zusammensein untereinander und zur Lösung von Konflikten, die ganz natürlich in einer Klasse entstehen, brauchen. Das werden wir nun anpacken und schon morgen beginnen wir damit, mit den Kindern darüber zu sprechen, wie es ihnen geht. Das wird in kleinen Gruppen geschehen und der Berater N.N. wird uns beim Prozess helfen. Danach werden wir mit der ganzen Klasse sprechen und ermitteln, was jeder einzelne - inklusive der Lehrer - tun kann, um das Klima zu verbessern. Danach möchten die Kinder und wir Sie gerne zu einem Elternabend einladen, auf dem wir berichten können, was wir erreicht haben, und wozu wir Ihre Hilfe brauchen. Mit freundlichen Grüßen, die Lehrer.

Eltern informieren

Beim Elternabend informieren Lehrer und Kinder die Eltern gemeinsam darüber, wie sie an den Konflikten und Problemen gearbeitet haben. Dies geschieht auf eine Weise, aus der klar hervorgeht, dass es in der Verantwortung der Lehrer liegt, die Konflikte zu bearbeiten, und dass sie ihre Verantwortung wahrnehmen, indem sie die Kinder mit einbeziehen und ihre Erlebnisse und Gefühle ernst nehmen. Es ist auch jetzt ein Prozessberater anwesend. Ihm kommt weiterhin, eine wichtige

Aufgabe zu. Ziel des Treffens ist, die Eltern darüber zu orientieren, was die Kinder erreicht haben, aber auch, die Eltern möglichst aktiv mit einzubeziehen. Sie sollen nicht kommentieren, wie die Dinge vor dem Prozess aussahen, sondern sich auf die Gegenwart beziehen und diese möglichst unterstützen.
Es ist sehr wichtig, dass die Lehrer sowohl im Prozess mit den Kindern als auch mit den Eltern die wenigen Regeln der klaren Kommunikation beachten, die in Kapitel 7 besprochen wurden. Sie alle wirken deeskalierend, und es ist besonders entscheidend, dass jeder Einzelne über sich selbst und von sich selbst sprechen kann, ohne die anderen zu definieren. Wenn das gelingt, beginnt ein neuer Prozess, in dem das Selbstgefühl des Einzelnen wächst, und in dem man für sich selbst die Verantwortung übernimmt. Dass der Einzelne Verantwortung für sich selbst übernimmt, ist das unerlässliche Sprungbrett, um Verantwortung für die Gruppe, für die Gemeinschaft übernehmen zu können. Auf diese Weise wächst die Verantwortlichkeit aus Respekt gegenüber dem Einzelnen. Die Kinder benehmen sich dann voreinander aus Respekt vor dem Menschlichen im Menschen anständig, und nicht aus Angst vor der Übermacht in Form von Strafe, die auf eine Regelverletzung folgt.
Für manche mag es verlockend sein, die gute alte Regellösung beizubehalten, mit dem Zusatz: „Dann sind wir uns darüber einig, dass wir uns einander gegenüber ordentlich aufführen, nicht wahr?“. Sie bietet scheinbar einen schnelleren Weg zu Erfolg und Ruhe in der Klasse. Auch gibt es sicher einige Eltern, die Konsequenz fordern und erwarten, dass die Lehrer sich im altmodischen Sinne Respekt verschaffen! Bloß fördert man damit nicht die Selbststeuerung der Kinder und ihren aus eigenem Antrieb gesteuerten respektvollen Umgang miteinander.
Den erreichen sie nur, wenn Lehrer und Eltern die Kinder und einander mit Respekt behandeln und überhaupt dazu imstande sind, eine Umgebung zu schaffen, in der es Platz für den Einzelnen und für die Gemeinschaft gibt.
Es ist auch notwendig, mit dem Mythos aufzuräumen, dass Konflikte falsch sind und gar nicht existieren dürfen. Konflikte sind ein notwendiger und natürlicher Teil jeder Entwicklung und es ist leichter, mit ihnen umzugehen, wenn man sie zulässt und nicht als überflüssige Störungen des Unterrichts ansieht. Kinder lernen in einem geborgenen und anerkennenden Milieu am besten. Das wird am besten etabliert, wenn die Erwachsenen die Konflikte zulassen und den Kindern zeigen, dass Konflikte und Unterschiede ein konstruktiver Teil des Alltags und des ganzen Lebens sein können.

Elternabend

Im Kindergarten wie in der Schule werden die Eltern miteinbezogen, wenn es darum geht, eine Basis für die gute Atmosphäre in der Kindergruppe im Alltag zu schaffen.

Wir haben bisweilen über die tägliche Zusammenarbeit und auch über die Zusammenarbeit bei Konflikten und Problemen mit dem einzelnen Kind geschrieben, aber es gibt auch sowohl in der Schule als auch in der Kindertagesstätte Konflikte in oder mit der Elterngruppe, mit denen umzugehen für den Lehrer oder Erzieher schwierig sein kann. Das Engagement der Eltern, ihre Lust, Einfluss auf den Alltag ihres Kindes zu nehmen und das Bestehende in Frage zu stellen, ist an und für sich eine durchaus willkommene Tendenz. Aber sie stellt auch Ansprüche an die Kompetenzen des Pädagogen. Es erfordert etwas anderes, einen Elternabend zu leiten, an dem alle gerne gehört werden wollen, an dem nicht lediglich Informationen und Wissen vermittelt werden sollen, das fraglos akzeptiert wird.

Man muss also als Pädagoge einerseits seine fachlichen Überlegungen über das Lernen und die Entwicklung des Kindes gut formulieren können, andererseits muss man wissen, wie man einen gleichwertigen Prozess der Zusammenarbeit leitet. Wir beschäftigen uns hier vor allem mit Letztgenanntem. Elternabende sind eine Veranstaltung von Pädagogen. Sie laden dazu ein, und sie - wir betonen es erneut - tragen die Hauptverantwortung für die Qualität des Zusammenspiels. Sie haben demnach auch dafür zu sorgen, dass die zuvor besprochenen Qualitäten Gleichwertigkeit, Respekt gegenüber Verschiedenheit, Offenheit und Verantwortlichkeit für sich selbst sowohl wie für die Gemeinschaft die Basis für die Zusammenarbeit bilden, auch wenn es Konflikte und Probleme gibt!

Elternabend im Kindergarten

In der roten Gruppe im Kindergarten ist Elternabend. An dem Punkt, an dem die Erzieher über den Alltag im Kindergarten berichten, und von ihren häufigen Ausflügen in einen nahe gelegenen Wald erzählen, ergreift Asgers Mutter das Wort: Sie ist unzufrieden, dass die Kinder mit Waffen spielen, wenn sie im Wald sind. Vor allem die Plastikwaffen, Pistolen und Maschinengewehre, die Geräusche machen, sind ihr ein Gräuel. Wenn die Kinder unbedingt mit Waffen spielen sollen, schlägt sie vor, solle der Kindergarten einige Holzschwerter einer bestimmten Firma kaufen. Die meisten Eltern haben eine Meinung zu diesem Punkt, und sie sind bei Weitem nicht einig. Die Erzieher halten sich im Hintergrund und sagen nichts, weder über die Art und Weise, in der die Diskussion verläuft, noch über ihre eigene Einstellung zum Thema. Mehrere Eltern sind aufgeregt, und es wird mehr geredet als zugehört. Immer wieder wird der Ton rau, und es geht mehr darum, wie sehr man das meint, was man meint, als warum man es meint. Schließlich nehmen die Eltern eine Abstimmung vor, und die Mehrzahl entscheidet, dass man wie gehabt fortfährt. Es wird nicht mehr über die Sache gesagt, aber die Stimmung ist schwermütig, und es ist schwierig, weiter zum nächsten Punkt zu kommen.

Hier haben wir ein Beispiel für mangelnde Sitzungsleitung vonseiten der Pädagogen bei der Elternarbeit. Wenn ein divergierender Gesichtspunkt angeführt wird, ist es die Aufgabe der Erzieher, dafür zu sorgen, dass er gehört wird, dass derjenige, der ihn anführt, verstanden und ernst genommen wird. Vielleicht sind die anderen Eltern nicht darin einig, vielleicht sind es auch die Pädagogen nicht, aber wenn man es wirklich ernst damit meint, dass Platz und Respekt für Unterschiedlichkeit sein soll, wie es im Betriebsplan steht, dann muss man auch dafür sorgen, dass die unterschiedlichen Gesichtspunkte Raum bekommen, und dass eventuelle Uneinigkeit hervorgehoben wird, so dass deutlich wird, worin die Unterschiede liegen. Manchmal - vielleicht auch oft - ist es nicht möglich, sich zu einigen, und dann muss man mit den Unterschieden leben, so gut es sich machen lässt. Es ist nicht gewiss, dass die Erzieher der Meinung sind, dass etwas geändert werden soll, das heißt man wird die Forderung von Asgers Mutter inhaltlich wahrscheinlich nicht erfüllen. Man kann ihr aber sicher sagen, dass man ihr Argument verstanden hat, und dass man sich uneinig ist. Gleichzeitig muss man mit ihr darüber sprechen, wie sie bestmöglich Elternteil in einer Kindertagesstätte sein kann, die Spielsachen zulässt, die für sie nicht in Ordnung sind. Man kann sie zum Beispiel fragen und anhören, wovor sie sich fürchtet oder was sie daran nicht mag.

Vielleicht sollten die Erzieher auch zu den Standpunkten anderer Eltern Fragen stellen, sodass sie selbst und die anderen Eltern dabei etwas lernen. Eine Erwiderung der Erzieher oder anderen Eltern sollte erst erfolgen, wenn man sich versichert hat, dass die Botschaft richtig verstanden wurde. Es schafft Ruhe, wenn die Pädagogen dazu imstande sind, die Debatte zu leiten. So kann sie zu einem echten Dialog werden, dessen Ziel es ist, klüger aus seinen eigenen und den Standpunkten der anderen zu werden, und nicht ein Wettbewerb darum, wer recht bekommt. Letzten Endes entscheidet die Leitung des Kindergartens über solche pädagogischen Fragen. Manchmal ist diese Entscheidungsgewalt an das die Erzieher der Kindergartengruppe delegiert, und dann zählt ihre Entscheidung. Wichtig ist, dass die Erzieher während des Treffens prozessorientiert und nicht ergebnisorientiert vorgehen. Dass sie wirklich verstanden haben, dass es das Allerwichtigste ist, d einen kühlen Kopf bewahren und Platz für unterschiedliche Gesichtspunkte machen können, darunter auch ihre eigenen; und dass der Fokus die ganze Zeit darauf liegt, dass Meinungsunterschiede in Ordnung sind, dass alle gehört und ernst genommen werden, und dass es letzten Endes die Leitung oder die Erzieher sind, die die Entscheidung treffen, unter Berücksichtigung des Dialogs und der Argumente, die die Eltern zum Ausdruck gebracht haben.

Es hört sich einfach an!

Wir wissen sehr wohl, dass sich einfach anhört, was wir hier beschreiben, und dass es in der Realität schwierig sein kann. Es erfordert wirklich Beziehungskompetenz und Wissen über sich selbst und die Stärken und Schwächen seiner Kollegen, um nicht aus dem Prozess zu treten, weil man sich persönlich angegriffen fühlt, sich verteidigen muss und sich somit einem Dialog und der Kommunikation verschließt. Man kann diese Form der prozessorientierten Sitzungsleitung erlernen, besonders wenn man sich dafür entscheidet, genau mit diesem Thema in der Personalgruppe zu arbeiten. Man kann die Aufgaben für den Elternabend aufteilen, sodass einer zur Aufgabe hat, dafür zu sorgen, dass die Punkte auf der Tagesordnung erreicht werden, und dass man über den Punkt spricht, den man gerade vor sich hat. Ein anderer sorgt dafür, dass auch die „Schweigsamen" in den Fällen gehört werden, in denen es für das Personal wichtig ist, die Meinung aller zu hören und nicht nur die wenigen, die von selbst das Wort ergreifen. Ein Dritter kann Sprecher für den Gesichtspunkt des Personals sein, und ein Vierter kann eventuelle Meinungsunterschiede skizzieren und zusammenfassen.

Elternarbeit ist nur ein kleiner Teil im Arbeitsleben der Pädagogen, aber glücklicherweise kommt die einmal eingeübte Beziehungskompetenz nicht nur in der Zusammenarbeit mit Elter es schafft, die angestrebten Werte in die Elternarbeit einzubringen, dann erleichtert es auch die Arbeit mit den Kindern, dass die Eltern gehört und auf gleichwertige Weise in die Zusammenarbeit miteinbezogen werden.

Fragen:
Haben Sie Erfahrung mit Elternabenden?

- Wo ist das Treffen gelungen?
- Wo war es schwierig?

Was war ausschlaggebend? Versuchen Sie, zu identifizieren, wie Ihr eigenes Handeln dazu beigetragen hat, das Ergebnis zu prägen! Versuchen Sie das Treffen zu analysieren - ausgehend von den Richtlinien für einen guten Dialog in Kapitel 7!

Wenn Sie keine Erfahrung als professioneller Leiter mit Elternabenden haben, können Sie vielleicht aufgrund anderer Erfahrungen sprechen - als Elternteil oder Teilnehmer an anderen Treffen.

Kapitel 9

Elternarbeit bei Trauer und Krisen

Die allermeisten Kinder werden im Laufe ihres Aufwachsens Verluste oder drohende Verluste erleben, die Trauer und vielleicht Krisen zur Folge haben. Das bedeutet, dass Lehrer und Erzieher während ihres Arbeitslebens immer wieder mit Familien zusammenarbeiten müssen, die schwierige Erlebnisse oder Lebensphasen zu bewältigen haben.

Hierbei brauchen sie Pädagogen, die wissen, welche Reaktionen bei Verlust und Krisen typisch sind, und wie man Menschen begegnet, die gerade einen Verlust erlitten haben oder sich in einer kritischen Lebenssituation befinden. Gerade in diesen Situationen es besonders wichtig, die gute Elternarbeit zu erhalten und vielleicht auszubauen. Das Kind muss spüren, dass es auch außerhalb der Familienahe Erwachsene gibt, die es umsorgen. Das Kind muss auch spüren können, dass die Eltern darauf vertrauen, dass der Lehrer oder Erzieher mit ihrem Kind über das spricht, was gerade jetzt für das Kind und die Familie schwer ist.
Vielen Menschen fällt der Umgang mit Verlusten und Krisen schwer - professionell wie privat. Der ultimative Verlust - der Tod - und die Tatsache, dass wir alle einmal sterben werden, weckt bei vielen Menschen Angst. Diese Angst wird aktiviert, wenn man mit Menschen zusammen ist, die bereits einen Verlust erlitten haben, denen Verlust droht. Wir leben in einer Zeit, in der der Mensch immer mehr die Erwartung ans Dasein stellt, dass alles repariert werden kann, alle Krankheiten geheilt werden können, und dass der Tod erst eintrifft, wenn man alt und seines Lebens müde ist. Deswegen sind wir dem Tod gegenüber entfremdet, und wenn er vor der Zeit kommt, dann können wir schlecht damit umgehen. Wir haben in der Gemeinschaft keine Rituale, die uns durch die Trauer helfen.

Viele Schulen und Kindertagesstätten haben versucht, diesen Mangel zu beheben, indem sie Aktionspläne erstellten, auf die das Personal zurückgreifen kann, wenn ein Kind oder ein Mitarbeiter einen Verlust erleidet. Das Beste an diesen Aktionsplänen oder Handbüchern ist der Prozess, den Mitarbeiter und Eltern durchlaufen, während sie die Pläne erstellen. Deswegen müssen diese Pläne auch in passenden Abständen hervorgeholt und überarbeitet werden, wenn etwa neue Kollegen hinzukommen, damit er weiterhin von der Gemeinschaft erstellt ist und den Einzelnen involviert. Es ist gut, sich dem Thema durch die allgemeine Behandlung anzunähern, die es bei der Arbeit mit dem Aktionsplan erfährt. Das gibt den Lehrern oder Erziehern eine Grundlage, auf der sie in den einzelnen Situationen handeln können. Bei Verlusten und Krisen ist es besonders notwendig, dass man als Pädagoge geistesgegenwärtig sein kann und sich gegenüber der Person, die den Verlust erlitten hat, öffnen kann. Man kann sich darauf vorbereiten, indem man sich Wissen über die psychischen Prozesse bei Verlusten, Trauer und Krisen aneignet, und indem man sich traut, sich seiner eigenen Verlustangst und seinen eigenen Erfahrungen mit Verlusten und Krisen zu stellen.

Krisen bei Verlust und drohendem Verlust

Es gibt sowohl große Unterschiede als auch viele Gemeinsamkeiten, wenn es darum geht, wie Menschen bei Verlust und drohendem Verlust reagieren. Bei einigen lösen die Ereignisse eine Krise aus, bei anderen lediglich Trauer über den Verlust. Eine Krise entsteht, wenn in der aktuellen Lebenssituation frühere Erfahrungen und eingeschliffene Reaktionsweisen nicht mehr weiterhelfen. Der Betroffene empfindet in der Krise Kontrollverlust, er fühlt sich desorganisiert, er wird handlungsunfähig oder versucht verzweifelt in rastloser Aktivität nach einem Ausweg.

Große Angst und Trauer sind mit dem Krisenzustand verbunden und oft auch ein Wirrwarr anderer Gefühle. Deswegen muss sich das Umfeld darüber im Klaren sein, dass die Kommunikation mit Menschen in der Krise anders sein wird als im Normalfall. In dem Augenblick, in dem ein Ereignis eine Krise bei einer oder mehreren Personen auslöst, muss das Umfeld eine Weile lang das Steuer übernehmen und dafür sorgen, dass für die praktischen Dinge wie Essen, Wäsche, Transport, Information an Personen außerhalb der nächsten Familie gesorgt ist.

Eine Krise ist eine Periode von kürzerer Dauer, die Trauer über ein bestimmtes Ereignis, das die Krise ausgelöst hat, ist hingegen ein eher längerer Prozess. Es kann somit ein bis mehrere Jahre nach dem Verlust dauern, bevor man wieder bereit dazu ist, sich an der Zukunft zu orientieren und Gefühle zu investieren.

Kontakt mit von Krisen betroffenen Eltern

Fast immer gibt es im Netzwerk der von Krisen betroffenen Menschen Personen, die während der akuten Krise Hilfe etablieren können. Nur in seltenen Fällen muss der Lehrer oder Erzieher im Krisenfall für die notwendige Unterstützung sorgen. Nicht selten ist es für den Lehrer oder Erzieher jedoch notwendig, mit dem von der Krise betroffenen Elternteil zu kommunizieren.

Man muss wissen, dass es sehr schwierig ist, in einer solchen Situation Informationen aufzunehmen. Man sollte seine Aussagen deshalb kurz und präzise formulieren und auch bereit sein, genau dieselben Formulierungen mehrere Male zu wiederholen. Gleichzeitig ist es notwendig, seine Anteilnahme auszudrücken und menschliches Mitgefühl zu zeigen. Man sollte darauf vorbereitet sein, dass der von der Krise Betroffene mit Wut oder Tränen reagiert, auch wenn man gewöhnlich im Kontakt mit dem Betreffenden solche Reaktionen nicht erwarten würde. Man muss auch damit rechnen, dass sich der Betreffende einen Tag später überhaupt nicht mehr daran erinnern kann, dass man sich miteinander unterhalten hat.

Die psychische Bereitschaft

Viele unterschiedliche Faktoren sind mitbestimmend dafür, wie der Einzelne einen Verlust oder einen drohenden Verlust meistert. Jeder von uns verfügt über eine individuelle psychische Bereitschaft. Sie wird zum einen durch unsere genetischen Anlagen, zum anderen durch unsere Lebensgeschichte geprägt. Zum Beispiel haben frühere traumatische Ereignisse und erlebte Verluste Bedeutung für die Fähigkeit, über einen neuen Verlust hinwegzukommen. Gibt es viele nicht verarbeitete Erlebnisse im Leben eines Menschen, tragen sie Falle von Verlusten oder drohenden Verlusten zur Auslösung einer Krise bei. Wenn sie gut bearbeitet wurden, können solche Erlebnisse die Person in der aktuellen Situation sogar stärken. Die aktuellen Lebensumstände haben auch eine Bedeutung: Gibt es einigermaßen Harmonie im jetzigen Dasein, oder ist es von Chaos geprägt? Und schließlich ist die Bindung zu dem, den man verloren hat oder fürchtet zu verlieren, mitbestimmend dafür, wie man durch die erste chaotische Zeit kommt.

Es ist wichtig zu wissen, dass nicht alle Verluste oder drohenden Verluste eine Krise auslösen. Wenn man z. B. als Erwachsener einen seiner eigenen alten Eltern oder Großeltern verliert, so löst das Trauer, aber nicht unbedingt eine Krise aus. Unerwartete Verluste, z. B. wenn man ein Kind oder einen jungen Ehepartner verliert, oder wenn das eigene Kind oder der Ehepartner lebensbedrohlich erkranken, lösen beinahe immer eine Krise aus. In einigen Fällen ist der Pädagoge selbst in das Ereignis involviert, das die Krise ausgelöst hat, wenn sich zum Beispiel ein Unfall in der Schule oder der Kindertagesstätte ereignet. Dann kann der Betreffende selbst in eine Krise geraten und Krisenhilfe benötigen. Heute gibt es zum Glück genügend Hilfsangebote, wo Pädagogen die Unterstützung erhalten können, die sie brauchen, damit sie ein Ereignis selbst verarbeiten und sich später im Dialog mit Eltern und Kindern darüber austauschen können.

Verlust

Der fünfjährige Kristian ertrinkt auf einem Ausflug mit Eltern und Geschwistern. Er ging zusammen mit seiner dreijährigen Schwester in den Kindergarten, und es gibt auch eine große Schwester mit neun Jahren, die Schule und Schulhort besucht. Alle im Kindergarten sind natürlich sehr erschüttert, und die Führung und die Erzieher tun das Erforderliche sowohl im Verhältnis zur Familie als auch zur Kindergruppe. Es wird auch das Nötige für das Personal getan, wie es im Aktionsplan der Institution für diesen Bereich beschrieben wird. Wir wollen uns hier nur mit den Aspekten befassen, die mit der Elternarbeit zu tun haben:
Die beiden Erzieher, die die Eltern am besten kennen, und sich gleichzeitig stark genug fühlen, diese Aufgabe zu übernehmen, gehen am Tag, nach dem sie von dem Unfall erfahren haben, zu den Eltern nach Hause. Sie haben Blumen und eine Karte dabei, auf die sie geschrieben haben, wie weh es ihnen tut, von dem Unfall zu hören, und dass sie die wärmsten Gedanken und Grüße an die ganze Familie

senden. Als sie ankommen, sind die Eltern allein im Wohnzimmer, einige Familienmitglieder und die Kinder sind in anderen Räumen des Hauses. Erzieher und Eltern umarmen einander, den Erziehern fällt es schwer, Worte zu finden, aber einer von ihnen sagt: „Es tut mir so leid, so leid…“ Alle weinen, und sie setzen sich zusammen aufs Sofa und unter Tränen erzählen die Eltern vom Unfall und von ihren Gedanken und Gefühlen. Besonders der Vater plagt sich mit Selbstvorwürfen, wie er den Unfall hätte verhindern können, und beide Eltern sind von Schuldgefühlen, Trauer und allen möglichen anderen schweren Gefühlen gequält. Es gibt für die Erzieher nicht viel zu sagen. Tröstende Worte wären hier vollkommen fehl am Platz. Es gibt keine Worte, die den Schmerz gleich erleichtern können, und es bleibt nichts anderes zu tun, als sich trauen da zu sein und sich zur Verfügung zu stellen, indem man zuhört und sich vielleicht umarmt.

Das hört sich einfach an, aber es ist sehr schwer, mit einem so großen Schmerz im Raum zu sein, und so ein erster Besuch stellt hohe Anforderungen an die eigene Persönlichkeit.

Wenn die Eltern geweint und vielleicht erzählt haben, kommt in der Regel eine Phase, in der es nicht so viele Tränen gibt, und in der das Bewusstsein vielleicht wieder etwas klarer und aufnahmefähiger wird. Zu diesem Zeitpunkt können die Erzieher Botschaften überbringen. Sie können zum Beispiel mitteilen, dass sie gerne zur Beerdigung kommen möchten, oder dass sie gerne mit der kleinen Schwester helfen und unterstützen, dass sie bald wieder in den Kindergarten kommt, und mit ihr auch gerne über den Verlust sprechen möchten. Die Erzieher können auch sagen, dass sie in ein paar Tagen wieder kommen möchten. Wenn den Eltern zu diesem Zeitpunkt der Besuch ungelegen ist, können die Erzieher einfach wieder gehen.

Aber es ist wichtig, dass die Erzieher die Initiative ergreifen, weil es ganz einfach zuviel für Menschen in der Krise ist, anzurufen und um Hilfe zu bitten.

Drohender Verlust

Else, die Klassenlehrerin von Jonas in der 5. Klasse, wird eines Abends von Jonas' Mutter Eva angerufen. Eva ist völlig aufgelöst und verwirrt und spricht unzusammenhängend. Else spricht ruhig mit Eva und versucht herauszufinden, was geschehen ist. Jonas' Vater hatte am selben Tag eine medizinische Untersuchung bei der sich gezeigt hat, dass er lebensbedrohlich erkrankt ist. Eva ist zum Gespräch mit ihrem Mann im Krankenhaus gewesen und während des Gesprächs nahm sie sich zusammen und blieb gefasst, um ihren Mann nicht unnötig zu beunruhigen. Er ist im Krankenhaus geblieben und nun ist sie allein zuhause. Jonas schläft bei einem Freund und jetzt weiß sie nicht, was sie machen soll. Sie ruft eigentlich an, weil die

Lehrerin informiert sein soll, dass Jonas morgen von der Krankheit seines Vaters erfahren wird, aber gerade jetzt merkt Else, dass es viel wichtiger ist, dass sich jemand um Eva kümmert. Sie spricht ruhig weiter mit Eva, zeigt ihre Anteilnahme, ohne sentimental zu werden, weil es jetzt darum geht, Eva soweit zu beruhigen, dass Else ihr helfen kann. Else versucht zu erfahren, wen sie anrufen kann, damit ein naher Mensch zu Eva kommen und bei ihr sein kann. Else ist über Evas Zustand so besorgt, dass sie ihr anbietet, Evas Freundin anzurufen. Sie vereinbart später mit der Freundin, dass sie Else anrufen soll, wenn sie bei Evas Haus angekommen ist, damit Else weiß, dass sie bei Eva, die sich ganz deutlich in einer Krise befindet, eine sichere Stütze etabliert hat. Else entscheidet, jetzt gar nicht darüber zu sprechen, wie Else und die übrigen Lehrer und Kinder Jonas so gut wie möglich unterstützen können. Darauf muss sie zu einem späteren Zeitpunkt zurückkommen.

Dies sind also zwei Beispiele für Krisenintervention. Krisen sind von kurzer Dauer, in der Regel dauern sie Stunden oder einige Tage seltener Wochen. Gerade weil Krisen von kurzer Dauer sind, ist es nicht selbstverständlich, dass Lehrer oder Erzieher den Eltern in dieser Zeit begegnen. Krisen entstehen zumeist bei plötzlich auftretenden Unfällen oder Krankheit, und dann ist es wichtig, wie oben beschrieben anwesend zu sein.

Psychische Reaktionen auf Verlust, Trauerarbeit

Wenn man einen Verlust erlitten hat, muss man trauern. Das ist die Art, über den Verlust hinwegzukommen, und sie beinhaltet verschiedene Aufgaben, die man bewältigen muss, bevor man es wieder wagen kann, sich den anderen anzuschließen. „Den notwendigen Schmerz“ nennen Marianne Davidsen, Nielsen und Ninni Leick diese Phase in ihrem Buch mit gleichnamigem Titel (2003), und wir beziehen uns hier besonders auf ihr Verständnis von Trauerarbeit. Die Trauerarbeit wird in vier Aufgaben unterteilt:

- Erkenntnis des Verlusts
- Gefühle der Trauer
- Aneignung neuer Fertigkeiten
- Re-Investition der emotionalen Energie

Die Erkenntnis des Verlusts ist der erste Teil des Prozesses. Sie besteht zum einen aus einer intellektuellen Erkenntnis des Verlusts, die von wenigen Minuten bis zu wenigen Tagen andauern kann, zum anderen aus einer tieferen Erkenntnis davon, dass der Verlust unwiderruflich ist. Nicht selten geschieht es, dass sich der Trauernde eine Zeit lang über den Verlust vollständig klar ist, bis er im nächsten Augenblick erlebt, dass er die Wirklichkeit überhaupt noch nicht erfasst. Dieses Hin und Her erlebt man in der ersten Phase, in der man noch dabei ist, sich bewusst zu machen, dass man sich tatsächlich in einer Krise befindet.

Erlösung der Trauer

Eine andere wichtige Aufgabe ist, die Trauergefühle zu erlösen. Das ist eine Aufgabe, mit der man nicht gleich fertig wird. Trauergefühle sind zahlreich und vielfältig, manchmal widersprüchlich, und es ist verwirrend, sie zu erfassen und sie in Einklang zu bringen. Man kann erleichtert darüber sein, dass ein langer Krankheitsverlauf zu Ende ist, und gleichzeitig denjenigen, den man verloren hat, ganz schrecklich vermissen. Man kann auf den Betreffenden wütend sein, und gleichzeitig unglaublich traurig darüber, dass er nicht mehr ist.

Für die Trauerarbeit ist es wichtig, jemanden zu haben, mit dem man sein kann, während man diese schweren, inhomogenen und manchmal auch widersprüchlichen Gefühle erlebt. Der Trauernde hat meistens über lange Zeit das Bedürfnis, über den Verlust und die Trauer zu sprechen. Man sollte das als Zeichen der seelischen Gesundung deuten und damit rechnen, dass der Trauernde länger Zeit braucht, als die Außenstehenden es vielleicht für notwendig halten würden.

Ein neuer Alltag

Für viele beinhaltet der Verlust eines nahen Angehörigen auch, dass sie sich neue Fertigkeiten aneignen müssen. Ist es ein Ehepartner, den man verloren hat, gibt es vielleicht ganz konkret viele Aufgaben, sowohl im praktischen als auch im gefühlsmäßigen Bereich, um die man sich nun erstmals selbst kümmern muss, weil sie früher der Partner erledigt hat. Möglicherweise muss man lernen, sein Netzwerk auf neue Art und Weise zu nutzen. Oder man muss es erstmals wagen, mit anderen Menschen über die Dinge zu sprechen, die man früher selbst gelöst hat. Andere um Hilfe zu bitten, fällt vielen Menschen schwer, und sie vermeiden es vielleicht auch aus Angst vor Ablehnung. Das ist ein Risiko, dem viele ausgeliefert sind, wenn sie einen Verlust erlitten haben, und sie erleben es als Glück und Wohltat, wenn sich ihre Ängste verflüchtigen, weil sich Menschen ihnen zuwenden und ihnen helfen, neues Leben in den Alltag zu bringen.

Trauerarbeit ist das Wagnis, die gefühlsmäßige Bindung zu demjenigen zu lösen, den man verloren hat. Das ist für viele schwer, weil sie glauben, dass das bedeutet, dass sie den Betreffenden vergessen müssen. Darum geht es aber nicht - die Erinnerungen und die Liebe bleiben erhalten, aber die Bindung muss durch die Trauerarbeit aufgelöst werden. Dass die Bindung sich auflöst, erkennt man zum Beispiel daran, dass das Weinen aus Verzweiflung zu Weinen aus Traurigkeit wird. Es ist wichtig, dies zu erreichen, um sein Leben hier auf der Erde leben zu können, und es nicht zu demjenigen ins Grab zu legen, den man verloren hat. Leider kann man das ab und zu beobachten, wenn Eltern ein Kind verloren haben, dass der eine, oder auch beide Elternteile, all ihre gefühlsmäßige Energie in das verstorbene Kind investieren. Dann bleibt wenig Anwesenheit und Liebe für die übrigen Kinder und füreinander übrig. Wenn die Eltern auf diese Weise reagieren, sind sie in der Trauerarbeit ins Stocken geraten und dann benötigen sie die professionelle Hilfe eines Psychotherapeuten.

Die Rolle des Pädagogen

Wenn Menschen Verluste erleiden, nimmt die Trauerarbeit doch in den allermeisten Fällen ihren Lauf. Auch wenn es hart ist und lange Zeit dauert, erreichen die Betreffenden einen Punkt, an dem sie leben und noch trotz des Verlusts gut leben können. Man kann als Lehrer oder Erzieher vor allem bei Menschen, die einen natürlichen Trauerverlauf haben, einen positiven Beitrag leisten. Es geht nicht darum, dass man irgendeine therapeutische Haltung oder Rolle einnehmen soll. Es geht vielmehr darum, dass man es wagt, anwesend zu sein als ein ganz gewöhnlicher Mensch, der kraft seines Berufs Kontakt mit den Eltern hat, und dass man mit ihnen in Bezug auf das Kind zusammenarbeiten kann.

Manchmal erkennt man als Lehrer oder Erzieher jedoch, dass sich die Eltern in einem Trauerverlauf befinden, der nicht natürlich ist und der die Aufmerksamkeit vom Kind ablenkt. Wenn das der Fall ist, sollte man ein Gespräch mit den Eltern führen und ihnen sagen, worüber man besorgt ist. Das sollte möglichst zu einem Dialog darüber führen, wie dem Problem abgeholfen werden kann, und hier muss man auf die fachlichen Helfer hinweisen, die Trauertherapie durchführen können.

Wenn der Prozess ins Stocken gerät

Hanne ist Majkens Klassenlehrerin in der 9. Klasse. Majken verlor vor zwei Jahren ihren vier Jahre älteren Bruder nach langer Krankheit. Majkens Mutter hatte viele Kräfte darauf verwendet, den Sohn zu pflegen und Heilungsmöglichkeiten für sein Leiden zu finden.
Als er starb, begann sie einen Kampf gegen das System, das ihrer Meinung nach in vielen Bereichen versagt hatte. Hanne hat neulich Gespräche mit allen Schülern geführt, und beim Gespräch mit Majken wurde deutlich, wie schwer es Zuhause ist, und wie viel Platz ihr verstorbener Bruder einnimmt. Majken findet nicht, dass sie noch eine Mutter hat, und gleichzeitig hat sie ein schlechtes Gewissen, so darüber zu denken. Sie ist doch diejenige, die lebt, und es ist ihr Bruder, der tot ist. Hanne ist sehr berührt von Majkens Geschichte. Gemeinsam beschließt sie mit Majken, dass sie die Eltern zu einem Gespräch einladen werden, bei dem Hanne Majken dabei helfen kann, den Eltern zu sagen, wie es ihr geht, sodass sie alle Hilfe bekommen können, um im Prozess weiter zu kommen.
Hanne interveniert aus zwei Gründen auf diese Weise. Sie ist der Meinung, dass Majkens Mutter Hilfe braucht, um weiterzukommen. Die Reaktion der Mutter deutet darauf hin, dass sie den Verlust nicht akzeptieren und sich mit dem Tod ihres Sohnes nicht abfinden will. Deshalb findet sie einen Weg, die Bindung an ihren Sohn aufrechtzuerhalten. Der zweite, noch wichtigere Grund für Hannes

Intervention ist, dass sie sieht, wie sehr Majken in der Klemme steckt.
Hauptziel des Gesprächs ist es, dass Majken mit ihrer Botschaft durchdringen kann, und Hanne ist gefordert, offen und trotzdem bestimmt gegenüber Majkens Mutter aufzutreten. Es ist wichtig, dass Hanne nicht urteilend gegenüber der Art der Mutter, ihre Trauer zu verarbeiten, auftritt. Gleichzeitig muss sie die Botschaft vermitteln, dass Majken unter dem seelischen Zustand ihrer Mutter leidet. Hanne muss also gleichzeitig sowohl fürsorglich als auch direkt sein können, und das lässt sich nur machen, wenn Hanne einigermaßen Kontakt mit ihrer eigenen Verlustangst hat. Dazu muss sie die Sorgen, durch die sie selbst in ihrem Leben gegangen ist, einigermaßen verarbeitet und gelöst haben. Gleichzeitig muss sie etwas über Trauerprozesse wissen, und sie muss die allgemeinen Prinzipien für die Herstellung eines Dialogs in schwierigen Situationen kennen.
Hanne ist sich des Umfangs der Aufgabe bewusst, und es gelingt ihr, Majken zu helfen. Das erweist sich schließlich auch für Majkens Vater als Hilfe. Er hatte sich ebenfalls allein gefühlt; jetzt verständigt sich die Familie darüber, Hilfe zu suchen.

Die Anwesenheit des Pädagogen bei Trauer und Verlust

Wie bereits erwähnt stellt die Arbeit mit trauernden Menschen hohe Anforderungen an die Persönlichkeit des Pädagogen. Die Fähigkeit dazu kann man sich nicht einfach durch Lesen aneignen, obwohl theoretisches Wissen zum Thema immer nützlich ist. Weitaus wichtiger ist es jedoch, dass sich der Pädagoge mit seinen eigenen Verlusten und Verlustängsten auseinandergesetzt hat. Das ist das Fundament für jeglichen Trost, den man spendet. Einen Trauernden zu trösten bedeutet einfach, dass man sich von dem berühren lässt, was der andere erzählt. Am treffendsten ist jedoch der Ausdruck „Beistand leisten". Er weist darauf hin, dass es darauf ankommt, da zu sein (an seinem Platz beim anderen zu stehen) und nicht darauf, viel zu tun. Genau dieses Dastehen und Dasein, ohne etwas zu tun, verleiht die Ruhe, die der der Trauernde braucht, um seinem eigenen Schmerz zu begegnen. Für die meisten Pädagogen ist das extrem schwierig, weil wir es so gewohnt sind, durch Handeln alle Mühen und Probleme aus dem Weg zu schaffen. Das kann man nicht, wenn es um Trauer geht. Stattdessen muss man darauf eingestellt sein, nichts zu tun und bloß durch seine mitmenschliche Anwesenheit zu helfen. Je öfter der Trauernde mit Menschen zusammen ist, die einfach nur da sein und Platz für die Trauer machen können - vielleicht nur wenige Minuten lang im Laufe eines Elterngesprächs - desto leichter wird es, durch die Trauerarbeit zu kommen, und desto mehr Aufmerksamkeit bleibt für das Kind und den eigentlichen Grund für das Treffen.

All das bedeutet, dass zu der praktischen Arbeit nicht nur die Erstellung von Aktionsplänen für den Umgang mit Trauer und Verlust an Schulen und Kindertagesstätten gehört, sondern dass Pädagogen auch die Möglichkeit erhalten müssen, darüber zu sprechen, wie sie die Trauer verarbeitet haben, die sie selbst im Leben hatten. Ich (Helle) habe viele Kurse für Pädagogen mit diesem Inhalt abgehalten. Bezeichnenderweise war es für viele die erste Gelegenheit, über ihre Trauer sprechen, und vielleicht auch das erste Mal, dass jemand menschlich anwesend war, wenn sie gefühlsmäßig auf den Verlust reagierten. Es ist wichtig, in diesem Zusammenhang keine Angst vor Tränen zu haben, weder vor seinen eigenen, noch vor denen der anderen. Es erstaunt mich immer wieder, wie wenig eigentlich notwendig ist, um diese Pädagogen in die Lage zu versetzen, sich viel professioneller bei der Arbeit mit den Eltern und Kindern in Trauer zu verhalten. Im Laufe der wenigen Tage, die die Kurse dauern, finden sie heraus, dass es nicht gefährlich ist, sich selbst zu erlauben, das zu spüren, was schwer war oder ist. Nach dieser Erfahrung können sie den Eltern ohne Furcht vor ihren Reaktionen begegnen. Damit wird es auch für die Eltern leichter, was sie auf dem Herzen haben zur Sprache zu bringen. Natürlich gibt es auch Fachleute, die selbst so traumatische Verluste in ihrem Gepäck haben, dass sie professionelle Hilfe brauchen, um imstande sein zu können, in der Nähe der Trauer von anderen zu sein.

Wir möchten betonen, dass es uns nicht darum geht, Trauertherapeuten auszubilden. Vielmehr sollen nur die wenigen Ressourcen hervorgeholt werden, die der Einzelne in sich trägt, wenn es sich um ganz allgemeine mitmenschliche Anwesenheit in schweren Situationen handelt. Es lohnt sich auch, wenn man sich bewusst macht, was für einen selbst bei Verlusten hilfreich war. Jeder hat persönliche Erfahrungen, die er nutzen kann, wenn er Menschen, die einen Verlust erlitten haben, Beistand leisten soll.

Zusammenarbeit mit Eltern bei Scheidungen

Eine Scheidung bringt ebenfalls Verlust mit sich - sowohl für Kinder als auch für Erwachsene. Gleichzeitig ist es ein komplizierter Verlust, weil er die Scheidung von mindestens einem Partner gewollt ist. Auch bei Verlust durch Trennung müssen die Betroffenen Trauerarbeit leisten, sowohl die Kinder, als auch die Eltern.
In manchen Fällen kommt es auch zu einer Krise, besonders wenn einer der beiden Partner die Trennung nicht wünscht, oder wenn sie unerwartet und plötzlich geschieht.
Bei Verlust durch Trennung nimmt die Wut oft mehr Raum ein als die Trauer. Wut kann sich bei einer Scheidung auch zu Hass und Rachedurst entwickeln. Es ist einleuchtend, dass es für das Leben und die Entwicklung der betroffenen Kinder sehr schädlich ist, wenn die beiden Menschen, von denen sie am meisten halten, nicht zusammenarbeiten können, vielleicht sogar offen im Krieg liegen.

In anderen Situationen ist die Zusammenarbeit zwischen den Eltern besser. Dennoch ist die Scheidung ein großes Leid für das Kind, und Lehrer und Erzieher müssen mit den Eltern, die sich trennen oder getrennt haben, zusammenarbeiten können - auch mit Eltern, die sich hassen.

Scheidung und Verlust

Eine Scheidung ist immer ein Verlust - und wenn es nur der Verlust der Möglichkeit ist, die perfekte Kernfamilie zu schaffen, die immer noch eine tief verwurzelte Vorstellung ist. Diesen Aspekt des Verlusts bemerken vielleicht nicht alle gleich nach der Scheidung. In der Paartherapie und in der Therapie überhaupt wird beobachtet, dass sich gerade dieser Aspekt mit der Zeit intensiviert. Darüber hinaus rührt Scheidung tiefen existenziellen Grundthemen, nämlich der Angst, verlassen und im Stich gelassen zu werden. Deswegen reagieren die meisten Erwachsenen und Kinder stark bei einer Scheidung.

Es ist eine Periode im Leben einer Familie, in der die Erwachsenen genug mit ihren eigenen existenziellen Themen beschäftigt sind. Oft bleibt zu wenig Platz, sich um das Bedürfnis des Kindes nach Fürsorge und Anwesenheit in der schwierigen Situation zu kümmern. Gleichzeitig ist der Schmerz des Kindes von den Eltern verursacht worden, die ja die Scheidung beschlossen haben - in jedem Fall haben sich beide Partner auf eine Art und Weise verhalten, dass sie zur Realität geworden ist. Die Erwachsenen müssen somit die Verantwortung für den Schmerz übernehmen, den sie bei ihrem Kind verursacht haben, und das ist schwer! Keine Eltern wünschen sich, dass ihre Kinder leiden müssen, und deswegen wollen sie lieber den Schmerz des Kindes wegreden oder ihn bagatellisieren, als mit ihm umgehen! Das bedeutet, dass der Lehrer oder Erzieher vielleicht der einzige nahe Erwachsene ist, der Aufmerksamkeit für den Schmerz des Kindes hat.

Meist sind die Kinder gegenüber ihren Eltern so loyal, dass sie ihrem Schmerz gar nicht Ausdruck geben werden, weil sie kein schlechtes Licht auf ihre Eltern werfen wollen. Deswegen ist es wichtig, dass man mit den Eltern über die Gefühle und Reaktionen des Kindes sprechen kann, wenn die Eltern mitteilen, dass sie sich scheiden lassen, oder wenn man es von anderen, etwa dem Kind selbst, erfährt.

Die Einbeziehung des Kindes

Antons Eltern haben um ein Treffen mit dem Kindergarten gebeten, um mitzuteilen, dass sie sich scheiden lassen und in getrennten Wohnungen leben werden. Anton wird es am selben Abend erfahren und die Eltern möchten, dass die Erzieher es wissen, falls Anton die kommenden Tage darauf reagiert. Die Eltern sind von dem schweren Beschluss bedrückt, aber darauf erpicht, es so gut wie möglich für ihre Kinder zu machen. Deswegen wollen sie auch gerne hören, ob die Erzieher einen Vorschlag haben, wie sie bestmöglich mit Anton sprechen können. Es ist schön für die Erzieher, auf diese Weise zur Zusammenarbeit eingeladen zu werden, denn nun können sie wichtige Informationen weitergeben. Sie geben den Eltern folgende wichtige Richtlinien mit:

1. *Sagen Sie es Anton in einer Sprache, die zu seinem Alter und seiner Entwicklung passt. Seien Sie ehrlich, geben Sie ihm eine kurze und klare Erklärung, und geben Sie seiner Reaktion Platz. Beantworten Sie seine Fragen, und erkennen Sie seine Reaktion an, die von Wut und Weinen über praktische Fragen oder gar nichts reichen kann.*

2. *Erzählen Sie ihm, dass Sie schon wissen, dass er am liebsten will, dass Sie beide zusammen bleiben, aber dass Sie etwas anderes beschlossen haben.*

3. *Sagen Sie ihm, dass es nicht seine Schuld ist. Kinder glauben oft, dass sie die Scheidung hätten abwenden können, oder dass Vater und Mutter sich trennen „weil ich immer meinen kleinen Bruder geärgert habe".*

4. *Wenn er fragt, geben Sie ihm praktische Informationen zu ihren bestehen den Plänen. Wenn Sie nicht wissen, ob Sie vielleicht umziehen werden, erzählen Sie ihm das!*

5. *Sagen Sie ihm, dass Sie gut verstehen können, wenn er Ihre Entscheidung dumm findet und wenn er auf beide oder einen wütend ist.*

6. *Sagen Sie ihm, dass Sie mit uns gesprochen haben, und dass er gerne mit uns über all das sprechen darf, was schwierig ist. Sie können auch mit Anton gemeinsam zu einem Gespräch kommen, in dem Sie sagen, dass es O.K. ist, wenn er mit uns spricht.*

7. *Machen Sie Platz für seine Reaktionen, und unterlassen Sie es, etwaige positive Folgen einer Scheidung hervorzuheben, wenn Anton mit Ihnen gerne über das Negative sprechen will oder auf das Negative reagiert. Wenn er selbst dazu bereit ist, wird er selbst über das Positive sprechen und dann können Sie ihm im Gespräch folgen.*

8. *Denken Sie daran, dass Sie beide bis in alle Ewigkeit Antons Eltern sein werden, selbst wenn Sie sich dafür entscheiden, dass jeder für sich lebt und Sie kein Paar mehr sind. Anton ist deswegen davon abhängig, dass Sie ihre Konflikte miteinander regeln können, wenn sie aufkommen, sodass Anton nicht zwischen Ihnen in die Klemme gerät. Ein Kind mag beide Eltern und muss seinen Wert im Verhältnis zu beiden spüren können. Das Schlimmste für ein Kind ist es, wenn es in einen Loyalitätskonflikt zwischen seine Eltern gerät, weil Vater und Mutter ihre Verschiedenheit nicht akzeptieren können.*

9. *All das soll nicht auf einmal gesagt werden. Mehrere kurze Gespräche sind für Kinder häufig besser. Es ist nämlich schwer für Kinder - wie auch für Erwachsene - Informationen zu verstehen, die starke Gefühle auslösen. Es muss also Zeit dafür sein, die Informationen und Gefühle zu verarbeiten.*

Wenn die Erzieher mit den Eltern über diese Punkte gesprochen haben, sind beide Parteien besser dafür gerüstet, für Anton in der kommenden Zeit da zu sein. Es kann auch notwendig sein, wiederholt mit den Eltern zu sprechen. Selbst wenn die Erzieher den Eltern die Punkte als Merkliste mitgeben, kann es trotzdem gut sein, das Ganze nochmals zu erörtern, denn im Laufe der Zeit entstehen neue Fragen und Zweifel.

Eine ernste Sache

In Fällen, in denen Erzieher oder Lehrer erleben, dass die Eltern sich sehr uneinig sind und die Art des Umgangs des jeweils anderen mit dem Kind überhaupt nicht akzeptieren oder respektieren können, müssen die Pädagogen reagieren. Sie müssen die Uneinigkeit und den mangelnden Respekt ansprechen und den Eltern mitteilen, dass ihr Umgang miteinander Gift für ihr Kind ist. Man muss sie auffordern, einen Weg zu finden und sofort damit aufzuhören! Wenn Eltern nicht dazu im Stande sind, den destruktiven Prozess selbst zu stoppen, muss man ihnen professionelle Hilfe empfehlen, denn es ist nicht die Aufgabe des Lehrers oder Erziehers, Familienberater zu sein. Das Wichtige ist, dass der Lehrer oder Erzieher den Eltern vermitteln kann, dass es für ihre Kinder schädlich ist, wenn die Beziehung zwischen beiden destruktiv ist.
Der Verlust, den Kinder bei einer Scheidung erleben, kann genauso ernst sein, wie ein Verlust, den das Kind bei einem Todesfall in der Familie erlebt. Es ist üblicher geworden, mit Kindern zu sprechen, die Verlust durch einen Todesfall erlitten haben, wohingegen es weiterhin als Verletzung der Privatsphäre angesehen wird, wenn man fragt, was mit den Kindern bei einer Scheidung geschieht und was sie brauchen. Das Gespräch im Beispiel mit Antons Eltern wird öfter in einem Kindergarten stattfinden als in der Schule. Vielleicht, weil die Erzieher die Eltern besser kennen als die Lehrer, und weil sie sie öfter sehen. Das bedeutet, dass beide Parteien vielleicht mehr dazu geneigt sind, miteinander zu sprechen - auch in schweren Situationen. Aber vielleicht hat es auch etwas damit zu tun, dass die Kernleistung der Schule der Unterricht ist, und dass man immer noch die Auffassung haben kann, das die Lehrer nur Wissen vermitteln sollen. Wir sehen es als Teil der Sicherung des Lern- und Entwicklungsmilieus, dass die Lehrer die Eltern darauf aufmerksam machen, wenn sie in der Eltern-Kind- oder Eltern-Eltern-Beziehung Dinge entdecken, die es dem Kind erschweren, sich aufs Lernen zu konzentrieren.

Nun hört es sich vielleicht an, als ob der obige Abschnitt ein Kreuzzug gegen Scheidungen ist. Das ist er nicht! Wir möchten lediglich betonen, dass die negativen Folgen der Scheidung sowohl für die Kinder als auch für die Erwachsenen destruktiv werden können, wenn wir uns nicht trauen, darüber zu sprechen.

Andere Verluste

In den vorangegangenen Abschnitten haben wir uns mit den großen Verlusten Tod und Scheidung, und den ernsthaft drohenden Verlusten in Form von schweren Krankheiten oder Unfällen beschäftigt. Aber Kinder spüren auch die kleineren Verluste des Daseins, und brauchen Aufmerksamkeit, wenn sie auf diese reagieren.
Wenn zum Beispiel ein guter Freund aus dem Kindergarten oder der Klasse fort zieht, wenn geliebte Erzieher oder Lehrer eine neue Stelle bekommen, oder wenn das Kind selbst umziehen wird. Das gesunde Kind wird darauf reagieren, und es ist wichtig, mit den Eltern gemeinsam daran zu arbeiten, diese Reaktionen anzuerkennen und dem Kind und seiner Trauer zu begegnen ohne zu bagatellisieren oder zu dramatisieren. Indem es auf die kleinen Verluste reagiert, rüstet sich das Kind für die großen, und es wird einfacher, durch diese Verluste hindurchgehen, wenn die Eltern und Pädagogen sie anerkennen.
Wenn Eltern den Arbeitsplatz verlieren oder berufliche Rückschläge erleiden, kann sich das für den Einzelnen als großer Verlust anfühlen. Nicht selten übernehmen Kinder die Schuld für die Situation. Das hängt damit zusammen, dass der Erwachsene, der mit seinen eigenen Problemen beschäftigt ist, dem Kind gegenüber weniger anwesend wird, und das deutet das Kind immer so, als ob es weniger wertvoll ist (siehe zum Beispiel Kim in Kapitel 7). Auch in diesen Situationen kann man als Pädagoge hilfreich sein, wenn man die Lage erkennt und den Eltern die Reaktion des Kindes zu erklären kann.
Es gibt auch Familien, die in ständigem Stress in krisenähnlichen Situationen leben, oder in denen eines oder mehrere Mitglieder unter chronischer Trauer oder posttraumatischem Stress leiden. Das können Flüchtlingsfamilien aber auch dänische Familien sein, deren Leben von traumatischen Ereignissen geprägt ist. Es kann eine große Herausforderung für den Pädagogen sein, in der Elternarbeit mit derart schwerwiegenden Problemen umzugehen, und oft sind sie so überwältigend, dass er schon von vornherein aufgibt. Das kann man gut verstehen, denn es ist nicht leicht, sich von der chaotischen, krisenhaften Atmosphäre in der Familie nicht anstecken zu lassen und den Überblick zu verlieren. Gerade hier ist Planungsarbeit besonders wichtig. Man muss eine klare Tagesordnung für die Gespräche haben und einige Teilziele für seinen Einsatz definieren, sodass sowohl die Eltern als auch der Pädagoge spüren können, dass die Gespräche etwas nützen. Man sollte sich immer wieder bewusst machen, dass man das keinem „Problem" gegenübersitzt, sondern einem Flüchtling oder einer misshandelten Frau. Es sind im Ausgangspunkt ganz normale Menschen, die ganz natürlich auf eine existenziell ungesunde Situation reagiert haben, und den Anspruch haben, als normale Menschen und Eltern mit Hoffnungen und Träumen für ihre Kinder behandelt zu werden, genau wie du und ich!

Übung:

Arbeiten Sie mit den beiden Fragen - allein oder in Gruppen von zwei bis vier Personen.

1. Denken Sie an die Verluste, die Sie in Ihrem Leben erlitten haben, und versuchen Sie, sie zu den vier (S. 165) Aufgaben über Trauerarbeit in Beziehung zu setzen. Gab es Zeiten, in denen Sie ins Stocken gerieten oder die für Sie schwierig waren? Was haben Sie aus dem Verlust gelernt?
2. Wie ist Ihnen Ihr Umfeld begegnet, wenn Sie einen Verlust erlitten haben? Was mochten Sie an der Art, wie man Ihnen begegnete, und was nicht?

Kapitel 10

Für die Eltern

Nun haben wir ein ganzes Buch über das geschrieben, worauf Lehrer und Pädagogen bei der Elternarbeit achten müssen. Was aber müssen Eltern beachten, um eine konstruktive Elternarbeit zu schaffen? Um das bestmögliche Lern- und Entwicklungsmilieu zu schaffen, braucht man vor allem das Engagement der Eltern, ihr Interesse, ihre Fürsorge und Liebe zu ihrem Kind. Allein die Tatsache, dass die Eltern die wichtigsten Personen im Leben des Kindes sind - jedenfalls bis zum Teenageralter - macht sie zu gänzlich notwendigen Kooperationspartnern.

Das Beste wünschen

Eltern wünschen das Beste für ihre Kinder. Es ist bloß unterschiedlich, was man für das Beste hält. Ist es am besten, das Lernen aus den Büchern zu verstärken, um gut in Dänisch oder Mathematik zu werden? Oder ist es besser, wenn die Kinder froh und zufrieden sind, obwohl das bedeutet, dass die fachlichen Forderungen heruntergeschraubt werden? Dürfen Kinder überhaupt nichts vermissen oder ersehnen, oder sollen sie von Beginn an lernen, dass man nicht immer alles bekommt, was man will? Welche Anforderungen können an sie gestellt werden? Kinder wissen, worauf sie Lust haben, aber wissen sie auch, was sie brauchen? Als Eltern hat man Lust, jeden Stein auf dem Weg des Kindes umzudrehen, ihnen Leid und Traurigkeit zu ersparen. Aber ist das nun auch das Beste für die Kinder, oder erweist man ihnen einen Bärendienst? Diese und viele andere Fragen, bei denen es darum geht, was man tun soll und wie man ein guter Vater oder eine gute Mutter wird, stellen sich viele Eltern bis zu mehrmals täglich. Eltern von kleinen, und Eltern von älteren Kindern. Man kann die eigenen Handlungen und Maßstäbe in Frage stellen, aber auch die der Pädagogen. Früher waren die Antworten schon allein deswegen leichter zu finden, weil es im Großen und Ganzen nur einen Satz von Werten gab, nach dem alle Kinder erzogen wurden.

Man stellte die Rolle des Lehrers oder der Eltern nicht in Frage es sei denn in Fällen mit ausgeprägter Gewalt oder Vernachlässigung. Heute gibt es viele Ansätze und Vorstellungen von Erziehung, und die Eltern müssen beinahe in jeder einzelnen Familie selbst herausfinden, wie sie Familie sein wollen und welche Werte für das Heranwachsen ihres Kindes gelten sollen.

Formulierung von eigenen Werten und Wünschen

In einer Gruppe von Kindern im Kindergarten und in der Schule kann es also viele verschiedene Vorstellungen unter den Eltern geben. Nicht immer lassen sich die Vorstellungen mit den Werten in Einklang bringen, auf deren Grundlage die Pädagogen in Absprache mit der Leitung der Einrichtung arbeiten. Es ist wichtig, dass in der Elternarbeit Platz ist, diese verschiedenen Vorstellungen zu diskutieren. Es ist Aufgabe der einzelnen Eltern, ihre Vorstellungen auszusprechen - mit dem Ziel, diese im Dialog mit den übrigen Eltern und Pädagogen zu entwickeln. Bei diesem Austausch von Vorstellungen sollen sich die einzelnen Elternteile auch über den eigenen Standpunkt klarer werden, und ob er sich mit dem vereinbaren lässt, was für die Schule oder Kindertagesstätte gilt. Es ist Aufgabe der Schule oder Kindertagestätte ihre Werte so deutlich wie möglich für die Eltern zu formulieren. Gleichzeitig muss sie für Anpassungen und Änderungen, die sich aus dem Dialog mit der Elterngruppe ergeben, offen sein.

Auch die Eltern müssen ihre Werte so präzise wie möglich formulieren, wohl wissend, dass sie sich im Lauf der Zeit ändern können und müssen. Diese Werte sind nicht die endgültige Wahrheit darüber, was für Kinder gut ist. Je mehr man über die eigenen Werte nachdenkt und über sie spricht, desto sicherer wird man, und damit wird man auch in der Zusammenarbeit zwischen Eltern und Pädagogen flexibler. Zuhören und Offenheit sind dabei sehr wichtig, sowohl gegenüber den Vorstellungen der anderen Eltern als auch gegenüber den Vorstellungen der Pädagogen. Eltern zu sein ist nämlich nicht nur im Verhältnis zu seinem eigenen Kind verpflichtend, man übernimmt auch eine Verpflichtung gegenüber den Gemeinschaften, in die das Kind eintritt. Die Verpflichtung gegenüber dem eigenen Kind erscheint einleuchtend. Aber was bedeutet hier Verpflichtung gegenüber der Gemeinschaft? Im Folgenden sehen wir uns beides an.

Die Verpflichtung der Eltern beim Eintritt in die Kindertagesstätte

Wir leben in einer Zeit, in der das einzelne Individuum im Mittelpunkt steht. Das ist in vielerlei Hinsicht gut. So werden Kinder heute gleich von Beginn an als Menschen gesehen, und das gewährt eine ganze Reihe von neuen Chancen für eine sichere Entwicklung. Aber wie so oft, wenn der Kurs geändert wird, verfiel man von einem Extrem ins andere und in diesem Fall hat man vielerorts übersehen, dass Kinder von ganz klein auf Teil von verschiedenen Gemeinschaften außerhalb der Familie sind, die einen wesentlichen Teil ihres Lern- und Entwicklungsumfeldes ausmachen.

Das Bedürfnis des Kindes

Ab dem Zeitpunkt, an dem das Kind eine Kinderkrippe oder eine Tagesmutter besucht, muss man sich als Eltern mit der Gemeinschaft auseinandersetzen, zu der das Kind von nun an gehört. Das ist nicht immer leicht. In den ersten Lebensmonaten des Kindes lag der Fokus ganz auf dem Kind und der seinen Bedürfnissen. Man hat in dieser Phase vielleicht einen Rhythmus gefunden, der gut für die Familie ist. Man weiß genau, wie man sein Kind befriedigen kann, und gemeinsam Harmonie, Ruhe und Freude erleben kann. Diese wichtigen Informationen soll man natürlich an die Erzieher in der Kinderkrippe weitergeben, Gleichzeitig muss man aber wissen, dass das Kind nun in andere Zusammenhänge tritt, in denen andere Formen des Zusammenseins existieren und damit andere Entwicklungsmöglichkeiten.
Es ist ein wesentlicher Bestandteil der Entwicklung des Kindes, dass es zu verschiedenen Gemeinschaften gehört und unterschiedliche Formen des Zusammenseins erlebt.

Die Eltern sind durchaus die wichtigsten Personen, besonders am Anfang, und sie sind diejenigen, mit denen das Kind in erster Linie zusammen sein, an die es sich binden soll. Aber mit dem Eintritt des Kindes in die Kindertagesstätte wird der Kreis der Erwachsenen, zu dem das Kind Vertrauen und Verbundenheit entwickeln soll, erweitert. Die Eltern spielen eine wesentliche Rolle bei der Stärkung dieser Verbundenheit. Das kleine Kind reagiert nämlich zuallererst auf den Gesichtsausdruck des Vaters oder der Mutter und ihre Haltung gegenüber den Erziehern, wenn Kontakt etabliert werden soll. Deswegen ist es die Aufgabe der Eltern, offen gegenüber dem Kontakt zu sein, den die Erzieher gerne mit ihnen herstellen wollen. Sie müssen zum einen bereit sein, von ihrem Kind zu erzählen, aber sie müssen auch ihre eigenen Gedanken und eventuellen Sorgen, wenn sie das Kind in fremde Obhut geben, mitteilen. Es ist die Verantwortung des Erziehers, diese Gedanken und Sorgen professionell aufzunehmen, wie wir das in den übrigen Kapiteln beschrieben haben.
Wenn die Eltern Vertrauen haben, dass die Erwachsenen in der Einrichtung sich schon auf die rechte Weise um das Kind kümmern werden, ist es für das Kind leichter, dort zu sein.

Zweifel der Eltern oder Angst, dass ihre Kinder etwa zu zart seinen, um den Tag in der Einrichtung zu schaffen, sendet dem Kind ein Signal, dass Gefahr im Verzug ist, und das macht das Kind unsicher und unwohl. Dasselbe gilt für die Frustration der Eltern oder ein schlechtes Gewissen, weil man sein Kind nicht selbst betreut. Wir wissen natürlich auch, dass sich Frustration und schlechtes Gewissen für Eltern kaum vermeiden lassen. Deswegen geht es auch nicht darum, dass diese Gefühle verboten sind. Es geht eher darum, was man als Elternteil bei seinem eigenen schlechten Gewissen anfängt.

Es ist schwer, der Mutter auf Wiedersehen sagen

Der dreijährige Kristian geht schon seit einem halben Jahr in den Kindergarten. Es geht ihm gut, wenn er da ist, aber er ist sehr traurig, wenn er gebracht wird. Es ist immer die Mutter, die mit Kristian kommt, und es ist für beide eine große Belastung, dass der Tag mit Tränen beginnt. Kristians Mutter hat Vertrauen zu den Erziehern, sodass die Ursache für sein Weinen woanders gesucht werden muss. Während eines Gesprächs mit Kristians Mutter zeigt sich, dass sie sehr traurig darüber ist, Kristian bringen zu müssen und den ganzen Tag von ihm getrennt zu sein. Sie hat vergebens versucht, kürzer zu arbeiten, aber das hat nicht funktioniert, und weil sie im Übrigen sehr froh über ihren Arbeitsplatz ist, spürt sie täglich das Dilemma zwischen ihrem Wunsch, eine gute Mutter und mit ihrem Sohn zusammen zu sein und ihrem Wunsch nach einem erfüllten Berufsleben. Sie findet selbst, dass das ein Luxusproblem ist, und hat nicht richtig mit jemandem darüber gesprochen, aber nun kommt sie an einem Elternabend darauf zu sprechen, bei dem es um den Alltag mit Kindern und den vielen großen und kleinen Dilemmas, die damit verbunden sind, geht. Ihr wird klar, dass sie mit jemandem darüber reden muss - mit ihrem Mann, den Erziehern oder anderen. Solange ihre Gefühle unausgesprochen und unbearbeitet sind, strömen sie einfach aus ihr heraus, wenn sie Kristian bringen soll. Kristian wird von den Doppelsignalen seiner Mutter verwirrt, wenn sie mit dem Mund sagt: „So jetzt wirst du rein gehen und schauen, ob Mathias gekommen ist - und schau, da ist Karin, die dich heute in Empfang nimmt, die du so gern magst...", und gleichzeitig ausstrahlt, dass es für Kristian ganz schrecklich ist, in den Kindergarten zu müssen!
Einige Tage nach dem Elternabend kommt Kristian übrigens fröhlich in den Kindergarten. Als die Erzieher ihn fragen, was geschehen ist, sagt er: „Meine Mutter hat gesagt, dass ich nicht mehr weinen muss!"

Wir haben das Beispiel ausgewählt, weil es deutlich betont, dass man sich als Elternteil mit seinem eigenen existenziellen Schmerz auseinandersetzen und ihn annehmen muss. Geht es um den Schmerz über die Trennung vom Kind und die Sorge um sein Wohl, kann man sich gut damit auseinandersetzen, indem man mit den Erziehern darüber spricht.

Den Unterschied zwischen Lust und Bedürfnis erkennen

Solange man mit seinen Kindern zuhause bleibt, lassen sich ihre Wünsche und Bedürfnisse meist irgendwie erfüllen. Sobald das Kind eine Einrichtung zur Kinderbetreuung besucht, lässt sich dieser Anspruch nur noch in geringerem Umfang erfüllen. Es fällt den Eltern oft schwer, damit umzugehen, nicht zuletzt weil viele Eltern die Vorträge, Bücher und Aufsätze von uns Fachleuten falsch verstehen - ganz gewiss, weil wir uns nicht klar genug ausgedrückt haben, und wir wollen nun versuchen, diesen Mangel zu beheben.

Kinder wissen sehr genau, was sie gerne hätten, aber nicht immer, was sie brauchen. Zwischen beiden Dinge wird nicht immer klar genug unterschieden. Wenn wir als Eltern unseren Kindern bloß das geben, was sie gerne haben wollen, so erweisen wir ihnen einen Bärendienst. Die Beziehung zwischen Kind und Elternteil wird dünn und verliert die Kraft, die das Kind für seine Entwicklung braucht. Die dünne Beziehung lässt sich etwas vereinfacht mit der Beziehung zwischen Gast und Kellner vergleichen: „Was darf's denn sein? Ein Eis? Ja, gerne!" Es leuchtet ein, dass in einer solchen Beziehung keine tiefere persönliche Entwicklung vor sich gehen wird. Kinder müssen ernst genommen werden, aber das ist nicht dasselbe, wie ihnen das zu geben, worum sie bitten.
Das Kind muss spüren können, wer seine nahen Erwachsenen sind, was sie wollen und was sie nicht wollen, was sie mögen und nicht mögen, und auch, dass sie sich für das Kind interessieren, wer es ist, was es will und kann. Dabei wird das Kind immer wieder auch frustriert werden - zumindest in seiner Rolle als „Gast" in der Gast-Kellner-Konstellation. Auf lange Sicht erhält das Kind aber das bessere Rüstzeug, um mit Selbstwertgefühl und intakter Integrität als gleichwertiger Partner in Beziehungen einzutreten. (Vertiefende Beschreibungen dieser Prozesse bei Jesper Juul). Es ist für viele Eltern schwer, diese Frustration beim Kind zu ertragen. Manche Eltern entwickeln eine gewisse Sehschwäche oder sogar völlige Blindheit gegenüber dem, was das Kind braucht, und das kann die Zusammenarbeit und den Aufbau des guten Lern- und Entwicklungsmilieus in der Kindertagesstätte oder der Schule beschwerlich machen.

Clara geht in die erste Klasse, wo sie einmal die Woche Schwimmen haben. Anfangs nahm sie teil, war aber bald der Schwimmbadbesuche überdrüssig. Am Tag vor dem Schwimmunterricht gibt es zuhause viele Diskussionen. Clara vergisst auch am liebsten ihr Badezeug und morgens vor dem Schwimmen geht es ihr schlecht. Das ist hart für die Eltern, und sie bringen es selbst fast nicht übers Herz „du musst" zu sagen. Die Eltern sprechen mit Clara und den Lehrern, und Clara erzählt, dass sie mit dem Schwimmen überhaupt nicht zurechtkommt.
Es ist frustrierend, sich neue Fertigkeiten aneignen zu müssen, und in einem Prozess zu sein, in dem man sich abmühen muss, um zu lernen. Das ist für Clara ungewohnt, und sie will lieber zurück zu den sicheren und bekannten Beschäftigungen.

Wenn Clara in ihrer Entwicklung weiterkommen soll, müssen ihre Eltern es ernst nehmen, dass sie keine Lust auf Schwimmen hat, dass sie es blöd findet und am liebsten nicht hinginge. Sie müssen ihr zuhören und versuchen ihr zu helfen, Wege zu finden, die die Teilnahme am Ende akzeptabel machen. Wenn sich die Eltern nicht sicher sind, ob Clara teilnehmen soll oder nicht, ob ihre Unsicherheit darin begründet liegt, dass sie selbst konfliktscheu sind und ihrer Tochter alle Steine aus dem Weg räumen möchten - dann sollten die Eltern mit den Lehrern sprechen. Vielleicht gibt es wirklich einen guten Grund dafür, dass sie nicht teilnehmen muss? Wird es ihrer physischen und psychischen Entwicklung schaden, daran teilzunehmen? Das ist unwahrscheinlich, und deswegen muss der verantwortliche Elternteil sich selbst und seine eigene Unsicherheit betrachten, sodass Clara die notwendige Unterstützung erhalten kann, Neues zu lernen. Im Übrigen gilt, dass viele Kinder vor allem die Aufmerksamkeit ihrer Eltern wünschen, und einige Eltern sind am aufmerksamsten, wenn sie für ihre Kinder Probleme lösen können. Es kann eine gute Idee sein, sich selbst als Elternteil zu beobachten: Kommt das Kind am leichtesten mit Ihnen in Kontakt, wenn es einen guten Grund für Ihre Nähe hat - oder das, was Sie für einen guten Grund halten? Das Beispiel mit Clara zeigt lediglich, dass es wichtig sein kann, seine eigenen Motive zu hinterfragen, wenn man Sonderregeln für sein Kind wünscht. Es muss in einer Gemeinschaft immer Rücksicht auf den Einzelnen genommen werden, aber das bedeutet nicht, dass für jeden andere Regeln gelten.

Vielleicht könnte auch die Kindergruppe zusammen mit dem Lehrer Clara auf eine Weise helfen, die gut für sie ist. Je mehr man dazu imstande ist, den Einzelnen in einer Gemeinschaft ernst zu nehmen, desto mehr wächst die Verantwortlichkeit des Einzelnen für die Gemeinschaft. Es ist wichtig, dass Lehrer und Erzieher mit Unterstützung der Eltern rechnen können, um diesen Prozess voranzutreiben, in dem Kinder lernen, Verantwortung sowohl für sich selbst als auch für die Gemeinschaft zu übernehmen.

Verantwortung übernehmen - um sie wieder abzugeben

Kinder sind darauf angewiesen, dass die Eltern die Verantwortung für sie übernehmen - am Anfang für alles im Leben des Kindes, später für weniger, bis es allmählich den Eltern gelingt, dem Kind Verantwortung für sein eigenes Leben zu geben. Es ist sehr wichtig, dass man im Laufe seines Heranwachsens lernt, Verantwortung für sein eigenes Leben zu übernehmen. Wie aber wie fördert man als Eltern diesen Prozess? Hier wollen wir uns mit dem Teil des Prozesses beschäftigen, in dem es um Zusammenarbeit zwischen Eltern und Lehrern/Erziehern geht, wohl wissend, dass man als Eltern eine noch weiter reichende Verantwortung hat, als die, die diesen spezifischen Aspekt betrifft.

Zusammenarbeit zwischen Eltern und Lehrern/Erziehern In der Kindertagesstätte

Zu Beginn des Lebens des Kindes in der Einrichtung gibt es viele praktische Dinge, für die man als Eltern Verantwortung übernehmen muss. Sie mögen vielleicht belanglos erscheinen, sind aber unglaublich wichtig dafür dass der Alltag in der Kindertagesstätte funktionieren kann. So müssen die Eltern dafür sorgen, dass die Kinder die passende Kleidung dabeihaben - zum Spielen draußen bei jedem möglichen Wetter und für drinnen, und dass Wäsche zum Wechseln da ist.

Dasselbe gilt für das Essen, wenn das Kind es selbst mitbringen soll. Das Essen soll die richtige Menge haben und gesund sein, damit das Kind aufgrund seiner Ernährung nicht müde oder unkonzentriert wird. In der Kindertagesstätte gibt es in der Regel bis zum Schulstart täglichen Kontakt zwischen Eltern und Erziehern, und das macht es leichter, mit Rücksicht bei den praktischen Dinge immer auf dem Laufenden zu sein. Das ändert sich, wenn das Kind das Schulalter erreicht. Deshalb muss bis ab jetzt für die praktischen Dinge, die es selbst bewältigen kann, mitverantwortlich sein, und oft ist das mehr, als die Eltern sich vorstellen. Die meisten Eltern verwenden viel Mühe auf diese praktischen Dinge, und deshalb ärgern sich viele auch, wenn die Handschuhe wieder weg sind oder beim Abholen lange Zeit nach der Brotdose gesucht werden muss. Das wird als unnötige Zeitverschwendung angesehen. Aber wenn man das Kind in die Suche mit einbezieht, wird die Suche ein Teil des Prozesses, bei dem das Kind lernen soll, auf seine eigenen Dinge zu achten. Dann handelt es sich nicht mehr um vergeudete Zeit, sondern um relevantes Zusammensein. Das bedeutet auch, dass man vielleicht das Zusammensein mit seinen Kindern bereits in der Kindertagesstätte beginnen kann, anstatt sich zu beeilen, nach Hause zu kommen, um möglichst viel gemeinsame Zeit zu haben.
Im Übrigen: Zusammensein erfordert Anwesenheit, und die erfordert, dass Handys ausgeschaltet sind, wenn Kinder gebracht und abgeholt werden.

In der Schule

Wenn das Kind in die Schule kommt, ist es immer noch wichtig, dass die Eltern mitverantwortlich dafür sind, dass die Tasche mit den benötigten Dingen gepackt ist.
Der Schulbeginn kann ein gewaltiger Übergang für einige Kinder sein, und je mehr Ordnung im Schulranzen und den Dingen, die man von Zuhause mitbringen muss, herrscht, desto größer ist die Energie, die man hat, sich mit all dem Neuen auseinanderzusetzen. Die Schule bedeutet für viele auch die Begegnung mit festen Terminen.
Es ist vielleicht das erste Mal, dass das Kind zu einer bestimmten Zeit erscheinen muss, und es ist wichtig, dass das Kind pünktlich in der Schule ist und Ruhe hat, hineinzugehen und seine Dinge an den Platz zu bringen, bevor die Stunde beginnt.
Das schafft das Kind schnell von selbst, und als Eltern muss man nicht die Tasche ins Klassenzimmer tragen und sie an die Stuhllehne hängen. Es ist für das Kind leichter, Verantwortung für seine eigenen Dinge zu übernehmen, wenn die Eltern diese von sich heraus abgeben!
Für viele Arbeitsplätze gelten heute keine festen Anfangszeiten mehr und das kann es für die Eltern schwer machen, sich darauf einzurichten, dass es feste Zeiten in der Schule gibt. Wie ein Vater kürzlich auf einem Vortrag sagte: „Aber es klappt fast jeden Tag. Ich glaube, im gesamten Schuljahr sind wir nur dreimal zu spät gekommen!“

Das hört sich natürlich nicht viel an, aber multipliziert man es mit 24, dann heißt das, dass der Unterricht an 72 von etwa 200 Schultagen aus diesem Grund unterbrochen wird. Aus der Perspektive der Gemeinschaft betrachtet sieht die Sache anders aus, als wenn man sie nur aus seinem eigenen Blickwinkel betrachtet.

Verantwortung für die Gemeinschaft bedeutet auch, dass man durch den Schulverlauf seines Kindes hindurch Zeit und Kraft darauf verwendet, sich für das Leben in der Klasse zu interessieren. Die Klasse ist das Forum, in dem das Lernen Ihres Kindes vor sich gehen soll. Es ist primär die Aufgabe des Lehrers, ein gutes Lern- und Entwicklungsmilieu in der Klasse zu schaffen, aber das lässt sich nicht ohne den Einsatz der Eltern realisieren. Als Eltern hat man natürlich eine besondere Verantwortung in Bezug auf sein eigenes Kind. Man muss so gut wie möglich sicherstellen, dass das Kind pünktlich zum Unterricht in die Schule kommt. Nun weiß jeder, dass wir nicht immer gleich bereit zum Lernen sind, und es passieren wichtige Dinge im Leben der Kinder, auch außerhalb der Schule, die ihre Aufmerksamkeit beeinflussen können, und an ihren Kräften zehren.
Das soll und kann man als Eltern nicht verhindern. Wenn es aber geschieht, kann man mit den Lehrern darüber sprechen, sodass der Lehrer die bestmöglichen Reserven dafür hat, dem Kind entgegenzukommen, wenn das Kind es schwer hat. Das gilt auch für das tägliche Leben, wenn es keine speziellen Probleme im Leben des Kindes oder der Familie gibt. Eltern müssen dafür sorgen, dass das Kind die zum Lernen nötigen Rahmenbedingungen erhält. Das bedeutet, dass man sich anhaltend für Schlaf, Ruhe, Ernährung, Interessen, Wohlbefinden des Kindes interessieren muss. Es ist klar, dass sich die Elternrolle verändert, besonders wenn das Kind das Teenageralter erreicht. Aber auch Teenager brauchen ihre Eltern weiterhin, wenn auch mehr als Sparringspartner denn als direkte Erzieher. Es erscheint vielleicht trivial, dieses ganz natürliche Interesse, das die Eltern an ihren Kindern haben, zu erwähnen, aber es ist deshalb nicht weniger wichtig, und das Kind ist davon abhängig, dass es kontinuierlich während seines Heranwachsens da ist. Dieses Interesse ist auch das solideste Fundament für die Gemeinschaft der Klasse.

Das gute Lern- und Entwicklungsmilieu in der Schule

Ein gutes Lern- und Entwicklungsmilieu in der Klasse gründet sich auf die einfache Fähigkeit, Verantwortung für sich selbst und die Gemeinschaft zu übernehmen, samt der Fähigkeit des Lehrers, die Lern- und Entwicklungsprozesse zu leiten, die den Einzelnen und die Gruppe darin unterstützen. Der Lehrer ist ein unglaublich wichtiger Faktor darin, und wie der Lehrer seine Kompetenz darin entwickelt, ist andernorts gründlich beschrieben (z. B. Juul & Jensen 2002). Ein gutes Lern- und Entwicklungsmilieu zeichnet sich auch dadurch aus, dass es möglich ist, eigenes Unvermögen offenzulegen, also das zu zeigen, was man nicht kann, oder das, was man im Lernprozess noch nicht zu Ende gedacht hat.

In vielen Lernmilieus zählt genau das Gegenteil: Es geht darum, zuerst und am schnellsten zu erzählen, was man kann, sodass man seine Note bekommt, damit alle sich gegenseitig beweisen können, dass wir internationalen Standards genügen! Das ist ärgerlich, denn Kinder sind von Natur aus Kinder Forscher und keine Schüler. Es sind der Forscherdrang und das Fragenstellen, die Fähigkeit sich zu wundern und über Neues zu staunen, die zu Kreativität und Entwicklung führen. Das bedeutet nicht, dass alles Lernen nur Spielen ist. Mit Lernen ist auch harte Arbeit und Übung verbunden und das gute Lernmilieu beinhaltet auch diese beiden Aspekte.

Kinder sollen gefordert werden

Es erfordert viel, sowohl von den Lehrern als auch von den Schülern, an dieser Maxime im Unterricht festzuhalten. Die Eltern können, in ihrer Art, wie sie mit ihren Kindern Zeit verbringen, den Forscherdrang, die Ausdauer, und die Fähigkeit zur Vertiefung stärken. Dafür muss es auch in Ordnung sein, sich zu blamieren und etwas nicht zu können.
Glücklicherweise ist das etwas, was man lernen kann, wenn das Kind ehrliche und anwesende Antworten auf seine Fragen und seine Versuche, neue Fertigkeiten zu erlernen, bekommt. Die Anstrengungen der Kinder müssen anerkannt werden, man soll sie aber nicht lobhudeln, weil sie dann glauben, dass etwas mit ihnen nicht stimmt, wenn sie nicht sofort lesen können, sobald sie zum ersten Mal ein Buch aufschlagen. Das macht sie unsicher und unwillig, Neues zu

versuchen, und es beeinträchtigt ihren Forscherdrang. Das ist natürlich nicht die Absicht der Eltern, wenn sie lobhudeln und sagen: „Aber schau, du kannst ja schwimmen!“, wenn der Kleine mit Schwimmreifen und Schwimmflügeln von den Eltern festgehalten über den Meeresboden krabbelt. Wenn das Kind sagt: „Lass mich los - ich kann selbst“, und man loslässt, sodass es untergeht, wird es wütend und enttäuscht, weil Schwimmen zu lernen eine weit größere Anstrengung und Ausdauer erfordert, als ihm in Aussicht gestellt worden ist. Wiederholte Erfahrungen dieser Art, bei denen die konstruktive Unterstützung der Eltern fehlt, machen das Kind oft unwillig, Neues zu lernen. Denn hier verliert es sein Gesicht, wenn es eine Aufgabe nicht bewältigen kann, und wird durch die Frustration daran gehindert, das omnipotente, perfekte, souveräne Kind zu sein, das es glaubt sein zu müssen, um für die Eltern wertvoll zu sein.

Man kann also das gute Lern- und Entwicklungsmilieu in der Klasse oder Kindergruppe unterstützen, indem man vor Augen hat, dass Kinder gefordert werden müssen, wenn sie lernen sollen. Das gilt sowohl für ihren Forscherdrang, als auch für Ausdauer, Konzentration und Vertiefung. Wenn man diese Aspekte im Hinterkopf hat, so lernt das Kind etwas Wichtiges über den Prozess, der in allen Lernzusammenhängen gebraucht werden kann. In einem solchen Milieu kann das Kind auch die Klasse allgemein besser unterstützen, sodass die Kinder sich in ihren Lernprozessen gegenseitig fördern, anstatt in Konkurrenz zu arbeiten. Die Bedeutung der Lernbereitschaft der Gruppe nimmt im Laufe des kindlichen Heranwachsens zu, weil Kinder mit zunehmendem Alter einen Teil ihrer Abhängigkeit vom elterlichen Urteil auf die Gruppe der Gleichaltrigen verlagern.

Phasen mit Konflikten

Natürlich mag es im Schulverlauf eines Kindes Phasen geben, in denen das Kind oder die Gruppe von Kindern weniger auf das Lernen eingestellt sind. Es wird auch Phasen geben, in denen die Kindergruppe von Konflikten geprägt ist. Das kann und soll nicht verhindert werden, aber oft führen wir uns auf, als ob zumindest mit einigen von uns etwas nicht stimmt, wenn in der Klasse oder in der Elternarbeit Konflikte entstehen.

Halten wir fest: Konflikte sind ein natürlicher Teil jeder Zusammenarbeit! Es geht also nicht darum, sie zu vermeiden, sondern sie als natürlichen Teil der Zusammenarbeit zu akzeptieren. Sie beinhalten eine ganze Menge Energie, die konstruktiv genutzt werden kann, wenn man sich traut, einander zuzuhören und die Probleme auch aus den Perspektiven der anderen zu betrachten lernt. Wenn eine Klasse Probleme hat, ist es weitaus konstruktiver, die Probleme in die Zusammenarbeit mit einzubeziehen, als zu versuchen, den Schuldigen zu finden. Allzu oft neigen wir dazu, die Schuld in der Unfähigkeit des Lehrers zu suchen, oder in der schlechten Erziehung, die die Kinder bei den Eltern genießen, oder wir meinen, dass ein bestimmtes Kind überhaupt nicht in die Klasse gehen sollte. Probleme mit Unruhe in der Klasse werden beispielsweise am besten gelöst, wenn Lehrer und Eltern zusammen mit den Kindern einen Prozess beginnen, bei dem es darum geht, dass möglichst jeder Einzelne zu Wort kommt, gehört und ernst genommen wird. Das erhöht die Verantwortlichkeit des Einzelnen, seine eigenen Probleme deutlich zu machen und bietet Gelegenheit, Hilfe zu bekommen. Manchmal formuliert dann am Ende jeder einzelne, was sie oder er zur Verbesserung der Situation beitragen kann. Das heißt nicht, dass Probleme mit Unruhe bei einem einzigen Treffen gelöst werden können. Darüber muss man wieder und wieder sprechen. Aber wenn man die Besprechung des Problems als wesentlichen Beitrag zum guten Lern- und Entwicklungsmilieu und als einen Beitrag, die Fähigkeit zur Konfliktlösung des Einzelnen ansieht, so wird keine Zeit verschwendet. Vielmehr handelt es sich dann um einen wichtigen Beitrag zur „allseitigen persönlichen Entwicklung“ des einzelnen Kindes, wie es bereits das Volksschulgesetz fordert. Um dies zu ermöglichen, müssen Lehrer und Eltern erkennen, dass ihr eigenes Handeln nicht unfehlbar ist, und dass es auch Dinge gibt, die sie anders machen müssen und anders Verantwortung dafür übernehmen müssen, wenn die Probleme gelöst werden sollen.

Gleichwertige Kooperationspartner

In der Zusammenarbeit zwischen Lehrern, Erziehern und Eltern tragen die Pädagogen die Hauptverantwortung für die Qualität der Zusammenarbeit. Sie bürgen in erster Linie dafür, dass die Zusammenarbeit, jene Qualitäten beinhaltet, die die Leitung der Schule oder Kindertagesstätte bestimmt hat. Es sind zumeist Qualitäten wie Gleichwertigkeit, Respekt, Vertrauen und Offenheit, die in diesem Zusammenhang genannt werden. Aber selbst wenn die Pädagogen die Hauptverantwortung haben - auch die Eltern tragen Verantwortung. Offenheit, Respekt und Vertrauen müssen wechselseitig sein, wenn das Verhältnis gleichwertig sein soll. Vielen fällt es schwer, die Dinge frei heraus und gleichzeitig respektvoll anzusprechen. Manches wird deswegen nicht gesagt werden, und manches kommt auf respektlose und destruktive Art und Weise zur Sprache.
Früher war das Wort des Lehrers Gesetz, und Eltern wagten es nicht, das, was der Lehrer sagte, in Frage zu stellen. So ist es zum Glück nicht mehr. Heute dürfen Eltern Fragen an Lehrer und Erzieher stellen und das als einen Beitrag zur Entwicklung der Gruppe sehen. Das hängt, auch wie erwähnt damit zusammen, dass es keinen allgemein gültigen Wertesatz mehr gibt, sondern dagegen einen Wertepluralismus mit einer kontinuierlichen Suche nach den besten Möglichkeiten.

Der Lehrer oder Erzieher ist somit nicht länger automatisch eine Autorität, sondern muss die rollenbedingte Autorität durch persönliche Autorität ersetzen, wenn er zu Kindern und Eltern durchdringen soll. Das macht ihn verwundbarer, weil sein fachlicher Einsatz immer untrennbar mit seiner Persönlichkeit verbunden ist, und Kritik ihn immer auch in seiner fachlichen Person treffen wird. Es ist natürlich in erster Linie die Aufgabe der Einrichtung und der Schule, Fachleute dafür für diesen kritischen Kontakt mit den Eltern zu wappnen. Aber man sollte sich als Eltern auch klar machen, dass Lehrer und Erzieher auch Menschen sind, und dass unsere Kinder aus dieser Qualität, kombiniert mit solidem fachlichem Wissen, Nutzen ziehen und sich dadurch entwickeln.

Alle machen Fehler

Es ist genau die Tatsache, dass die Lehrer und Erzieher ganz normale Menschen sind, die dazu führt, dass wir ihre Reaktionsweise in Frage stellen können. Aber dann dürfen wir als Eltern auch nicht vergessen, dass wir nicht gleichzeitig sagen können: „Ich dachte, sie wäre professionell. Das hätte sie besser machen können!“ Damit sagt man, dass es verboten ist, Fehler zu machen oder in Konflikt zu kommen, weil man professionell ist. Fehler und Konflikte lassen sich nicht vermeiden. Das Professionelle sind die Ressourcen, mit denen die Lehrer und Erzieher einen Konflikt in den Griff bekommen, oder ihr Verhalten, wenn sie sich gegenüber ihrem eigenen Anteil daran offen zeigen. Das lernen Lehrer und Erzieher erst allmählich. Dass dies erst jetzt geschieht, liegt einfach daran, dass in früheren Zeiten, als Rollenautorität und einfache, allgemeingültige Werte herrschten, die einzelne Fachperson diese Fähigkeiten nicht auf dieselbe Weise benötigte wie heutzutage.

Lehrer und Erzieher im ganzen Land sind somit dabei, fachpersönliche Entwicklungsarbeit zu leisten. Jeder, der versucht hat, an sich selbst und der eigenen Verhaltensweise in herausfordernden und konfliktträchtigen Situationen zu arbeiten, weiß, dass es ein langwieriger Prozess ist. Man ist darauf angewiesen, dass das Umfeld die Leistung anerkennt und dazu bereit ist, es nochmals zu versuchen, wenn die Zusammenarbeit zunächst nicht gelingt.

Die Etablierung eines guten Lern- und Entwicklungsmilieus erfordert Anerkennung.

Diese Anerkennung ist auf allen Ebenen der Organisation enorm wichtig: Dass die Erwachsenen die Kinder anerkennen, dass Lehrer, Pädagogen und Eltern die Perspektiven und Leistungen des jeweils anderen anerkennen. Wenn man also als Eltern dazu beitragen kann, die gleichwertige, anerkennende Zusammenarbeit zu unterstützen und zu entwickeln, so trägt man dazu bei, den Einsatz des Pädagogen zum Vorteil der Kinder zu stärken.
Das bedeutet nicht, dass man sich über alles einig sein und den Pädagogen übertrieben loben soll. Vielmehr soll man ihnen für die Arbeit, die sie tun, Anerkennung und Respekt zollen. Das beinhaltet auch, dass man sich meldet, wenn man sich zu einem bestimmten Punkt unsicher ist, oder wenn es Dinge gibt, von denen man meint, dass sie anders sein sollten.

Übung

Unten stehende Fragen können an einem Elternabend zur Erörterung in kleinen Gruppen mit nachfolgender Zusammenfassung für die ganze Kindergartengruppe oder Klasse verwendet werden. Ziel ist es, sich darauf vorzubereiten, dass bei jeder Zusammenarbeit Konflikte entstehen, denn es kann gut sein im Voraus darüber gesprochen zu haben, was man tun könnte, wenn es schwierig wird:

- Wie möchten Sie gerne angesprochen werden, wenn es Probleme gibt, die Ihr Kind betreffen? Wenn der Erzieher beispielsweise auffällt, dass Sie sich mit unzweckmäßig gegenüber dem Kind verhalten, wenn Sie es bringen oder abholen? Oder wenn der Lehrer vom Kind erfahren hat, dass es ungern mit ihnen Hausaufgaben macht weil Sie ungeduldig wer den?

- Haben Sie erlebt, dass ein Lehrer oder Erzieher sich wegen Problemen an Sie gewandt hat? Was halten Sie von der Art und Weise, auf die das geschehen ist?

- Haben Sie versucht, einen Lehrer oder Erzieher auf Dinge anzusprechen, die er Ihrer Meinung nach mit Ihrem Kind hätte anders machen sollen?

- Wie wurden Sie angenommen, und haben Sie etwas darüber gelernt, wie man sich an den Lehrer/Erzieher wenden kann, sodass man mit seiner Botschaft auch durchdringt?

Kapitel 11

Grundlegende Begriffe und theoretische Standpunkte

In diesem Kapitel werden wir die wichtigsten theoretischen Standpunkte darstellen, die den Rahmen für die konkreten Überlegungen und Beispiele in den übrigen Kapiteln des Buches bilden.

Wir werden Folgendes ansprechen:

- Der Mensch als sinnsuchendes Wesen
- Narrativität als konstruierendes Prinzip in der Selbstbildung - die Erzählungen der Kultur
- Gegenseitige Abhängigkeit in Beziehungen und die Idee vom distribuierten Selbst
- Positionen und Perspektiven
- Das kompetente Kind, Akteur- und Meisterungsorientierung
- Zusammenarbeit als ein gegenseitiger Konstruktionsprozess in professionellen Beziehungen.

In diesem Kapitel steht die theoretische Untersuchung im Vordergrund, während theoretische Grundlagen in den vorangegangenen Kapiteln den Hinterrund zum praktischen Umgang im täglichen Wirken des Erziehers und Lehrers bildeten. Theorie und Praxis sind untrennbare Phänomene, die einander wechselseitig bedingen und erschaffen, weshalb wir in einem analytischen Zusammenhang davon sprechen, dass entweder die theoretische oder die praktische Perspektive dominieren und in den Vordergrund treten. Für uns ist es in diesem Buch wichtig, methodische Überlegungen zu den konkreten und praktischen Plänen anzubieten, aber auch auf den engen Zusammenhang zwischen Methoden und theoretisch-empirischen Zugängen hinzuweisen.

Wir sind von vielen verschiedenen Theoretikern aus unterschiedlichen Zeitaltern und Anschauungen inspiriert. Einige von denen, in deren Schuld wir stehen, sind: John Dewey, Kenneth Gergen, Jerome Bruner, Lars Løvlie, Daniel Stern, Anne-Lise Løvlie Schibbye, Berit Bae, Irvin D. Yalom, Mads Hermansen, Jesper Juul und Ole Løw (Weitere Angaben im Literaturverzeichnis)

Der Mensch als sinnsuchendes Wesen

Der Sinnbegriff ist in den Bestrebungen, die Handlungen von sowohl Kindern als auch Erwachsenen zu verstehen, sehr wichtig, da der Mensch grundlegend ein aktives, handelndes und sinnsuchendes Wesen ist. Sinn bezieht sich auf die persönliche Intention und Bestrebung, einen Zusammenhang zu schaffen und Handlungen, Personen und Beziehungen Bedeutung beizumessen, und damit ein Verständnis der Situationen zu bilden. John Dewey drückt das so aus: „Als intelligente Wesen erwarten wir die Existenz von Sinn, und [deuten] dessen Abwesenheit als Anormalität." (Dewey 1997, S. 117, unsere Übersetzung) - hiermit wird die Suche nach Sinn zum existenziellen Willensakt (s. auch Yalom 1998).

Sinnbildung ereignet sich in einem Austausch zwischen den Vorverständnissen und Erwartungen, die wir Individuen haben, den Handlungen, die wir in einer gegebenen Situation vornehmen, und dem Feedback, das wir bei der Teilnahme an Interaktionen mit anderen erhalten.

Wir nähern uns nichts auf der Welt mit jungfräulicher Seele, sondern: „Wir nähern uns einer Sache mit gewissen erworbenen habituellen Verständnisgewohnheiten, mit einer gewissen Menge früher entwickelter Sinnschaffungen, oder wenigstens Erfahrungen, aus welchen Sinn geschöpft werden kann." (Dewey 1997, S. 106, unsere Übersetzung)

Der Sinnbegriff lenkt damit auch die Aufmerksamkeit darauf, dass jede Handlung im Ausgangspunkt für den, der sie ausführt, Sinn macht.

Die Sinnbildung findet somit sowohl auf einer persönlichen Ebene als auch in verschiedenen Gruppenebenen, etwa in einer Klasse, einer Schule, oder einer Gesellschaft statt, wo der Kulturbegriff zum Ausdruck für die Aussagen und Sinnbildungen der Gruppen wird (Hermansen 2003, S. 112ff.).
Das strukturierende Prinzip in der Sinnbildung bildet hier die Erzählung, was zum nächsten theoretischen Punkt überleitet.

Narrativität als konstruierendes Prinzip in der Selbstbildung - die Erzählungen der Kultur

Auch für Jerome Bruner ist die Suche nach Sinn die treibende Kraft hinter den Handlungen des Menschen, und der Mensch ist Bruner zufolge mit einer Sprachfähigkeit und Sinnbereitschaft geboren worden, die eine Disponierung des Narrativen ist. Für Bruner ist das Selbst charakterisiert durch „die Konstruktion eines bestimmten Begriffssystems, sozusagen ein Archiv, das über Handlungsweisen mit der Welt organisiert ist und Verbindungen zur Vergangen-

heit hat (d. h. ein so genanntes selbstbiografisches Gedächtnis), aber auch die Zukunft vorausschreibt - ein Selbst mit Geschichte und Möglichkeiten." (Bruner 2004, S. 90). Das heißt, dass das Selbst in einer zeitmäßigen Verknüpfung, mit Vergangenheit, Gegenwart und Zukunft konstruiert wird, und in dieser Konstruktion sind menschliche Handlungsfähigkeit und Selbsteinschätzung wichtig. Die Handlungsfähigkeit weist auf die Handlungen hin, die auf eigene Faust durchzuführen das Individuum imstande ist. Die Einschätzungsfähigkeit weist auf eigene Einschätzungen dieser Handlungen hin. Handlungsfähigkeit und Selbsteinschätzung machen zusammen den Begriff Selbstwert aus. Juul und Jensen sprechen von Selbstgefühl und Selbstvertrauen, wobei das Selbstgefühl sich darauf bezieht, wer ich bin, und Selbstbewusstsein darauf, was ich kann - Existenz und Leistung (Juul & Jensen 2002, S. 65). Auf dieselbe Weise sprechen sie von innerer und äußerer Verantwortlichkeit, wobei Integrität zu dem Begriff wird, der den Zusammenhang im Selbst schafft.
Für Bruner hat sowohl die innere Psychodynamik als auch die äußere relationale Verbundenheit Bedeutung:

„Selbstschaffung ist eine narrative Kunst, und selbst wenn durch die Erinnerung begrenzter ist als die Fiktion, handelt es sich um eine unsichere Begrenzung -eine Frage, auf die wir noch zurückkommen werden. Selbstschaffung geht auf anomale Weise vor sich, sowohl von Innen als auch von Außen. Von Innen baut sie sich, wie wir gerne auf unsere eigene kartesianische Weise sagen, auf Erinnerung, Gefühlen, Gedanken, Überzeugungen, Subjektivität auf.
Ein Teil dieser Innerlichkeit ist ziemlich sicher angeboren und artspezifisch, wie unser unwiderstehliches Gespür für Kontinuität von Zeit und Raum und unsere postrurale Wahrnehmung von uns selbst. Aber ein großer Teil der Selbsterschaffung geht von Außen nach Innen vor sich, basierend auf der Anschauung des anderen auf den Myriaden von Erwartungen, die wir uns früh, noch dazu gedankenlos, aus der Kultur aneignen, in der wir verankert sind." (Bruner 2004, S. 78)

Die Sprache und die Erzählung schaffen Ordnung im Wirrwarr der Erfahrungen. Wenn der Mensch die Fähigkeit verliert, Geschichten zu erzählen, wird das Selbst aufgelöst (Bruner 2004, S. 101ff.). Durch Erzählungen schreibt der Mensch einer Handlung Sinn zu, und verhandelt wechselseitig die Bedeutung.
Bruner zufolge helfen die Erzählungen dem Menschen, mit dem Komplexen, Unerwarteten und Unverständlichen umzugehen. Tritt etwas Unerwartetes ein, entsteht das Bedürfnis, Geschichten zu erzählen, sodass danach Sinn und Zusammenhang hergestellt werden können. Eine Geschichte hat einen Plot und beschreibt einen Handlungsverlauf, der über eine gewisse Zeit stattfindet.
Am Anfang wird das Normale/Konventionelle beschrieben, dann entsteht ein Bruch im Kanon der Kultur/des einzelnen Individuums, mit dem Bruch wird umgegangen, und es werden Sinn und Zusammenhang geschaffen, woraufhin wieder auf das Normale zurückgeschlossen wird. Das Unnormale/der Bruch wird

Bruner zufolge entweder durch Exklusion (Ausstoß oder Marginalisierung) oder Inklusion (Aufnahme in die Erzählung) gehandhabt. In unserer Kultur sind Genres wie die Komödie, Tragödie, Romanze oder Satire (Ironie) die am meisten verbreiteten und allgemein anerkannten Genres, und oft greifen wir deswegen auf eines davon zurück, wenn wir eine Geschichte erzählen.
Kenneth Gergen hebt hervor, dass die Konventionen, nach denen eine Geschichte erzählt wird, historisch und kulturell bedingt sind. Für Gergen ist die zeitliche Perspektive in der Geschichte für deren Dramatik entscheidend, und er spricht von aufsteigenden und fallenden Geschichten, wobei die aufsteigende (positive/möglichkeitsgerichtete) oder fallende (negative/problemorientierte) Tendenz zum sinngebenden Prinzip für die ganze Geschichte wird. Es gibt viele mögliche Kombinationen, wenn eine Geschichte erzählt werden soll, und „die narrativen Konventionen bestimmen somit nicht die Identität, aber sie laden zu einigen Handlungen ein und wirken anderen entgegen." (K. Gergen 1994/1997, S. 203).

Mads Hermansen und Vibeke Petersen (2004) geben ein Beispiel dafür, wie die unterschiedlichen Genres weiter nuanciert werden können. Sie haben in ihrer Arbeit mit der schulischen Entwicklung von Lehrern viele „Abwicklungsgeschichten" gehört und teilen diese in Appellgenre, Ohnmachtsgenre, Opfergenre und Verschwörungsgenre ein, die wiederum als Beispiele dafür angesehen werden können, wie eine Schulkultur bestimmten Genres besonderen Raum einräumen und Vorschub leisten kann, wenn Geschichten erzählt werden sollen.
Es liegt in der Idee von der Erzählung als zentrales Selbst, dass den „Anderen" ein wichtiger Platz gegeben wird: Um zu erzählen, muss es jemanden geben, dem man es erzählen kann. Sinnbildung ist im Ausgangspunkt abhängig von den „Anderen" und gleichzeitig vorläufig, weil sie in Reihen von Interaktionsmustern stattfindet, die wiederum von den gesellschaftlichen und kulturellen Rahmen abhängig sind. Gergen drückt es so aus: „Wir sind auf diese Weise alle gegenseitig aneinander gebunden, unfähig, etwas zu meinen, ein „Ich" zu haben, das nicht mit der Existenz einer potenziell zustimmenden Welt in Beziehung stünde." (Gergen 1997, S. 266). Das führt uns zum nächsten theoretischen Punkt.

Gegenseitige Abhängigkeit in Beziehungen, anerkennende Verhaltensweisen und die Idee vom distribuierten Selbst

Kenneth Gergen legt in der Sinnzuschreibung auf die Anderen Wert, und hebt hervor, dass die Äußerung eines Individuums nicht in sich selbst einen Sinn hat, sondern dass das Sinnpotenzial durch eine darauf folgende Handlung realisiert wird: „Zu kommunizieren will somit heißen, Sinn bewilligt zu bekommen als ein Privileg von anderen." (K. Gergen 1997, S. 263).

Ein Kind oder Erwachsener kann nicht sinnvoll in sich selbst analysiert oder verstanden werden - ein Individuum muss immer im Zusammenhang mit dem Kontext, mit den Beziehungen und in der Interaktion (Prozess) verstanden werden.
Das Kind muss in der Kultur und dem Milieu verstanden werden, von der es ein Teil ist, und im Licht der Beziehungen, die es eingeht, sowie durch die Interaktion, wie sie sich im Prozess entwickelt. Der Mensch ist wechselseitig von anderen abhängig und mit ihnen verbunden. Gergen sagt: „Ein Selbst mit einer Vergangenheit und einer potenziellen Zukunft zu sein, ist faktisch nicht dasselbe wie eine unabhängige, einzigartige und autonome Person zu sein, sondern im Gegenteil: Man ist Teil in einer gegenseitigen Abhängigkeit." Gergen 1994/1997, S. 190). Es existiert eine wechselseitige Verbundenheit, und Dewey beschreibt es in Bezug auf das Verhältnis zwischen Lehrer und Schüler so, dass alles, was ein Lehrer tut, und die Art, wie er es tut, den Schüler dazu anregt, auf die eine oder andere Weise zu antworten, genau wie jede Verhaltensweise die Haltungen des Schülers auf die eine oder andere Weise beeinflusst (Dewey 1997, S. 47).

Berit Bae sagt über den Zusammenhang zwischen fachlichem Stoff und Beziehung: „Die Beziehung und ihre Eigenschaften schaffen die Voraussetzungen für das, was das Kind sowohl vom fachlichen Stoff als auch über sich selbst lernt." (Bae 1996, S. 7). Die Qualität der Beziehung wird ausschlaggebend, und hierfür ist der Begriff der Anerkennung entscheidend: Eine gegenseitig anerkennende Beziehung baut auf einem Subjekt-Subjekt-Verhältnis unter den Beteiligten, wo das Recht des einzelnen Subjekts auf das eigene Erlebnis einer Situation fundamental ist. Es existiert eine gegenseitige Abhängigkeit zwischen Subjekten im Dialog: „Wir können den einen Teil in einer Beziehung nicht unabhängig vom anderen verstehen. Der eine Teil erhält seine Eigenschaften durch den anderen." (Løvlie Schibbye 2005, S. 55).
Berit Bae hebt mit Ausgangspunkt in Schibbyes Gedanken besonders die anerkennende Verhaltensweise hervor. Wichtig ist die Fähigkeit zur Selbst-Reflexion und Selbstabgrenzung beim Lehrer/Erzieher wie beim Kind. Diese Fähigkeit wird bei allen Teilnehmern durch anerkennende Dialoge entwickelt. Es gibt verschiedene wichtige Bestandteile einer anerkennenden Grundhaltung:

1. Aktiv zuhören, bereit zu sein, sich zu bewegen und auf nonverbale Signale aufmerksam sein.

2. Bestätigung ausdrücken, bei der es darum geht, dem Gesichtspunkt des Kindes Gültigkeit zu verleihen. Das bedeutet nicht, ihn gutzuheißen, sondern eben genau das Recht des Anderen auf ein gegebenes Erlebnis zu akzeptieren.

3. Verständnis zeigen, das auf Einfühlung basiert. Man muss das Recht des Anderen auf ein Gefühl, und die Unterschiede bei Gefühlen und Erfahrungen akzeptieren (Bae 2004, S. 14ff.).

Bruner verwendet den Begriff Intersubjektivität als eine Sammelbezeichnung für die einzigartige Fähigkeit des Menschen, andere Menschen zu verstehen. [38]
Intersubjektivität ist eine erstrebenswerte Intention, da ein Individuum niemals eine Erfahrung mit dem Anderen gänzlich teilen kann - aber es ist die Intention selbst, die es wert macht, zu leben und ergebnisreich an Gemeinschaften teilzunehmen.
Das distribuierte Individuum oder Selbst ist sehr von den Kontexten beeinflusst, in denen er/sie sich befindet. Die Identität ist eher eine traditionelle, feste Kernidentität, verbunden mit einer Reihe von Orten, Zusammenhängen und Beziehungen und kann damit viele verschiedene Ausdrücke annehmen.
Die Rede ist von einem Selbst und einem Individuum, das in der Gemeinschaft, in den Handlungen und in den Beziehungen entsteht. Für das Individuum wird ein „Ich“ oder ein Selbst in der gegenseitigen Sinnzuschreibung mit anderen geschaffen, das in der Kommunikation Sinn und damit Identität bewilligt. Das Sinnbildende hat sowohl eine habituelle Seite (Gewohnheiten, Muster, Beziehungen, konstituiert durch Zeit) als auch eine reflexive. Narrativität bindet die Gruppe und die Sinnbildung des Einzelnen zusammen. Das „Ich“ bzw. das Selbst ist von einer gewissen Vorläufigkeit, aber auch von Stabilität geprägt und in allen Bereichen zutiefst davon oder von den Anderen abhängig. Die Gemeinschaft und die Gruppe sind der Rahmen für die Entwicklung der Identität, aber die Teilnehmer nehmen nicht dieselben Positionen ein. Das leitet zum nächsten Punkt über.

Positionen und Perspektiven

Der Austausch geht in Beziehungen vor sich, die im Ausgangspunkt entweder als symmetrisch oder asymmetrisch definiert werden können. Diese Unterscheidung bezieht sich auf das Machtverhältnis: Beziehungen zwischen Individuen in denselben institutionellen Funktionen sind symmetrisch, während Beziehungen zwischen Individuen in unterschiedlichen institutionellen Funktionen asymmetrisch sind. Das heißt, dass Beziehungen unter Kollegen in derselben Funktion immer symmetrisch (ungeachtet der Unterschiede in reellen Kompetenzen), und Beziehungen zwischen Kindern und Erwachsenen immer asymmetrisch sind. Es ist einfach, die formellen Machtverhältnisse in Beziehungen festzulegen, und wir legen im letzten Punkt dar, was es bedeutet, der Erwachsene - und damit der Leiter - in einer asymmetrischen Beziehung zu sein. Ungleich schwieriger sind Aussagen über die Machtverteilung in einer Gruppe von Teilnehmern, die wechselseitig in symmetrischen Beziehungen funktionieren (Kindergruppen oder Gruppen von Kollegen). Um das zu untersuchen, beleuchten wir folgende Phänomene: eine Stimme bekommen, eine Position einnehmen, und eine Perspektive anlegen.

Gergen spricht davon, dass eine primäre Motivation für die Teilnahme an sozialer Interaktion ist, seine Stimme zu behaupten. Je mehr man dazu imstande ist, seine Stimme von den anderen bestätigt zu bekommen, desto größer sind die Möglichkeiten, Macht und hohen Status zu besitzen (in der Gruppe wie in der Gesellschaft). In einer Gemeinschaft wird es möglich sein, verschiedene Positionen einzunehmen. Eine Position ist durch einige interpretierende Repertoires definiert. Diese geben vor, wie man eine gegebene Position deuten und ausfüllen kann, - durch sprachlichen Ausdruck und konkrete Handlungen. In einer Schulklasse gibt es zum Beispiel verschiedene Positionen - den Musterknaben, den Klassenclown oder den Rowdy - mit je einem dazugehörigen Satz von voraussichtlichen sprachlichen Aussagen und Handlungen.

In der Gruppe haben die Teilnehmer verschiedene Perspektiven, und es ist gerade die Perspektive oder der Bezugsrahmen, die die Begriffe zum Verständnis und zur Deutung einer gegebenen Situation liefern, wobei das Interpretierende und Sinnbildende in den menschlichen Gedanken betont wird (Bruner 1996, S. 62 ff.). Mehrheit und Unterschiedlichkeit werden zur Folge von Perspektivbewusstsein. Damit sei nicht gesagt, dass alles gleichermaßen gültig und jedes Verständnis möglich ist. Die möglichen Verständnisse werden genau vom kulturellen Rahmen, den möglichen Positionen und interpretierenden Repertoires bestimmt sein. In Kommunikation und Dialog wird es möglich, teils diese unterschiedlichen Verständnisse zu untersuchen, teils Sinn und Bedeutung zu verhandeln.

Es ist ein grundlegender Ausgangspunkt, dass alle Teilnehmer in einem gegebenen Dialog potenziell kompetente Dialogpartner sind in dem Sinne, dass sie dazu imstande sind, ihre Stimme zu erleben und zu sich auszudrücken, wenn auch einige Kinder mehr Hilfe in diesem Prozess brauchen als andere.

Das kompetente Kind - Akteur- und Meisterungsorientierung

Der Begriff vom kompetenten Kind stützt sich auf die neuere Säuglingsforschung, die zeigt, dass Kinder von Geburt an bereits Kompetenzen haben, um Kommunikation mit anderen einzugehen und (wie Bruner es hervorhebt), möglicherweise auch bereits eine sprachliche Bereitschaft für das Narrative und die Ausübung von Intersubjektivität mitbringen. (Das bedeutet hier, die Fähigkeit, zu raten, was für die anderen von Bedeutung ist.). Mit Bruners Worten: „Wir sind die intersubjektive Art par excellence. Genau das macht es uns möglich, über Bedeutungen zu ‚verhandeln', wenn Wörter auf Abwege geraten." (Bruner 1996, S. 71)
Die Beziehungsforschung hat uns ein Verständnis davon vermittelt, dass Entwicklung in viel höherem Maße als früher angenommen in der Beziehung geschaffen wird, und sich beständig durch die Beziehungen, die der Einzelne eingeht, entwickelt (Stern 1997, Hart 2006). Das gilt nicht allein für die Entwicklung der sozialen Kompetenzen. Neuere neuropsychologische Forschungsergebnisse zeigen, dass dies auch für den Aufbau und die Entwicklung von komplizierten neurologischen Strukturen im Gehirn gilt, die mit allen anderen Entwicklungsbereichen zu tun hat (Hart 2006).
Wir wissen auch, dass das Kind dazu imstande ist, eine Subjekt-Subjekt-Beziehung von Geburt an einzugehen. Es wird sozial kompetent und nicht nur als passiv empfangend in der Beziehung geboren, sondern als ein Individuum, das von Anfang an mit seiner Reaktion auf die Eltern die Beziehung mitprägt.

Diese Tatsache ist der Kern im Paradigmenwechsel. Die verschiedenen Entwicklungstheorien, von den sozialen Lerntheorien, den Sozialisierungstheorien zu psychoanalytisch fundierten Phasentheorien, sahen das Kind entweder von der Geburt an als „Tabula rasa" (leere Tafel) an, oder als einen biologischen, vom Trieb gesteuerten Organismus ohne frühe Fähigkeiten zu sozialem Kontakt. (Sommer 1996). Es ist klar, dass eine solche Sicht auf das Kind einen ganz anderen pädagogischen Einsatz forderte, als das Verständnis, dass das Kind von Anfang an als ein Subjekt sieht. Kinder brauchen es, sich zu den Erwachsenen in Beziehung zu setzen, nicht nur am Anfang, sondern das gesamte Heranwachsen hindurch, genau wie erwachsene Menschen es brauchen, sich zu anderen Menschen in Beziehung zu setzen, um sich entwickeln zu können (Stern 2006).

Der Ausgangspunkt ist also, dass das Kind eine angeborene soziale Bereitschaft hat, die es unter guten Umständen konstruktiv entwickelt. Es ist von entscheidender Bedeutung, dass die Beziehungen, die das Kind eingeht, eine Akteurorientierung vor Augen haben und versuchen, die Kompetenzen des Kindes zu ständig größerer Meisterung gegebener Bereiche zu entwickeln und Selbstständigkeit fördern, anstatt beispielsweise eine größere Abhängigkeit von den Erwachsenen zu begünstigen.
Es geht darum, die eigenen Ressourcen der Teilnehmer zu mobilisieren - sowohl im Verhältnis zu den Kindern als auch zu den Eltern. Berit Bae spricht von weiten und engen Interaktionsmustern in Verbindung mit Gesprächen, die einen unterschiedlichen Inhalt haben:

Übersicht über weite und enge Muster in verschiedenen Gesprächsthemen

Gesprächsthema	Weit	Eng
Geschichte erzählen	Gegenseitige Freude, indem man eine Erfahrung, eine Geschichte teilt	Fragen und Entgleisung
Fokus auf der Meisterung	Platz, um zu zeigen, was wir können, und um es jeder auf seiner Weise ausdrücken zu können	Fokus auf dem Resultat, definierendes Lob
Kenntnis suchen/teilen	Gegenseitiger Austausch von Kenntnis	Auf der Jagd nach einer Antwort
Selbstrepräsentation	Es ist O.K., nein zu sagen, von eigenen Bedürfnissen/ Gesichtspunkten ausgehend Unterschiede zu markieren	Erlebnis soll von anderen anerkannt werden

(Tabelle 7.1a, Bae, 2004, S. 100)250

Die weiten Gesprächsmuster machen im Wechsel Platz für den Einzelnen und sind die Voraussetzung dafür, dass der Erwachsene die Welt, Perspektive und Position des Kindes anerkennen kann.
So wie die Geschichten, von denen wir ein Teil sind, dazu beitragen können, uns als Personen und Kultur zu erschaffen, kann das Erzählen positiver Geschichten, die auf die eigenen Handlungsmöglichkeiten des Akteurs fokussieren, eine verändernde Kraft sein.

Zusammenarbeit als ein wechselseitiger Konstruktionsprozess in professionellen Beziehungen

In professionellen Beziehungen in Kindertagesstätten und in der Schule hat der Erzieher oder Lehrer die formelle Macht in den asymmetrischen Beziehungen sowohl zu den Eltern als auch den Kindern.

Das bedeutet, dass der Pädagoge die Führung und somit die Verantwortung für die Rahmensetzung und für die Qualität des Prozessverlaufes hat. Als Pädagoge muss man die Führungsrolle übernehmen, und gleichzeitig muss man dazu imstande sein, im Lichte des Verständnisses so zusammenzuarbeiten, dass man einander in Beziehungen gegenseitig beeinflusst. Damit muss man auch willens sein, über seine eigenen Handlungen und Verständnisse zu reflektieren und diese im Zusammenspiel mit Kindern und Eltern auch ändern und weiterentwickeln. Auf der Grundlage dieses Verständnisses ist es nicht möglich, ein einziges Kind oder dessen Eltern zum ganzen Problem zu machen - man kann auch selbst ein Teil des Problems sein und muss deswegen auch willens sein, sich zu verändern. Der Pädagoge muss bereit sein, die Mehrheit der Perspektiven und Stimmen zu einem thematisierten Bereich zu untersuchen. Er muss auch jene Prozesse leiten können, die potenziell die Möglichkeit für Konflikte bieten, und mit ihnen umgehen, sodass keiner während des Verlaufs gekränkt wird.

Deswegen bleibt ein wichtiger Aspekt in der Pädagogik die Fähigkeit des Pädagogen, konstruktiv Beziehungen zu anderen Menschen einzugehen. Die Kernfähigkeit ist natürlich, die Beziehung mit dem Kind einzugehen. Aber es ist ebenfalls wichtig, konstruktive Beziehungen zu den näheren Erwachsenen des Kindes - den Eltern, einzugehen. Deshalb ist es notwendig, dass man als Lehrer oder Pädagoge neben seinem fachlichen, pädagogischen Können auch Beziehungskompetenz entwickelt. Wir definieren Beziehungskompetenz in Bezug auf Elternarbeit als:

Die Fähigkeit des Erziehers/Lehrers, den Einzelnen mitsamt seinen Prämissen zu „sehen“ und sein eigenes Verhalten danach abzustimmen, ohne damit die Führung abzugeben. Dazu gehört auch die Fähigkeit, im Kontakt authentisch zu sein. Das ist das pädagogische Handwerk.

Weiter dazu zählen die Fähigkeit und der Wille des Erziehers/Lehrers, die Hauptverantwortung für die Qualität der Beziehung in der Elternarbeit zu übernehmen. Das ist die pädagogische Ethik (Juul & Jensen 2002).

Die Beziehungskompetenz ist eine berufliche Kompetenz. Wir sprechen bei den Eltern nicht von Beziehungskompetenz, da es andere Qualitäten sind, die die Beziehung zwischen Eltern und Kindern kennzeichnen.

Das Bedürfnis, als Pädagoge Beziehungskompetenz zu entwickeln, entspringt der Tatsache, dass der Pädagoge die größte Macht in der Beziehung hat, und dass der Ausgangspunkt für eine Entwicklung innerhalb der Beziehung die Subjekt-Subjekt-Beziehung ist. Damit übernimmt man als Pädagoge auch die größte Verantwortung dafür, dass die Beziehung die Qualitäten beinhaltet, für die die Schule oder Kindertagesstätte sich entschieden hat. Im Verhältnis zu den Kindern hat der Pädagoge die ganze Verantwortung für die Qualität der Beziehung. In der Beziehung zwischen Lehrer/Erzieher und Eltern trägt der Lehrer oder Erzieher die Hauptverantwortung.

Wenn wir die einzelnen Elemente in der Beziehungskompetenz betrachten, können wir etwas besser sehen, welche Kompetenzen der Pädagoge braucht. Beginnen wir zuerst mit der ethischen Dimension, das heißt mit dem Willen und der Fähigkeit des Pädagogen, die Hauptverantwortung für die Qualität der Beziehung in der Elternarbeit zu übernehmen, und seiner Fähigkeit und seinem Willen, die volle Verantwortung für die Qualität der Beziehung zu den Kindern auf sich zu nehmen. Wie wir in Kapitel 1 und 7 gezeigt haben, ist der Kern der Problemlösung und der Entwicklung durch Beziehungen, dass der Pädagoge diese Fähigkeit und diesen Willen hat. Beides zu entwickeln ist nicht nur eine Frage der Aneignung fachlichen Wissens. Es geht auch genau darum, an seiner eigenen persönlichen Entwicklung zu arbeiten und sich mit seinen schwachen Seiten auseinanderzusetzen. Das hängt mit dem zuvor besprochenen Bedarf an persönlicher Autorität zusammen. Um persönliche Autorität zu entwickeln, bedarf es eines persönlichen Entwicklungsstils - man muss der Tatsache Rechnung tragen, dass es sich um persönliche Entwicklung unter professioneller Regie handelt.

Persönliche Entwicklung und Selbstentwicklung konnte immer durch Therapie gestärkt und unterstützt werden, und in der Welt der Psychotherapie hat man seine Erfahrungen damit gemacht, was wirksam ist, wenn es um persönliche Entwicklung geht. Wir haben die Jahre hindurch versucht, etwas davon in die Welt der Lehrer und Erzieher einzubeziehen, vor allem in Form von Supervision, in der der persönliche Aspekt einen großen Platz bekommt. Es war früher nicht üblich, das in die Arbeit des Pädagogen einzubeziehen. Es ist eher im Gegenteil als eine Tugend angesehen worden, Person und Profession zu trennen, und das, obwohl es alle irgendwie gewusst haben - bis hinunter die Kindergärten - dass die Ausstrahlung des Pädagogen, sein Wesen, und seine Durchschlagskraft eine wichtige Rolle für die Qualität der Beziehung spielen.

Deswegen arbeiten wir mit den Begriffen „Fachperson und fachpersönliche Entwicklung, wobei wir fachpersönliche Entwicklung als einen fortlaufenden, strukturierten Prozess bezeichnen, in dem wir die Gedanken- und Handlungsmuster untersuchen, erkennen und bearbeiten, die uns hemmen oder hindern, unser fachliches Engagement, Ziel und Potenzial in professionellen

Beziehungen zu realisieren." (Juul & Jensen 2002). Wir sehen es somit als notwendig an, dass man sich als Fachperson mit sich selbst, seinen eigenen Schwächen und seinen eigenen vielleicht unzweckmäßigen Reaktionen auseinandersetzen muss, wenn man etwa der Kritik durch einen Elternteil ausgesetzt ist. Im fachpersönlichen Entwicklungsprozess kann man als Pädagoge seine Fähigkeiten stärken, um die Hauptverantwortung für die Qualität der Beziehung in der Elternarbeit und die gesamte Verantwortung für die Beziehung zum Kind zu übernehmen. Es ist ein schwieriger Prozess, weil man dazu gezwungen ist, mit Seiten von sich selbst zu arbeiten, die man vielleicht am wenigsten mag, und deren Exponierung man als sehr verletzend empfinden kann. Dieses Stück fachpersönliche Arbeit erfordert, dass die Qualitäten Offenheit, Respekt, Vertrauen, Gleichwertigkeit und Raum für Verschiedenheit auch ein Teil der kollegialen Beziehungen sind, und nicht nur ein Kennzeichen für die Beziehung zu Eltern und Kindern, obwohl in diesem Zusammenhang diese Qualitäten in den einzelnen Betriebsplänen der Schulen und Kindertagesstätten genannt werden (s. Kapitel 1).

Der Wille des Pädagogen, die Verantwortung für die Qualität der Beziehung zu übernehmen, muss aus dem Wissen über die Bedeutung der Beziehung und den Paradigmenwechsel in der Entwicklungspsychologie erwachsen. Das bedeutet, dass Kindern als den sozial kompetenten Menschen begegnet werden soll, die sie sind. Diese soziale Kompetenz zeigt sich am Anfang primär in den starken, grundlegenden Bedürfnissen, sich in den nahen Beziehungen wertvoll zu fühlen, und weiter in dem Drang zur Zusammenarbeit mit ihrem Umfeld. Kinder kooperieren, ob die Begegnung mit dem anderen für ihre eigene Entwicklung konstruktiv oder destruktiv ist. Schon wenn die Kinder in der Kindertagesstätte oder Schule anfangen, bringen sie einen Erfahrungsschatz mit, und dieser prägt die Art und Weise, wie sie ihrem Umfeld begegnen. Kinder, die vorwiegend in Beziehungen gelebt haben, die destruktiv für ihre Entwicklung sind, haben oft mehr Probleme damit, Beziehungen mit anderen einzugehen, und es erfordert extra Arbeit vom Pädagogen, mit diesen Kindern in eine Beziehung zu treten.
Besonders in diesen Fällen ist es aus einleuchtenden Gründen notwendig, dass der Erwachsene in der Beziehung, der weit mehr Wissen und Erfahrung hat, die Verantwortung für die Qualität der Beziehung übernehmen muss. Die mangelnde Fähigkeit des Erwachsenen diesbezüglich darf nicht auf die Kinder übertragen werden, indem man sie als verhaltensschwierig, unerzogen oder egozentrisch definiert.

Das ist das ganz große Hindernis bei der Umsetzung des neuen Paradigmas im Alltag der Schulen und Tagestätten: den Fokus abzuziehen von der Beschäftigung mit dem Verhalten des Kindes, und die Verlegung des Fokus auf die Beziehung zwischen Fachperson und Kind, wobei sowohl Fachperson, Beziehung als auch Kind in die Analyse der Problemstellung mit einbezogen werden. Auch die Elternarbeit würde leichter gleichwertig werden, wenn nicht schon im Voraus

ausgeschlossen wird, daran zu arbeiten, was der Pädagoge evtl. anders machen könnte oder müsste. Gerade wenn der Fokus vom Kind in der Beziehung auf den Pädagogen verlegt wird, entsteht die Möglichkeit, sich von Mensch zu Mensch zu begegnen, und obwohl die Beziehung asymmetrisch ist (der Pädagoge hat mehr Wissen und Macht), kann die Begegnung gleichwertig sein, wenn er die Fähigkeit und den Willen dazu hat, die Verantwortung für die Qualität der Beziehung zu übernehmen.
Im handwerklichen Teil des Beziehungskompetenzbegriffes gibt es sowohl fachliche als auch persönliche Aspekte. Wir wollen uns hier mit diesen nur kurz beschäftigen, weil sie bereits auf unterschiedliche Weise im Buch beleuchtet worden sind. Den Einzelnen zu „sehen" bedeutet, hinter das Verhalten des Einzelnen sehen zu können, und zu verstehen, welche existenziellen Phänomene das Verhalten des Betreffenden steuern. Den Einzelnen zu „sehen" erfordert in erster Linie das Interesse der Fachperson, die Eltern kennenzulernen, in Erkenntnis dessen, dass die Eltern die absolut bedeutendsten Personen im Leben des Kindes sind, und es deswegen dringend notwendig ist, eine gute Zusammenarbeit mit ihnen zu haben. Zu „sehen" erfordert auch, dass die Fachperson Empathie und Einfühlungsvermögen und den Willen hat, „das zu verstehen, was der Andere versteht", wie es von Søren Kierkegaard ausgedrückt wird. Die Entwicklung von Empathie ist natürlich von den Begegnungen abhängig, die die Fachperson selbst in ihrem Leben geprägt haben - ob sie überwiegend als die, die sie ist, „gesehen" wurde und Anerkennung und Respekt erhalten hat, oder ob ihr diese Qualitäten einer Beziehung vorenthalten wurden. Das hängt auch von der Einsicht der Fachperson in die grundlegenden existenziellen Bedürfnisse und Konflikte ab, die daraus entspringen, dass das Kind/der Mensch von Geburt an als sozial kompetent angesehen wird (siehe im Übrigen Kapitel 7).

Diese Einsicht, ist auch entscheidend dafür, ob man als Pädagoge sein Verhalten auf das abstimmen kann, was man sieht, und den Eltern mit Autorität und Authentizität begegnen kann. Etwas vereinfacht gesagt zeigt sich das oft an der Frage, ob man glaubt, Elternmeinungen sind vor allem lästig. Je mehr wir über die interpsychischen und interpersonellen Mechanismen wissen, die in zwischenmenschlichen Beziehungen vorkommen - darunter auch unsere eigenen Reaktionen, desto besser sind wir dazu imstande, anderen auch in Konfliktsituationen mit authentischer Anwesenheit zu begegnen. (siehe Kapitel 1).

Theoretische Standpunkte und Konsequenzen

Angesichts der theoretischen Standpunkte formulieren wir eine Reihe von Aussagen, die in kurzer Form unsere theoretischen Grundlagen präzisieren, und geben Beispiele für mögliche Konsequenzen für die Zusammenarbeit in der Schule und Zuhause.

Sinn

- Jede Handlung hat für denjenigen, der sie ausführt, eine Bedeutung! Die Frage, welchen Sinn eine zunächst unverständliche Handlung oder Äußerung für den, der sie tut, macht, kann sehr nützlich sein.

- Sinnbildung findet sowohl auf einer persönlichen Ebene (die persönliche Intention, Zusammenhang und Sinn zu erschaffen) und auf einer kulturellen Ebene statt (die Sinnbildung in der Gruppe, zum Beispiel in der Klasse, Schule, Gesellschaft - die kulturelle Erzählung)! Gibt es Zusammenhänge zwischen der persönlichen Sinnbildung und der der Kultur? Oder gibt es Gegensätze? Welche Erzählungen braucht es, um einen Zusammenhang zwischen den beiden Ebenen zu schaffen?

Narrativität

- Sinn wird mit dem narrativen Prinzip als strukturierend konstruiert: Das heißt in einer Zeitspanne zwischen Vergangenheit, Gegenwart und Zukunft und innerhalb der Genres und Verständnisformen, die die Kultur anbietet. Welches Repertoire bietet die Kultur an? Für wen ist das Angebot der Kultur einschränkend oder erweiternd?

- Wir erzählen Geschichten, um mit dem Unerwarteten, Unvorhersehbaren und Unnormalen umzugehen - alle Geschichten handeln Bruner zufolge davon, mit dem Bruch im konventionellen, kulturellen Kanon umzugehen. Wenn man die Geschichten anschaut, die über Eltern, Lehrer, Pädagogen und Kinder erzählt werden, was sagt das dann über das Normale beispielsweise in der Elternarbeit aus? Und über das Unnormale?

- Wir erzählen Geschichten, die typisch oft entweder aufsteigend (Fokus auf den Möglichkeiten, es geht immer besser) oder fallend (Fokus auf den Problemen, es wird immer schlimmer) sind. Außerdem gibt es in den verschiedenen Kulturen eine lange Reihe von Genres (zum Beispiel Ohnmachtgeschichten, das Opfergenre, Verschwörungstheorien u.v.m.). Welche Geschichten werden üblicherweise in Bezug auf Elternarbeit in den Medien erzählt?

Welche werden in der lokalen Kultur erzählt, zu der Sie gehören (also in Ihrer Kindertagesstätte, Schule, pädagogischen Hochschule)?

Relationale und gegenseitige Verbundenheit

- In unseren Beziehungen bilden wir für einander die Entwicklungs- und Lernvoraussetzungen. Was bedeutet das für die Elternarbeit?

- Das Individuum entsteht im Zusammenspiel mit seinem Umfeld - etwa dem Lernmilieu in einer Klasse, dem Netzwerk von Beziehungen, die er/sie eingeht, und dem kulturellen Rahmen, innerhalb dessen sich Geschichten und Verständnisse abspielen. Überlegen Sie in Bezug auf eine gegebene Gruppe von Kindern, in welche Lernmilieus und Beziehungen sie eingehen, und welche Möglichkeiten die Kultur zur Entwicklung bereitstellt?

Macht und Positionen

- Das Individuum will in sozialen Gemeinschaften eine Position einnehmen und seine Stimme vertreten. Welche möglichen Positionen gibt es in der Kinder- bzw. Schülergruppe? Welche möglichen Positionen in der Elterngruppe? (Denken Sie evtl. an die Geschichten, die Sie über Eltern und Kinder erzählen oder hören).

Akteur- und Meisterungsorientierung

- In einer fördernden Zusammenarbeit muss der Pädagoge Platz machen und sowohl die Welt, Perspektive und Position des Kindes als auch der Eltern anerkennen. Was heißt es konkret, das Kind oder die Eltern „zu sehen"?

- Geschichten erzählen kann sowohl eine bewahrende als auch eine verändernde Kraft haben, somit kann der Fokus auf positiven Geschichten als verändernde Kraft in einer fördernden Zusammenarbeit genutzt werden. Wie können Geschichten in der pädagogischen Arbeit aktiv und verändernd genutzt werden?

Zusammenarbeit als gegenseitiger Konstruktionsprozess - Beziehungskompetenz

- Der Pädagoge ist der Leiter und muss sich versichern, dass in der Zusammenarbeit Platz genug ist, damit alle (inklusive der Pädagoge selbst) sich entwickeln und verändern können. In welchen Bereichen gleicht und unterschiedet sich dieses Verständnis der Zusammenarbeit von Definitionen, die Ihnen früher begegnet sind?

Literaturverzeichnis

Alrø, Helle (1996). Disciplin eller dialog? In Helle Alrø (Hrsg.), Organisationsudvikling gennem dialog. Aalborg: Aalborg Universitetsforlag.

Andersen, Tom (1994). Reflekterende processer. Samtaler og samtaler om samtalerne. Virum: Dansk psykologisk Forlag.

Anderson, Harlene (2002). Samtale, sprog og terapi. Kopenhagen: Hans Reitzels Forlag.

Antropologerne I/S (2003): For man kender ikke reglerne for spillet - en interviewundersøgelse af samarbejdet mellem flygtninge- og indvandrerforældre og skolen, Für Skole og samfund.

Bae, Berit (1988). Voksnes definitionsmagt og børns selvoplevelse. Tidsskriftet Social Kritik, 1996, 47, S. 6-21.

Bae, Berit (2004). Dialoger mellom førskolelærer og barn - en beskrivende og fortolkende studie. Dissertation. Universität Oslo.

Bae, Berit & Waastad, J.E. (Hrsg.)(1997). Erkjennelse og anerkjennelse - perspektiv på relasjoner. Oslo: Universitetsforlaget.

Bang, Susanne und Heap, Ken (1999). Skjulte ressourcer. Supervisionsgruppen og dens arbejsmåder. Kopenhagen: Munksgaard.

Bayer, Søs (1996). Relationer - en pædagogisk kompetence. I Daniela Cecchin und Else Sander (Hrsg.), Pædagogens kompetencer. Kopenhagen: BUPL.

Berglyd, Ingrid (2003/2005). Teamet … i samspil med forældrene. Vejle: Kroghs Forlag.

Berliner, Peter (1997). Kultur - Adskillelse eller dialog. I Julio G. Arenas (red.), Interkulturel psykologi, Kopenhagen: Hans Reitzels Forlag.

Brockmeier, J. & Carbaugh, D. (Hrsg.), Narrative and Identity. Amsterdam: John Benjamins Publishing Company.

Broden, Margreta (1991). Mor og barn i ingenmandsland. Intervention i spædbarnsperioden. Kopenhagen: Hans Reitzels Forlag.

Bruner, Jerome (1999). Mening i Handling. Aarhus: Klim.

Bruner, Jerome (2004). Uddannelseskulturen. Kopenhagen: Hans Reitzels Forlag, Socialpædagogik Bibliotek.

Bruner, Jerome (2001). Self-making and worldmaking. In J. Brockmeier und Donal

Bruner, Jerome (2004). At fortælle historier i juraen, litteraturen og i livet. Kopenhagen: Alinea.

Bruun, Jens u.a. (2002). Rum for politisk dannelse. København: Danmarks Pædagogiske Universitet.

Dall, Mads Ole & Hansen, Solveig (Hrsg.) (2001). Slip anerkendelsen løs! Appreciative Inquiry i organisationsudvikling. Kopenhagen: Frydenlund.

Davidsen, Marianne u.a. (2003). Den nødvendige smerte. Kopenhagen: Hans Reitzels Forlag.

Dencik, Lars & Jørgensen, Per Schultz (1999). Børn og familie i det postmoderne samfund. Kopenhagen: Hans Reitzels Forlag.

Dencik, Lasse. Mennesket i postmoderniseringen - om barndom, familie og identiteter i opbrud. Værløse: Billesøe & Baltzer.

Dewey, John (1910). How we think. New York: Dover Publications, 1997 (neue Ausgabe).

Dewey, John (1996). Erfaring og opdragelse. Kopenhagen: Christian Ejlers' Forlag.

Diderichsen, Agnete (1997). Den professionelle omsorg og børns udvikling. Social Forskning, Themaausgabe, März.

Fog, Jette (2000). Saglig medmenneskelighed. Kopenhagen: Hans Reitzels Forlag. Ford, Konstancja, (1998). The power of emotion: Maintenance of Authority in an Danish Public school. Diplomarbeit. Kopenhagen: Universität Kopenhagen.

Gergen, Kenneth (1989). Warranting voice and the elaboration of the self. In John Shotter & Kenneth Gergen (Hrsg.), Texts of Identity. London: Sage Publications (S. 70-82).

Gergen, Kenneth (1994/2000). Virkelighed og relationer. Virum: Dansk Psykologisk Forlag.
Gergen, Kenneth & Gergen, Mary (2005). Socialkonstruktionismen: ind i samtalen. Virum: Dansk Psykologisk Forlag.

Gergen, Mary (2004). Once upon a Time: a narratologist's tale. In Colette Daiute & Cynthia Lightfoot (Hrsg.), Narrative analysis: Studying the Development of individuals in Society. London: Sage Publications.

Glistrup, Karen (2006). Hvad børn ikke ved … har de ondt af. Kopenhagen: Hans Reitzels Forlag.

Hart, Susan (2003). Selvet: fra sjæl til hjerne. Psykolog Nyt 2003/4.

Hermansen, Mads (1998). Fra læringens horisont. Aarhus: Klim.

Hermansen, Mads (2001). Den fortællende skole, bog 1 & 2. Aarhus: Klim.

Hermansen, Mads 1996). Læringens univers. Aarhus: Klim.

Hermansen, Mads, Jensen, Elsebeth und Krejsler, John (2005). Didaktikken og individet - når senmoderne elever skal lære. Kopenhagen: Alinea.

Hermansen, Mads, Løw, Ole & Petersen, Vibeke (2004). Kommunikation og samarbejde - i professionelle relationer. Kopenhagen: Alinea.

Hougaard, Esben (2004). Psykoterapi - teori og forskning. Virum: Dansk Psykologisk Forlag.

Højholt, Charlotte (Hrsg.)(2005). Forældresamarbejde, forskning i fællesskab. Virum: Dansk Psykologisk Forlag.

Jensen, Elsebeth (2004). Hvad skal vi lave, spørger vi hinanden? In Mads Hermansen und Elsebeth Jensen (Hrsg.), Udfordringer til undervisningen i didaktisk perspektiv. Kopenhagen: Alinea.

Jensen, Elsebeth & Løw, Ole (2004). Fortællinger om skole og hjem samtaler. In Lars Barner-Rasmussen & Mads Hermansen (Hrsg.) (2004), Skole og hjem samarbejdet- en håndsrækning til læreruddannelsen. Kopenhagen: Unge Pædagoger.

Jensen, Helle (1998). Bedre undervisningsbetingelser i skolen. In Niels Egelund u.a., Urolige børn. Kopenhagen: Kommuneinformation, KL's Forlag.

Jensen, Iben (2005): Grundbog i kulturforståelse. Roskilde: Roskilde Universitetsforlag.

Juul, Jesper (1993). Et æble til læreren - om skolens oversete dimension. Kopenhagen: Schønberg.

Juul, Jesper und Jensen, Helle (2002). Pædagogisk relationskompetence. Kopenhagen: Forlaget Apostrof.

Juul, Jesper & Jensen, Helle (2004). Lærerens relationskompetence. In Mads Hermansen & Elsebeth Jensen (Hrsg.), Udfordringer til undervisningen i didaktisk perspektiv. Kopenhagen: Alinea.

Juul, Jesper, (1995). Dit kompetente barn - på vej mod et nyt værdigrundlag i familien. Kopenhagen: Schønberg.

Juul, Jesper, (1996). Familierådgivning. Perspektiv og metode, 3. Ausgabe. Kopenhagen: Schønberg.

Jørgensen, Per Schultz (1999). Hvad er kompetence? Uddannelse, 9.

Larsen, Ove Staal (1999). Omsorgssvigt & hjerneudvikling. Dansk Psykolog Nyt,

Laursen, Per Fibæk (2004). Den autentiske lærer. Bliv en god og effektiv underviser - hvis du vil. Gyldendal: Gyldendals lærerbibliotek.

Lund, Mogens, A. (2000). Konsulentarbejde og supervision i skole- og social- og sundhedssektoren. Kopenhagen: Schønberg.

Løvlie, Lars (2001/2003). Læreren i vore tanker. In Tone Kvernnbekk (Hrsg.), Pædagogik og lærerprofessionalitet. Aarhus: Klim.

Løw, Ole (2003). Undervisningsrelationen i centrum. Unge Pædagoger, 1.

Løw, Ole (2006). Lærerens anerkendende og narrative forholdemåder. In René Kristensen (Hg.), Fantastiske forbindelser. Frederikshavn: Dafolo.

Nielsen, Bodil (2005). Skole-hjem-samarbejde i praksis - et udviklingsprojekt i skolen. Videncenter for professionsudvikling. Kopenhagen: Forlaget CVU København & Nordsjælland.

Rasmussen, Jens (2005). Undervisning i det refleksivt moderne. København: Hans Reitzels Forlag.

Schibbye, Anne-Lise Løvlie (1982). The Self. Yours, Mine or ours? Oslo: Universitetsforlaget.

Schibbye, Anne-Lise Løvlie (1997). Fra begrensning til avgrensning: synspunkter på grensesetting Og barns utvikling af selvrefleksjon. In J.C. Jacobsen (Hrsg.), Refleksive læreprocesser. Kopenhagen: Politisk Revy.

Schibbye, Anne-Lise Løvlie (2005). Relationer. Kopenhagen: Akademisk Forlag.

Schmuck, Richard. A., Schmuck, Patricia. A. (1995). Livet i klasserommet. Oslo: J. W. Cappelens Forlag.

Schön, Donald (2001). Den reflekterende praktiker. Aarhus: Klim.

Schön, Donald (1987). Educating the reflective practitioner. London: Jossey-Bass Publishers.

Sigsgard, Erik (2002). Skældud. Kopenhagen: Hans Reitzels Forlag.

Skaalvik, E.M. & Skaalvik, S. (2007). Skolens læringsmiljø. Kopenhagen: Akademisk Forlag.

Skytte, Marianne (1999): Etniske minoritetsbørn og deres familier. In Lasse Dencik & Per Schultz Jørgensen. Børn og familier i det postmoderne samfund. Kopenhagen: Hans Reitzels Forlag.

Sommer, Dion (1996). Barndommens psykologi. Kopenhagen: Hans Reitzels Forlag.

Sommer, Dion (2002). Værdier i videnssamfundet? Forældres uddannelse, opdragelses-syn,sanktioner og børns temperament. In Mads Hermansen & Arne Poulsen (Hrsg.), Samfundets børn. Kopenhagen: Klim.

Stendevad, Elise (2003). Forældresamarbejde. Kopenhagen: Alinea.

Stern, Daniel (1997). Moderskabskonstellationen. Kopenhagen: Hans Reitzels Forlag.

Stern, Daniel (2004). Det nuværende øjeblik i psykoterapi og hverdagsliv. Kopenhagen: Hans Reitzels Forlag.

Stern, Daniel, (1994). Barnets interpersonelle univers. Kopenhagen: Hans Reitzels Forlag.

Tiller, Tom (1998). Det didaktiske møde - et møde mellem fag og hverdag. Grundlag for en lærende skole. Vejle: Kroghs Forlag.

Tiller, Tom (1999). Forskning i skolens hverdag. Vejle: Kroghs Forlag.
Ugebrevet A4, Nr. 41, 27.11.2006. Undersøgelse af skole/hjem-samarbejdet i folkeskolen (2005). Kopenhagen: Skole og samfund.

Varming, Ole (1992). Børneopdragelse i Danmark. Kopenhagen: Gyldendal.

Westmark, P. (1999). Relationsarbejde i institution og skole - metodeovervejelser. Skolen i morgen, 4.

Winther-Jensen, Thyge (1989). Undervisning og menneskesyn. Kopenhagen: Akademisk Forlag.

Yalom, Irvin, D. (1998). Eksistentiel psykoterapi. Kopenhagen: Hans Reitzels Forlag.

Ziehe, Thomas (2004). Øer af intensitet i et hav af rutiner. Kopenhagen: Forlaget Politisk Revy.

Ziehe, Thomas & Stubenrauch, Herbert (1983): Ny ungdom og usædvanlige læreprocesser. Kopenhagen: Forlaget Politisk revy.

Anmerkungen

1. z.B. Dion Sommer und Lars Dencik.
2. Durchgeführt unter 806 dänischen Volksschullehrern von Scharling Research für Ugebrevet, Nr. 41, 27.11.06: 63 Prozent sind der Meinung, dass die Schüler weniger sozial sind als vor 15 Jahren, 53 Prozent, dass sie weniger Respekt vor Lehrpersonen haben, 66 Prozent, dass es mehr Problemkinder in den Klassen gibt, und 49 Prozent, dass die Schüler selbständiger sind.
3. In Psykologisk pædagogisk ordbog wird Integrität definiert als: „Unverletzlichkeit, Unberührtheit; Ganzheit, Vollständigkeit; die Selbständigkeit und Unverletzlichkeit eines Menschen betreffend". In Nudansk ordbog heißt es: „Integrität ist die Fähigkeit, selbstständig, ehrlich und in Über einstimmung mit den eigenen moralischen Prinzipien zu handeln = Selbstständigkeit".
4. Siehe z. B. Sommer, S. 113 ff.
5. Das ist ein generelles Bild. Eltern gewichten die Werte unterschiedlich, abhängig von z. B. Ausbildung und Beruf.
6. Siehe z. B. Dencik 2006, Ziehe 2004.
7. Wir verwenden die Wörter „anscheinend" und „im Prinzip", weil Untersuchungen zeigen, dass es in Wirklichkeit noch immer große Kontinuität in Familien gibt (siehe z. B. Sommer, S. 69 ff.).
8. Ugebrevet A4, November 2006, S. 9.
9. Ziehe 1983, S. 68 ff.
10. Ugebrevet A4, Nr. 41, November 2006, S. 10.
11. Ugebrevet A4, Nr. 41, 2006, S. 9.
12. Siehe z. B. Peter Berliner, S. 29 ff
13. „For man kender ikke reglerne for spillet"- eine Befragung derZusammenarbeit zwischen Flüchtlings- und Einwandereltern und der Schule, Foreningen Skole og Samfund, 2003.
14. In den formellen Gesetzesvorschriften, aber auch bei den Pädagogen.
15. Außer der gesetzlich festgelegten Aufgabe der Kindertagesstätten kann man von ihren Funktionen sprechen, z. B. Betreuung der Kinder, während die Eltern arbeiten.
16. Im dänischen Sozialgesetz, § 8, Ziffer 3.,4., 5. und 6.
17. Siehe z. B. „Børneopdragelse i Danmark" von Ole Varming, 1992, Gyldendal.
18. „Viel Lernen findet automatisch statt, ohne dass wir eigentlich registrieren, dass wir lernen. Man kann von habituellem, alltäglichem oder Gewohnheitslernen sprechen." (Hermansen, Krejsler, Jensen 2005, S. 83).
19. Wie früher erwähnt, kann man über die offiziellen Aufgaben hinaus von einer Reihe von Funktionen sprechen, die die Schule ausübt: Betreuung, Auswahl und Disziplinierung.
20. Gesetz Nr. 572 von 9.6.06 zur Änderung der Volksschule, www.uvm.dk

21. Verkehrsunterricht, Gesundheits-, Sexual- und Familienkunde, Ausbildungs-, Berufs- und Arbeitsmarktunterricht.
22. Erlass Nr. 703 von 23.6.06, www.uvm.dk
23. § 35, ab 1.1.2007 tritt ein neues Gesetz zu Sozial Service in Kraft. Der Beschluss der verschärften Meldepflicht steht hier unter § 153.
24. Erlass Nr. 1092, 8. Dezember 2000, § 2, Ziffer 2.
25. Siehe auch Glistrup 2006, S. 189 ff. für ausführliche Anweisungen über die Anfertigung einer schriftlichen Meldung.
26. Geltend ab 2005 und in einer zweijährigen Versuchsperiode haben Eltern inner halb und außerhalb der Gemeindegrenzen freie Schulwahl, sofern Platz frei ist. Die Eltern haben weiterhin Anspruch auf einen Platz in der örtlichen Schule.
27. Eine von der Elternorganisation „Skole og samfund" durchgeführte Untersuchung, die zeigt, dass an der Mehrzahl der Schulen vielfältige Möglichkeiten bestehen, außerhalb der Elternabende und Elternsprechtage Kontakt zur Schule zu pflegen (telefonisch, Unterricht besuchen, Tag der offenen Tür usw.). (August 2005, S. 18.)
28. Einige Untersuchungen messen die Gleichaltrigen maßgebende Bedeutung für die Sozialisierungsprozesse der Kinder bei, siehe z. B. Harris 2000.
29. Die Untersuchung von Skole og Samfund bestätigt dies: „Es zeigt sich, dass die Elternabende einen weiten Themeninhalt haben. Der übliche Inhalt besteht aus Gesprächen der Eltern untereinander, z. B. über das soziale Klima der Klasse, die Erwartungen der Eltern gegenüber der Schule und gegeneinander, Geburtstage, Alkoholregelung usw. (86 Prozent gaben dies an); Informationen von den Lehrern über den Unterrichtsstoff (71 Prozent); und Darlegung der Jahresplanung und Diskussion hierüber (69 Prozent)". (Untersuchung von der Zusammenarbeit zwischen Schule und Elternhaus in der Volksschule, August 2005, S. 22).
30. Oft sind mehrere Erzieher bei einem Gespräch anwesend, aber wir benutzen hier die Einzahl, weil es zweckmäßig erscheint, die Position als Leiter im konkreten Gespräch abwechselnd einzunehmen.
31. Sie entsprechen im Wesentlichen den Phasen, die z. B. im Intervisionsprozess präsentiert werden (Løw u.a. 2004, S. 148).
32. Siehe Kapitel 3, S. 65.
33. Erlass Nr. 703 von 23.06.2006, § 4, Ziffer 2: Die Schulleitung kann im Rahmen des Gesetzes und des Erlasses samt der vom Gemeinderat festgelegten Ziele und Rahmen die Prinzipien für die Anwendung von Schülerplänen festsetzen, vgl. § 44, Ziffer 2 des Gesetzes, besonders Nr. 2 und 3.
34. Siehe die Homepage des Unterrichtsministeriums: www.uvm/cgi/printpage/pf.cgi
35. In der Untersuchung von „Skole og Samfund" antworten 52 Prozent der Eltern, dass die Schüler jedes Mal an den Elternsprechstunden teilnehmen, 37 Prozent, dass sie ab und zu teilnehmen und 4 Prozent, dass sie nie teilnehmen (S. 8).

36. Oft sind mehrere Lehrer bei einem Gespräch anwesend, aber wir benutzen die Einzahl, weil es zweckmäßig ist, die Position als Leiter im konkreten Gespräch abwechselnd einzunehmen.
37. Der Unterschied zwischen Konflikt und Problem wird im Kapitel 6 definiert
38. Der Begriff Intersubjektivität bezeichnet ein überaus komplexes und vieldeutiges Phänomen. Er wird oft in psychologischem Zusammenhang für ein Erlebnis von Gleichheit im Erlebnis von Emotionalität und Kognition verwendet, oder für Erlebnisse davon, dass der andere es vermag, sich in die Qualität des eigenen Erlebnisses hineinzuversetzen.

Stichwörter